广东改革开放40年研究丛书

广东行政管理体制改革40年

Guangdong Xingzheng Guanli Tizhi Gaige 40 Nian

陈天祥 等 著

·广州·

版权所有　翻印必究

图书在版编目（CIP）数据

广东行政管理体制改革40年/陈天祥等著. —广州：中山大学出版社，2018.12

（广东改革开放40年研究丛书）

ISBN 978 - 7 - 306 - 06502 - 5

Ⅰ. ①广⋯　Ⅱ. ①陈⋯　Ⅲ. ①地方政府—行政管理—体制改革—研究—广东　Ⅳ. ①D625.65

中国版本图书馆CIP数据核字（2018）第277548号

出 版 人：	王天琪
责任编辑：	周　玢　王延红
封面设计：	林绵华
版式设计：	林绵华
责任校对：	王　璞
责任技编：	何雅涛
出版发行：	中山大学出版社
电　　话：	编辑部 020 - 84110771，84111997，84110779，84113349
	发行部 020 - 84111998，84111981，84111160
地　　址：	广州市新港西路135号
邮　　编：	510275　　　传　真：020 - 84036565
网　　址：	http://www.zsup.com.cn　　E-mail：zdcbs@mail.sysu.edu.cn
印 刷 者：	广州家联印刷有限公司
规　　格：	787mm×1092mm　1/16　20.75印张　350千字
版次印次：	2018年12月第1版　2018年12月第1次印刷
定　　价：	92.00元

如发现本书因印装质量影响阅读，请与出版社发行部联系调换

广东改革开放40年研究丛书

主　任　傅　华

副主任　蒋　斌　宋珊萍

委　员（按姓氏笔画排序）

丁晋清　王天琪　王　珺　石佑启

卢晓中　刘小敏　李宗桂　张小欣

陈天祥　陈金龙　周林生　陶一桃

隋广军　彭壁玉　曾云敏　曾祥效

创造让世界刮目相看的新的更大奇迹

——"广东改革开放40年研究丛书"总序

中国的改革开放走过了40年的伟大历程。在改革开放40周年的关键时刻，习近平总书记亲临广东视察并发表重要讲话，这是广东改革发展史上具有里程碑意义的大事、喜事。总书记充分肯定广东改革开放40年来所取得的巨大成就，并提出了深化改革开放、推动高质量发展、提高发展平衡性和协调性、加强党的领导和党的建设等方面的工作要求，为广东新时代改革开放再出发进一步指明了前进方向，提供了根本遵循。深入学习宣传贯彻习近平总书记视察广东重要讲话精神，系统总结、科学概括广东改革开放40年的成就、经验和启示，对于激励全省人民高举新时代改革开放旗帜，弘扬敢闯敢试、敢为人先的改革精神，以更坚定的信心、更有力的举措把改革开放不断推向深入，创造让世界刮目相看的新的更大奇迹，具有重要意义。

第一，研究广东改革开放，要系统总结广东改革开放40年的伟大成就，增强改革不停顿、开放不止步的信心和决心。

广东是中国改革开放的排头兵、先行地、实验区，在改革开放和现代化建设中始终走在全国前列，取得了举世瞩目的辉煌成就，展现了改革开放的磅礴伟力。

实现了从一个经济比较落后的农业省份向全国第一经济大省的历史性跨越。改革开放40年，是广东经济发展最具活力的40年，是广东经济总量连上新台阶、实现历史性跨越的40年。40年来，广东坚持以经济建设为中心，锐意推进改革，全力扩大开放，适应、把握、引领经济发展新常态，坚定不移地推进经济结构战略性调整、经济持续快速健康发展。1978—2017年，广东GDP从185.85亿元增加到89 879.23亿元，增长约482.6倍，占全国的10.9%。1989年以来，广东GDP总量连续29年稳居全国首位，成为中国第一经济大省。经济总量先后超越新加坡、中国香港和台湾地区，

2017年超过全球第13大经济体澳大利亚，进一步逼近"亚洲四小龙"中经济总量最大的韩国，处于世界中上等收入国家水平。

实现了从计划经济体制向社会主义市场经济体制的历史性变革。改革开放40年，是广东始终坚持社会主义市场经济改革方向、深入推进经济体制改革的40年，是广东社会主义市场经济体制逐步建立和完善的40年。40年来，广东从率先创办经济特区，率先引进"三来一补"、创办"三资"企业，率先进行价格改革，率先进行金融体制改革，率先实行产权制度改革，到率先探索行政审批制度改革，率先实施政府部门权责清单、市场准入负面清单和企业投资项目清单管理，率先推进供给侧结构性改革，等等，在建立和完善社会主义市场经济体制方面走在全国前列，极大地解放和发展了社会生产力，同时在经济、政治、文化、社会和生态文明建设领域的改革也取得了重大进展。

实现了从封闭半封闭到全方位开放的历史性转折。改革开放40年，是广东积极把握全球化机遇、纵深推进对外开放的40年，是广东充分利用国际国内两个市场、两种资源加快发展的40年。开放已经成为广东的鲜明标识。40年来，广东始终坚持对内、对外开放，以开放促改革、促发展。从创办经济特区、开放沿海港口城市、实施外引内联策略、推进与港澳地区和内地省市区的区域经济合作，到大力实施"走出去"战略、深度参与"一带一路"建设、以欧美发达国家为重点提升利用外资水平、举全省之力建设粤港澳大湾区，广东开放的大门越开越大，逐步形成了全方位、多层次、宽领域、高水平的对外开放新格局。

实现了由要素驱动向创新驱动的历史性变化。改革开放40年，是广东发展动力由依靠资源和低成本劳动力等要素投入转向创新驱动的40年，是广东经济发展向更高级阶段迈进的40年。改革开放以来，广东人民以坚强的志气与骨气不断增强自主创新能力和实力，把创新发展主动权牢牢掌握在自己手中。从改革开放初期，广东以科技成果交流会、技术交易会等方式培育技术市场，成立中国第一个国家级高科技产业集聚的工业园区——深圳科技工业园，到实施科教兴粤战略、建设科技强省、构建创新型广东和珠江三角洲国家自主创新示范区，广东不断聚集创新驱动"软实力"，区域创新综合能力排名跃居全国第一。2017年，全省研发经费支出超过2 300亿元，居全国第一，占地区生产总值比重达2.65%；国家级高新技术企业3万家，跃居全国第一；高新技术产品产值达6.7万亿元。有效发明专利量及专利综合实力连续多年居全国首位。

实现了从温饱向全面小康迈进的历史性飞跃。改革开放40年，是全省居民共享改革发展成果、生活水平显著提高的40年，是全省人民生活从温饱不足向全面小康迈进的40年。1978—2017年，全省城镇居民、农村居民人均可支配收入分别增长了98倍和81倍，从根本上改变了改革开放前物资短缺的经济状况，民众的衣食住行得到极大改善，居民收入水平和消费能力快速提升。此外，推进基本公共服务均等化，惠及全民的公共服务体系进一步建立；加大底线民生保障资金投入力度，社会保障事业持续推进；加快脱贫攻坚步伐，努力把贫困地区短板变成"潜力板"，不断提高人民生活水平，满足人民对美好生活的新期盼。

实现了生态环境由问题不少向逐步改善的历史性转变。改革开放40年，是广东对生态环境认识发生深刻变化的40年，是广东生态环境治理力度不断加大的40年，是广东环境质量由问题不少转向逐步改善的40年。广东牢固树立"绿水青山就是金山银山"的理念，坚决守住生态环境保护底线，全力打好污染防治攻坚战，生态环境持续改善。全省空气质量近3年连续稳定达标，大江大河水质明显改善，土壤污染防治扎实推进。新一轮绿化广东大行动不断深入，绿道、古驿道、美丽海湾建设等重点生态工程顺利推进，森林公园达1 373个、湿地公园达203个、国家森林城市达7个，全省森林覆盖率提高到59.08%。

40年来，广东充分利用毗邻港澳的地理优势，大力推进粤港澳合作，率先基本实现粤港澳服务贸易自由化，全面启动粤港澳大湾区建设，对香港、澳门顺利回归祖国并保持长期繁荣稳定、更好地融入国家发展大局发挥了重要作用，为彰显"一国两制"伟大构想的成功实践做出了积极贡献。作为中国先发展起来的区域之一，广东十分注重推动国家区域协调发展战略的实施，加大力度支持革命老区、民族地区、边疆地区、贫困地区加快发展，对口支援新疆、西藏、四川等地取得显著成效，为促进全国各地区共同发展、共享改革成果做出了积极贡献。

第二，研究广东改革开放，要深入总结广东改革开放40年的经验和启示，厚植改革再出发的底气和锐气。

改革开放40年来，广东在坚持和发展中国特色社会主义事业中积极探索、大胆实践，不仅取得了辉煌成就，而且积累了宝贵经验。总结好改革开放的经验和启示，不仅是对40年艰辛探索和实践的最好庆祝，而且能为新时代推进中国特色社会主义伟大事业提供强大动力。40年来，广东经济社会发展之所以能取得历史性成就、发生历史性变革，最根本的原因就在于党中央的正确领导和对广东工作的高度重视、亲切关怀。改革开放以来,党中央始终鼓励广东大胆探索、大胆实践。特别是进入新时代以来,每到重要节点和关键时期,习近平总书记都及时为广东把舵定向,为广东发展注入强大动力。2012年12月,总书记在党的十八大后首次离京视察就到了广东,做出"三个定位、两个率先"的重要指示。2014年3月,总书记参加第十二届全国人大第二次会议广东代表团审议,要求广东在全面深化改革中走在前列,努力交出物质文明和精神文明两份好答卷。2017年4月,总书记对广东工作做出重要批示,对广东提出了"四个坚持、三个支撑、两个走在前列"要求。2018年3月7日,总书记参加第十三届全国人大第一次会议广东代表团审议并发表重要讲话,嘱咐广东要做到"四个走在全国前列"、当好"两个重要窗口"。2018年10月,在改革开放40周年之际,习近平总书记再次亲临广东视察指导并发表重要讲话,要求广东高举新时代改革开放旗帜,以更坚定的信心、更有力的措施把改革开放不断推向深入,提出了深化改革开放、推动高质量发展、提高发展平衡性和协调性、加强党的领导和党的建设四项重要要求,为新时代广东改革发展指明了前进方向,提供了根本遵循。广东时刻牢记习近平总书记和党中央的嘱托,结合广东实际创造性地贯彻落实党的路线、方针、政策,自觉做习近平新时代中国特色社会主义思想的坚定信仰者、忠实践行者,努力为全国的改革开放探索道路、积累经验、做出贡献。

坚持中国特色社会主义方向,使改革开放始终沿着正确方向前进。我们的改革开放是有方向、有立场、有原则的,不论怎么改革、怎么开放,都始终要坚持中国特色社会主义方向不动摇。在改革开放实践中,广东始终保持"不畏浮云遮望眼"的清醒和"任凭风浪起,稳坐钓鱼船"的定力,牢牢把握改革正确方向,在涉及道路、理论、制度等根本性问题上,在大是大非面前,立场坚定、旗帜鲜明,确保广东改革开放既不走封闭僵化的老路,也不走改旗易帜的邪路,在根本性问题上不犯颠覆性错误,使改革开放始终沿着正确方向前进。

坚持解放思想、实事求是,以思想大解放引领改革大突破。解放思想是正确行动的先导。改革开放的过程就是思想解放的过程,没有思想大解放,就不会有改革大突破。广东坚持一切从实际出发,求真务实,求新思变,不断破除思想观念上的障碍,积极将解放思想形成的共识转化为政策、措施、制度和法规。坚持解放思想和实事求是的有机统一,一切从国情省情出发、从实际出发,既总结国内成功做法又借鉴国外有益经验,既大胆探索又脚踏实地,敢闯敢干,大胆实践,多出可复制、可推广的新鲜经验,为全国改革提供有益借鉴。

坚持聚焦以推动高质量发展为重点的体制机制创新,不断解放和发展社会生产力。改革开放就是要破除制约生产力发展的制度藩篱,建立充满生机和活力的体制机制。改革每到一个新的历史关头,必须在破除体制机制弊端、调整深层次利益格局上不断啃下"硬骨头"。近年来,广东坚决贯彻新发展理念,着眼于推动经济高质量发展,不断推进体制机制创新。例如,坚持以深化科技创新改革为重点,加快构建推动经济高质量发展的体制机制;坚持以深化营商环境综合改革为重点,加快转变政府职能;坚持以粤港澳大湾区建设合作体制机制创新为重点,加快形成全面开放新格局;坚持以构建"一核一带一区"区域发展格局为重点,完善城乡区域协调发展体制机制;坚持以城乡社区治理体系为重点,加快营造共建共治共享社会治理格局,奋力开创广东深化改革发展新局面。

坚持"两手抓、两手都要硬",更好地满足人民精神文化生活新期待。只有物质文明建设和精神文明建设都搞好、国家物质力量和精神力量都增强、人民物质生活和精神生活都改善、综合国力和国民素质都提高,中国特色社会主义事业才能顺利推向前进。广东高度重视精神文明建设,坚持"两手抓、两手都要硬",坚定文化自信、增强文化自觉,守护好精神家园、丰富人民精神生活;深入宣传贯彻习近平新时代中国特色社会主义思想,大力培育和践行社会主义核心价值观,深化中国特色社会主义和中国梦宣传教育,教育引导广大干部群众特别是青少年坚定理想信念,培养担当民族复兴大任的时代新人;积极选树模范典型,大力弘扬以爱国主义为核心的民族精神和以改革创新为核心的时代精神;深入开展全域精神文明创建活动,不断提升人民文明素养和社会文明程度;大力补齐文化事业短板,高质量发展文化产业,不断增强文化软实力,更好地满足人民精神文化生活新期待。

坚持以人民为中心的根本立场,把为人民谋幸福作为检验改革成效的根本标准。改革开放是亿万人民自己的事业,人民是推动改革开放的主体力量。没有人民的支持和参与,任何改革都不可能取得成功。广东始终坚持以人民为中心的发展思想,坚持把人民对美好生活的向往作为奋斗目标,坚持人民主体地位,发挥群众首创精神,紧紧依靠人民推动改革开放,依靠人民创造历史伟业;始终坚持发展为了人民、发展依靠人民、发展成果由人民共享,让改革发展成果更好地惠及广大人民群众,让群众切身感受到改革开放的红利;始终坚持从人民群众普遍关注、反映强烈、反复出现的民生问题入手,紧紧盯住群众反映的难点、痛点、堵点,集中发力,着力解决人民群众关心的现实利益问题,不断增强人民群众获得感、幸福感、安全感。

坚持科学的改革方法论,注重改革的系统性、整体性、协同性。只有坚持科学方法论,才能确保改革开放蹄疾步稳、平稳有序地推进。广东坚持以改革开放的眼光看待改革开放,充分认识改革开放的时代性、体系性、全局性问题,注重改革开放的系统性、整体性、协同性。注重整体推进和重点突破相促进相结合,既全面推进经济、政治、文化、社会、生态文明、党的建设等诸多领域改革,确保各项改革举措相互促进、良性互动、协同配合,又突出抓改革的重点领域和关键环节,发挥重点领域"牵一发而动全身"、关键环节"一子落而满盘活"的作用;注重加强顶层设计,和"摸着石头过河"的改革方法相结合,既发挥"摸着石头过河"的基础性和探索性作用,又发挥加强顶层设计的全面性和决定性作用;注重改革与开放的融合推进,使各项举措协同配套、同向前进,推动改革与开放相互融合、相互促进、相得益彰;注重处理好改革发展与稳定之间的关系,自觉把握好改革的力度、发展的速度和社会可承受的程度,把不断改善人民生活作为处理改革发展与稳定关系的重要结合点,在保持社会稳定中推进改革发展,在推进改革发展中促进社会稳定,进而实现推动经济社会持续健康发展。

坚持和加强党的领导,不断提高党把方向、谋大局、定政策、促改革的能力。中国特色社会主义最本质的特征是中国共产党的领导,中国特色社会主义制度的最大优势是中国共产党的领导。坚持党的领导,是改革开放的"定盘星"和"压舱石"。40年来,广东改革开放之所以能够战胜各种风险和挑战,取得举世瞩目的成就,最根本的原因就在于坚持党的领导。什么时候重视党的领导、加强党的建设,什么时候就能战胜困难、夺取胜利;什么时候轻视党的领导、漠视党的领导,什么时候就会经历曲折、遭受挫折。广东坚持用习近平新时代中国特色社会主义思想武装头脑,增强"四个意识",坚定"四个自信",做到"两个坚决维护",始终在思想上、政治上、行动上同以习近平同志为核心的党中央保持高度一致;注重加强党的政治建设,坚持党对一切工作的领导,不断增强党的政治领导力、思想引领力、群众组织力、社会号召力,提高党把方向、谋大局、定政策、促改革的能力和定力,确保党总揽全局、协调各方。

第三,研究广东改革开放,要积极开展战略性、前瞻性研究,为改革开放再出发提供理论支撑和学术支持。

改革开放是广东的根和魂。在改革开放40周年的重要历史节点,习近平总书记再次来到广东,向世界宣示中国改革不停顿、开放不止步的坚定决心。习近平总书记视察广东重要讲话,是习近平新时代中国特色社会主义思想的理论逻辑和实践逻辑在广东的展开和具体化,是我们高举新时代改革开放旗帜、以新担当新作为把广东改革开放不断推向深入的行动纲领,是我们走好新时代改革开放之路的强大思想武器。学习贯彻落实习近平总书记视察广东重要讲话精神,是当前和今后一个时期全省社会科学理论界的头等大事和首要政治任务。社会科学工作者应发挥优势,充分认识总书记重要讲话精神的重大政治意义、现实意义和深远历史意义,以高度的政治责任感和历史使命感,深入开展研究阐释,引领和推动全省学习宣传贯彻工作往深里走、往实里走、往心里走。

加强对重大理论和现实问题的研究,为改革开放再出发提供理论支撑。要弘扬广东社会科学工作者"务实、前沿、创新"的优良传统,增强脚力、眼力、脑力、笔力,围绕如何坚决贯彻总书记关于深化改革开放的重要指示要求,坚定不移地用好改革开放"关键一招",书写好粤港澳大湾区建设这篇大文章,引领带动改革开放不断实现新突破;如何坚决贯彻总书记关于推动高质量发展的重要指示要求,坚定不移地推动经济发展质量变革、效率变革、动力变革;如何坚决贯彻总书记关于提高发展平衡性和协调性的重要指示要求,坚定不移地推进城乡、区域、物质文明和精神文明协调发展与法治建设;如何坚决贯彻总书记关于加强党的领导和党的建设的重要指示要求,坚定不移地把全省各级党组织锻造得更加坚强有力、推动各级党组织全面进步全面过硬;等等,开展前瞻性、战略性、储备性研究,推出一批高质量研究成果,为省委、省政府推进全面深化改革开放出谋划策,当好思想库、智囊团。

加强改革精神研究,为改革开放再出发提供精神动力。广东改革开放40年波澜壮阔的伟大实践,不仅打下了坚实的物质基础,也留下了弥足珍贵的精神财富,这就是敢闯敢试、敢为人先的改革精神。这种精神是在广东改革开放创造性实践中激发出来的,它是一种解放思想、大胆探索、勇于创造的思想观念,是一种不甘落后、奋勇争先、追求进步的责任感和使命感,是一种坚韧不拔、自强不息、锐意进取的精神状态。当前,改革已经进入攻坚期和深水区,剩下的都是难啃的硬骨头,更需要弘扬改革精神才能攻坚克难,必须把这种精神发扬光大。社会科学工作者要继续研究、宣传、阐释好改革精神,激励全省广大党员干部把改革开放的旗帜举得更高更稳,续写广东改革开放再出发的新篇章。

加强对广东优秀传统文化和革命精神的研究,为改革开放再出发提振精气神。总书记在视察广东重要讲话中引用广东的历史典故激励我们担当作为,讲到虎门销烟等重大历史事件,讲到洪秀全、文天祥等历史名人,讲到广东的光荣革命传统,讲到毛泽东、周恩来等一大批曾在广东工作生活的我们党老一辈领导人,以此鞭策我们学习革命先辈、古圣先贤。广大社会科学工作者要加强对广东优秀传统文化和革命精神的研究,激励全省人民将其传承好弘扬好,并化作新时代敢于担当的勇气、奋发图强的志气、再创新局的锐气,创造无愧于时代、无愧于人民的新业绩。

　　广东有辉煌的过去、美好的现在,一定有灿烂的未来。这次出版的"广东改革开放40年研究丛书"(14本),对广东改革开放40年巨大成就、实践经验和未来前进方向等问题进行了系统总结和深入研究,内容涵盖总论、经济、政治、文化、社会、生态文明、教育、科技、依法治省、区域协调、对外开放、经济特区、海外华侨华人、从严治党14个方面,为全面深入研究广东改革开放做了大量有益工作,迈出了重要一步。在隆重庆祝改革开放40周年之际,希望全社会高度重视广东改革开放问题的研究,希望有更多的专家学者和实际工作者积极投身到广东改革开放问题的研究中去,自觉承担起"举旗帜、聚民心、育新人、兴文化、展形象"的使命任务,推出更多有思想见筋骨的精品力作,为推动广东实现"四个走在全国前列"、当好"两个重要窗口",推动习近平新时代中国特色社会主义思想在广东大地落地生根、结出丰硕成果提供理论支撑和学术支持。

"广东改革开放40年研究丛书"编委会
2018年11月22日

目录

第一章 勇立潮头：先行先试的广东行政管理体制改革 /1
第一节 "四个阶段"的演进历程 /3
第二节 "五位一体"的政府转型和"四大关系"的政府治理 /19
第三节 以政府治理现代化实现"良治"广东：广东行政管理体制改革40年的历史定位 /29
小 结 /36

第二章 政府机构改革：打造精干高效的政府 /44
第一节 "机构精简"阶段：1978—1991年 /45
第二节 "职能转变"阶段：1992—2002年 /50
第三节 "职责强化"阶段：2003—2012年 /65
第四节 "结构优化"阶段：2013年至今 /90
小 结 /105

第三章 转变政府职能：塑造有限政府 /108
第一节 重新定位、调整和强化政府经济职能（1978—1991年）/110
第二节 明确政府经济职能，社会管理职能显现（1992—2002年）/118
第三节 强化公共服务和社会管理职能，建设责任政府（2003—2012年）/131
第四节 推进政府治理现代化，构建科学的职能体系（2013年至今）/142
小 结 /153

第四章 革新行政审批制度：建设服务型政府 /159
第一节 行政审批制度的形成与调整阶段（1978—1991年）：减少经济发展的政治束缚 /162

第二节 改革的初步探索阶段（1992—1998 年）：下放经济发展事权，减少微观事务管理 /168

第三节 改革的全面推进阶段（1999—2011 年）：大力清理审批事项，创新审批方式 /172

第四节 改革的现代化阶段（2012—2017 年）：数据平台全面助力，社会主体地位凸显 /184

小　结 /204

第五章　理顺政府条块关系：构建与时俱进的政府 /209

第一节 行政区划优化广东先试 /210

第二节 "省直管县"改革广东创新实践 /226

第三节 跨地区行政资源整合广东先探 /248

小　结 /259

第六章　改进绩效，创新服务：构筑效能型政府 /261

第一节 规范行为，优化运行，建立效能政府长效机制 /262

第二节 改进方式，优化流程，凸显效能政府服务本色 /291

第三节 监管落地，责任到位，强化效能政府责任担当 /306

小　结 /318

后　记 /322

第一章　勇立潮头：先行先试的广东行政管理体制改革

行政管理体制改革，又称行政体制改革或行政改革，它既是政治体制改革的重要内容和自然延伸，同时也是经济体制改革和社会体制改革的重要前提和基本保障。可以说，无论是经济的发展与繁荣、社会的和谐与稳定，还是文化的进步与兴盛，都离不开一个有效、有限并且有为的良好政府作为统筹性和支撑性力量。因此，在中国的改革开放历程中，行政管理体制改革一直持续推进、不断深化，构成了我国改革事业蓝图中的重要组成部分。在2012年12月考察深圳期间，习近平总书记强调："改革开放是决定当代中国命运的关键一招，也是决定实现'两个一百年'奋斗目标、实现中华民族伟大复兴的关键一招。"① 进入21世纪的第二个10年，中国的改革再次走到了一个重要的历史关头，正是在这一紧要关头，党的十八大以来，以习近平同志为核心的党中央高举改革开放的大旗，以巨大的政治勇气和高超的政治智慧做出了全面深化改革的重大战略部署，开启了我国改革开放事业新的征程。2013年11月，党的十八届三中全会审议通过了《中共中央关于全面深化改革若干重大问题的决定》（以下简称《决定》）。《决定》将"完善和发展中国特色社会主义制度，推进国家治理体系和治理能力现代化"确立为新时期全面深化改革的总目标。习近平总书记指出："国家治理体系和治理能力是一个国家制度和制度执行能力

---

① 中共中央宣传部：《习近平总书记系列重要讲话读本（2016年版）》，学习出版社、人民出版社2016年版，第67～68页。

的集中体现"①,而政府管理体制或行政管理体制则是贯彻落实国家制度的重要措施之一,从而,政府管理能力或行政管理能力是制度执行能力的直接体现。因此,在全面深化改革的时代背景下,行政管理体制改革再一次成为改革的重要内容之一,得以不断受到重视并走向深化。

　　回顾过往,从1978年党的十一届三中全会召开到现在的2018年,中国的改革开放已经走过了整整40年曲折而又光辉的历程。在这40年的历程中,广东省一直走在全国改革开放的最前列,在各个领域都先行一步、带头试点,承担着中国改革开放的排头兵和试验田的重要使命。40年的改革开放不仅使广东省取得了举世瞩目的历史成就,同时也积累了丰富的实践经验,在全国性以及各个地区的改革开放事业中发挥了重要的示范性作用和借鉴意义。在众多的改革领域当中,广东省行政管理体制改革的历程和成果虽然没有经济体制改革那么突出,但却在广东省40年的改革开放历程中一直占据着十分重要的位置,取得了十分显著的成效,对广东的经济发展和社会建设发挥了十分关键的作用。同时,在40年的改革历程中,广东的行政管理体制改革也一直走在全国的前列,始终发挥着先行先试和带头示范的作用,为中国的行政体制改革和政府建设提供了宝贵的经验,做出了重要贡献。

　　当然,将原有计划经济模式下的全能型政府以及"总体支配"②式的管理体制转变为一个有限、有效并且有为的现代政府管理体制并不是件容易的事,这不仅需要改革者们彻底摆脱固有的官本位思想和大包大揽的管理作风,更需要有冲破各种阻力、敢于先行先试的勇气和毅力,还需要具备把握机遇、求真务实的智慧和品质。因此,40年来的广东行政管理体制改革既是一个波澜壮阔的历史进程,同时也是一个精彩纷呈的实践故事。本书的任务就是讲述40年来广东省行政管理体制改革这一系列精彩纷呈的经验故事。当然,要讲好这个故事,我们既需要在全面认识和掌握广东40年行政管理体制改革历史的基础上,客观展示其改革的基本历程

---

① 习近平:《切实把思想统一到党的十八届三中全会精神上来》,载《求是》2014年第1期。
② 渠敬东、周飞舟、应星:《从总体支配到技术治理——基于中国30年改革经验的社会学分析》,载《中国社会科学》2009年第6期。

和主要内容，提炼和总结其改革的主要特点和成就，同时也需要将其置于中国行政管理体制改革 40 年的整体背景中，定位其历史地位、展望其进一步改革的趋势和方向。因此，本章的目的就是通过回答以下几个方面的问题，首先为读者提供一个概览和把握这一系列故事的基本线索和整体结构：

——在 40 年的改革实践中，广东行政管理体制改革的基本历程如何？具体来说，经历了哪些阶段？我们应如何划分这些阶段？各个阶段的背景、特征和目的是什么？

——40 年来，广东行政管理体制改革的主要内容有哪些？从静态来看，不同阶段侧重的内容有什么不同？从动态来看，改革内容经历了什么样的变化？遵循着什么样的逻辑？

——我们如何定位广东行政管理体制改革的 40 年？具体来说，它具有哪些方面的特色？取得了什么样的成就？40 年的广东行政管理体制改革为中国行政改革与发展、中国政府建设与治理转型提供了什么样的经验？

——广东行政管理体制进一步改革的方向是什么？在中国行政管理体制改革和政府治理体系现代化建设中，它将扮演什么样的角色？承担什么样的使命？

本章将分为三节和一个小结，分别就以上问题进行分析和讨论。

第一节 "四个阶段"的演进历程

本节的主要内容是回答第一个问题，即在 40 年的时间里，广东行政管理体制改革走过了一个什么样的历程？对这一问题的回答，需要我们就其整个历程进行阶段性的划分，并概括和呈现各个阶段的背景、特征和基本任务。综合全国改革开放的整体背景和广东省自身改革的具体实践这两个层面的考察，我们大致可以将 40 年来广东省行政管理体制改革的基本历程划分为以下四个阶段。

一、破冰：全能型政府管理体制的逐渐松动（1978—1991年）

随着20世纪70年代中后期"文化大革命"（以下简称"文革"）的结束、真理标准问题的大讨论和党的十一届三中全会的召开，我们党和国家在思想领域、政治领域和经济领域发生了三个方面的重要转变：首先，在全党全国掀起了一场破除从经济基础到上层建筑中存在的"墨守成规，因循守旧"之风的思想解放运动；其次，党和国家将工作重心从以阶级斗争为纲转移到以经济建设为中心上来；最后，开启了一场反思和转变计划经济体制下的全能型政府和总体支配式的管理模式、全面构建现代化政府管理体制的政府改革运动。由此，中国改革开放的历史征程正式拉开了帷幕。

在1978年11月到1979年7月召开的决定中国改革开放历史转向的一系列中央工作会议期间，以习仲勋同志为代表的中共广东省委抓住了这一历史机遇，在与会期间率先提出了向中央要权的请求。在这一系列的会议上，习仲勋同志反复提出希望中央给予广东更多的地方自主权和特殊政策，使广东在改革开放中能够先行一步，以充分利用广东省毗邻港澳的优势，把经济搞上去。① 1979年7月，中央正式下发了《中共中央、国务院批转广东省委、福建省委关于对外经济活动实行特殊政策和灵活措施的两个报告》（中发〔1979〕50号），确认了给予广东省特殊政策、灵活措施和一定程度的地方自主权的权力，广东改革开放的序幕正式拉开。在广东省层面，中共广东省委紧紧抓住这一历史机遇，围绕"进一步解放思想，大胆改革，更加开放"这个主题，要求各地充分利用中央给予广东的特殊政策和灵活措施，大胆尝试，放手去干，努力搞活经济，促进发展。1981年，中共广东省委进一步提出了"对外更加开放、对内更加放宽和对下更加放权"的"三放政策"，明确了在具体的经济体制和政府管理体制等方面进行探索与改革的总的步调和方向，力图充分利用政策优势和区位优势，大力促进广东省的经济发展和现代化建设。

---

① 参见中国人民政治协商会议广东省委员会《敢为人先——改革开放广东一千个率先（政治卷）》，人民出版社2015年版，第3～9页。

第一章　勇立潮头：先行先试的广东行政管理体制改革

正是在以上背景下，计划经济体制下的全能型政府和总体支配式的管理模式率先在广东开始松动。在这一时期，行政管理体制改革以"简政放权"为主要抓手，其主要目标是通过灵活运用各种激励性措施以最大化地激发和释放既有体制的活力，促进经济增长。改革的主要内容围绕两个方面进行：

第一，破除和改变计划经济体制下政府对经济事务与经济活动的全面管理与控制，放松对微观经济领域的直接管理和控制，变微观管理和控制为宏观管理和指导，以此来扩大生产经营者的自主权，释放市场和社会活力，促进经济的活跃和发展。在农村，一方面，广东省从1980年起率先放开部分农副产品价格，逐步减少直至取消农副产品统购派购制度，在全国范围内最早结束了"票证经济"。① 另一方面，全面实行家庭联产承包责任制，将农副产品的生产、经营和销售权逐步重新交还给农民。在城市，改革企业经营管理体制，在全国率先进行扩大商业和企业自主权试点，尝试和运用各种形式的"包干责任制"，激发企业生产的积极性，鼓励和促进发展多种所有制形式的经济，增强企业和市场活力。在政府内部，广东省向地方各级政府和部门下放自筹基建、利用各种方式筹集资金促进基础设施建设的权限，在全国率先建立起了"以桥养桥""以路养路"等模式的基础设施建设投融资体制，同时扩大地方大部分商品的定价权和管理权等，提高各级地方政府发展经济的积极性。这些以"还权"和"放权"为主要内容的管理体制改革，极大地缓解了计划经济体制下僵化停滞的经济和社会发展局面，释放了市场、社会和政府的活力，激发了地方各级政府进行投资建设、发展经济的热情和活力，使得广东省的经济社会发展取得了明显的成效。

第二，改革政府自身的组织架构和管理模式，以构建一个精简、高效和积极的政府管理体制。在财政体制改革方面，根据国务院先后于1980年颁布的《关于实行"划分收支、分级包干"财政体制的暂行规定》（国发〔1980〕33号）和1988年颁布的《国务院关于地方实行财政包干办法

---

① 参见蒋斌、梁桂全《敢为人先——广东改革开放30年研究总论》，广东人民出版社2008年版，第1页。

的决定》（国发〔1988〕50号）中指出的在广东省实行"划分收支、定额上缴"和"递增包干"的财政管理办法的要求，1980年5月，广东省政府印发了《关于财政体制试行收支挂钩增收分成实施办法》，在全国率先打破统收统支的财政体制，实行各种形式的"分成包干"式财政体制，经过持续的努力和尝试，逐渐建立起了省对市（地）、市（地）对县、县对镇（乡）层层包干的财政管理体制，以进一步扩大地方各级政府的自主权，调动各级财政当家理财的积极性。在机构改革方面，以精简机构为主要切入点，分别于1982—1985年和1986—1989年进行了两次机构改革，促进了机构规模的精简和干部队伍的年轻化。[①] 在政府职能转变方面，这一阶段的改革主要以党政分开和政企分开为切入点，以厘清行政机构的权责体系、缩减和转变行政机构的管理范围，缓解因以党代政、以政代企所导致的机构膨胀、权力重叠、权责不清和人浮于事等弊病。

在这一阶段，广东省计划经济体制下的全能型政府管理体制开始出现了明显的松动，并且在一些领域取得了重要的突破，政府部门思想僵化、人浮于事和管理体制陈旧迟钝的局面得到了极大的改观。但是，由于在中央层面就构建何种类型的经济体制仍然没有准确的说法，对一系列经济改革措施存在着巨大的争议，改革的方向和程度并不明确，因此，这一时期包括行政管理体制改革在内的一系列改革仍然是以完善计划经济管理体制为主要原则进行的，政府对经济事务和经济活动的计划性和管控性仍然很强，计划管控型政府仍然是这一阶段行政管理体制的主要特征。因此，广东省这一时期的行政管理体制改革仍然明显地受制于既有的计划管控型管理模式和政治考量，无论是还权改革、放权让利改革还是"递增包干"式的财政管理体制改革，本质上仍然是在既有的计划经济体制下对政府的管理体制和模式进行的具有激励性质的调整。在这一时期，无论改革的幅度、力度还是方向，广东都体现出紧紧围绕国家层面的风向而进行频繁的、迂回式的调整和收放的特点。但是，广东行政管理体制改革的整体方向并没有发生严重的停滞或逆转，而是一直以还权和放权为重点，不断地

---

① 参见肖滨等《为中国政治转型探路：广东政治发展30年》，广东人民出版社2008年版，第171页。

第一章　勇立潮头：先行先试的广东行政管理体制改革

朝着转变职能和优化管理的方向迈进。

二、拓展：市场导向型政府体制的逐步建立（1992—2002年）

进入20世纪80年代末90年代初，国内外局势发生了巨大动荡，中国的改革开放进入了一个关键的历史转折关口，面临着严峻的考验。在当时，改革开放事业进入了一个重要的转折关口，是进一步深化改革、扩大开放，还是放弃改革、停止开放，重新回到旧体制的老路上去？在中央乃至全国范围内产生了严重的分歧和激烈的争论。

正是在这紧要的历史关头，改革开放的总设计师邓小平于1992年春天先后在武汉、深圳、珠海和上海等地视察，发表了一系列重要谈话，为中国的改革开放指明了方向。首先，在武汉，邓小平发表了"国家需要改革开放，人民需要改革开放，谁不改革谁就下台"的重要讲话，为继续深化改革开放奠定了坚定的政治立场，让广大热切希望改革开放的干部和群众吃了一颗定心丸。其次，在深圳和珠海的一系列谈话中，邓小平就姓"资"还是姓"社"的问题、计划与市场的关系问题以及社会主义的本质问题等进行了精辟明确的澄清和解释，进一步解放了思想，为中国确立以社会主义市场经济体制为经济体制改革的目标和方向奠定了思想基础。1992年10月，在邓小平南方谈话精神的指引下，党的十四大首次明确提出了建立社会主义市场经济体制的经济体制改革目标。1993年11月，党的十四届三中全会通过了《中共中央关于建立社会主义市场经济体制若干问题的决定》（以下简称《建立经济体制问题决定》），首次系统完整地提出了社会主义市场经济体制的基本框架，《建立经济体制问题决定》成为整个20世纪90年代中国改革开放事业的主要行动纲领。由此，中国的改革开放事业从过去的松动和破除旧体制、在某些单一领域进行试探性改革开始迈向全面改革、创新和构建新体制的整体配套式改革阶段。

对于广东而言，在最初10多年的改革开放中，通过放松计划经济的管制措施，创新和运用包括松绑还权、放权让利和递增包干等激励性改革措施，使广东经济发展取得了十分显著的成就。但是，随着经济的发展和市场化的不断深入，原有的未触动产权制度的激励性改革红利已经逐渐消失，产权制度不明晰所导致的企业主体身份不明确、市场行为不纯粹以及政府职能错位、缺位和权责不清等严重阻碍了企业的发展壮大和经济的进一步增长提质。因此，适时地进行产权制度改革以构建完善的现代企业制度、促进企业的进一步发展和市场机制的完善，同时借产权制度改革和现代企业制度建设之契机进一步推动机构改革和行政审批制度改革以促进政府职能转变和治理转型，成为广东省的改革事业在当时所面临的迫切任务。在这样一种改革形势和时代背景下，广东再一次紧紧抓住机遇，根据邓小平南方谈话精神和《建立经济体制问题决定》中所设计的社会主义市场经济体制的基本蓝图，中共广东省委于1993年12月的党的七届二次全会上通过了《中共广东省委关于加快建立社会主义市场经济体制若干问题的实施意见》，该意见不仅提出了"力争用五年时间在我省建立起社会主义市场经济体制的基本框架，推进我省力争二十年基本实现现代化"的改革开放目标，同时也在国有企业改革、财税体制改革、社会保障制度建设等方面推出了一系列的配套改革措施。由此，广东省的改革开放也开始从单兵突进式的松绑激励、在旧体制内寻求灵活变通的摸索阶段进入以建立社会主义市场经济体制为目标、以政经互动的综合改革为主要内容的体制转轨和制度创新阶段。①

广东省在这一阶段的行政管理体制改革不断向职能转变和治理转型的方向拓展，以建立一个适应社会主义市场经济的新型政府管理体制。改革的主要目标是通过政经互动的综合性改革来建立一个符合社会主义市场经济发展需要的市场导向型政府，改革的主要内容包括：以产权制度改革和企业去行政化为抓手，进一步推动政企分开、厘清政府权责；以机构改革和行政审批制度改革为主线，进一步促进政府职能转变以建设效能型政府。

首先，以产权制度改革和企业去行政化为主线进一步推动政企分开。在产权制度改革方面，广东顺德于1993年在全国范围内率先启动了产权制度改革，改革的主要内容包括首先通过发展以股份制为主要形式的、多种经济成分并存的混合所有制经济以优化产权结构和公有资产结构；同

---

① 参见肖滨等《为中国政治转型探路：广东政治发展30年》，广东人民出版社2008年版，第5页。

第一章 勇立潮头：先行先试的广东行政管理体制改革

时，通过转换企业机制来创建一个"产权明晰、责任明确、贴身经营、利益共享、风险共担"的企业发展模式。① 广东省的产权制度改革在顺德试点的基础上迅速向全省推开，并且以1993年我国颁布的《中华人民共和国公司法》（以下简称《公司法》）为法律依托，于1994年出台了《广东省体改委、经委关于加快建立现代企业制度的意见》，指出要从广东实际出发，建立现代企业制度，形成广东企业机制优势，促进广东经济发展。广东的产权制度改革和现代企业制度的建设大大促进了企业机制的现代化和市场化，为广东的市场经济发展提供了巨大的优势。在企业去行政化方面，早在1992年，广东就出台了《广东省贯彻〈全面所有制工业企业转换经营机制条例〉实施办法》，开始了企业去行政化的改革进程，而最早并且最彻底地进行企业去行政化的，当属深圳。早在1994年，深圳就开始全面实行企业无主管部门的去行政化改革，要求党政机关与所办经济实体彻底脱钩，并且以后不得再办企业，彻底切断与企业之间的行政隶属关系，已经挂靠党政机关的企业，限期取消挂靠单位。1999年，根据党中央、国务院关于党政机关与所办经济实体和管理的直属企业脱钩的有关文件精神，广东省出台了《中共广东省委办公厅、广东省人民政府办公厅关于党政机关与所办经济实体和管理的直属企业脱钩的通知》（粤办发〔1999〕10号），在全省范围内开始了企业去行政化的改革。广东的产权制度改革和企业去行政化改革不仅促进了企业的发展和市场经济的繁荣，同时也使政企分开不断走向深化，政企关系得到进一步理顺和优化。在产权制度改革和企业去行政化的带动下，政府直属和所办的一大批企业的行政主管部门被裁撤取消，政府对经济事务和企业行为的直接干预和管理大大缩减，企业的自主性得到增强，市场主体地位更加明确，经济行为的市场化程度不断提高。

其次，以机构改革和行政审批制度改革为抓手进一步推动政府职能转变。实际上，广东的产权制度改革和企业去行政化改革对政府组织结构和管理模式改革形成了重要的倒逼机制，有力地推动了政府的职能转变。在

---

① 参见肖滨、郭明《以"治权改革"创新地方治理模式——2009年以来顺德综合改革的理论分析》，载《公共行政评论》2013年第4期。

9

机构改革方面，广东省以不断转变政府职能、建设效能型政府为目标先后于1992—1994年和2000年进行了两轮机构改革，尤其是1992年以顺德市为试点的行政体制改革，开创了我国第一个进行综合性体制改革的先例，被外界称为中国大部制改革的萌芽，被《人民日报》誉为改革路上的"第二次创业"。① 在被称为"政府的自我革命"的行政审批制度改革方面，1997年深圳市在全国率先开展了大刀阔斧的行政审批制度改革试点工作，深圳市政府部门和有关单位原有的审批事项和核准事项得到了迅速且大幅度的缩减，其改革速度之快、改革幅度之大放到全国来看都前所未有，深圳市行政审批制度改革开创了中国内地行政审批制度改革的先河。② 可以说，产权制度改革、企业去行政化改革与政府机构改革、行政审批制度改革是互为犄角、相互促进的，如果仅就其中的任何一个方面进行改革，都难以取得实质性的进展。正是这种政经互动、协同推进式的综合改革，才能使政府机构得到真正的精简、职能得以真正地转变。从广东省机构规模的动态变化来看，正是在这一时期，政府在经济管理方面的机构大量缩减，而市场监管类机构的数量则迅速攀升，这表明政府的经济管理职能大幅度减少，市场监管方面的职能则得到了较大的强化。③ 因此，这一时期政府对经济的管理开始真正从对具体经济事务的主导和干预转向对市场行为的调节与监管，政府开始将资源的配置权让位给市场，逐步承担起了市场秩序的维护者和市场行为的监管者的角色，职能转变有了实质性的进展，一个符合社会主义市场经济发展需要的市场导向型政府开始初具雏形。

如果说在上一阶段行政管理体制改革的主要目标是在既有计划经济体制内采取一切灵活变通的管理方式和激励手段最大可能地调动各方的积极性，以最大限度地挖掘和释放既有体制的潜力发展经济的话，那么，这一

---

① 参见中国人民政治协商会议广东省委员会《敢为人先——改革开放广东一千个率先（政治卷）》，人民出版社2015年版，第48页。
② 参见中国人民政治协商会议广东省委员会《敢为人先——改革开放广东一千个率先（政治卷）》，人民出版社2015年版，第139页。
③ 参见陈天祥、何荟茹《从机构改革历程透视地方政府职能转变的轨迹——基于广东省1983—2014年的实证分析》，载《理论与改革》2016年第1期。

时期的改革则开始转向以产权制度改革和政府职能转变为核心的实质性改革阶段,其改革的持续性、彻底性和全面性都前所未有,堪称一场真正的自我革命。然而,由于仍然处在由计划经济体制向市场经济体制的过渡阶段,政府管理体制改革和政府职能转变的任务并没有完全到位。更重要的是,大部分改革都是围绕着发展市场经济而进行的还权、放权和限权改革,政府职能转变的核心是以培育和增进市场活力、促进经济稳定持续增长为主,经济建设型政府仍然是这一时期政府管理体制的主要特征。进入21世纪,面对经济社会发展所产生的一系列问题,以建设服务型政府为核心的职能转变和以构建多元治理格局为目标的治理转型成为广东行政管理体制改革面临的主要内容和迫切任务。

三、深入:政府治理转型与服务型政府的初步探索(2003—2012年)

在进入21世纪之前,中国的改革开放主要致力于激发和释放市场与社会活力、促进经济发展与建设、改变国家和社会贫穷落后的面貌。因此,大部分的改革都是围绕着提高经济效益、促进经济增长展开的。但是,这种以经济效率为导向的改革和发展模式使得主要的资源和精力都被集中于经济领域、沿海开放领域、城市领域,导致了经济发展和人口、资源、环境的不协调,城乡之间的不协调,经济、社会和文化发展的不协调,以及区域发展的不协调。并且,随着市场经济的发展,市场本身的一些缺陷以及市场经济所导致的一系列社会问题开始涌现出来,上学难、就业难、养老难、医疗难以及各类事故频发,严重影响了经济社会的发展和稳定。为了应对以上经济社会发展中产生的问题,2002年党的十六大报告明确提出要完善政府的经济调节、市场监管、社会管理和公共服务的职能,政府的职能建设开始从只注重单一的经济管理职能向构建包括市场监管、社会管理和公共服务在内的多维度职能体系迈进。2003年,党的十六届三中全会通过了《中共中央关于完善社会主义市场经济体制若干问题的决定》,适时明确地提出了"坚持以人为本,树立全面、协调、可持续的发展"的科学发展观,改变了以往单纯追求经济增长而忽略社会、环境和文化发展以及区域、城乡协调发展的改革发展思路。科学发展观以及完善政府四个职能要求的提出为新时期进一步促进政府职能转变和构建现代化的政府职能体系指明了方向。

在广东，与全国一样，随着计划经济体制向市场经济体制的过渡和全能型政府向经济建设型政府的转变，原有体制的社会保障和公共服务机制开始解体，社会功能逐渐消解，而在市场的冲击下，贫富差距问题、医疗、养老和教育问题逐渐显现出来。① 从广东省的财政支出结构变化可以看到，社会服务性支出的占比长期偏低，2001年以后，这一状况才有所改善，政府逐渐加大了在社会保障等公共服务职能方面的财政投入。② 此外，经济社会的发展促进了社会力量的发展和壮大，公民权利意识和参与意识逐渐提高，作为单一治理主体的政府不仅难以对社会事务进行有效的管理和服务，也无法满足公民参与治理的诉求。在这种背景下，广东省这一时期的行政管理体制改革在紧紧围绕实现全面、协调、可持续的科学发展和构建包括经济调节、市场监管、社会管理、公共服务等职能在内的科学的政府职能体系的同时，率先在治理模式转型和服务型政府建设方面加大了改革与发展力度。相应地，行政管理体制改革的主要内容也发生了重大的变化：以推进大部制改革和深化行政审批制度改革为着力点，进一步促进精简、有限和高效的效能型政府建设；以进一步完善基本公共服务体系、健全公共财政制度和创新公共服务流程为抓手，推动经济建设型政府向公共服务型政府转变；以培育社会组织、发展多元共治和完善基层自治为着力点，推动政府治理转型和社会治理创新。

就效能型政府建设而言，这一时期广东省在效能型政府建设方面着力推进两个方面的改革，即大部制改革和行政审批制度改革。在大部制改革方面，2009年3月，中共广东省委、省政府召开全省市县政府机构改革工作电视电话会议，确定深圳市、佛山市顺德区、广州市和珠海市为创新行政管理体制改革试点。同年9月，深圳、顺德、珠海和广州陆续启动了探索实行职能有机统一的大部制改革试点工作以调整、整合和优化政府组织

---

① 参见王绍光《大转型：1980年以来中国的双向运动》，载《中国社会科学》2008年第1期。
② 参见陈天祥、赵慧《从财政支出结构变迁看地方政府职能转变——基于广东省1978—2013年的数据分析》，载《中山大学学报（社会科学版）》2016年第6期。

第一章　勇立潮头：先行先试的广东行政管理体制改革

结构和运行机制，进一步缩减政府规模，构建精简、统一、高效的政府管理体制。① 这些地方的大部制改革侧重点不尽相同，各具特色，其中顺德"党政联动"的大部制改革最为外界所熟知，甚至被称为中国"最大胆"的"党政大部制改革"，而深圳决策、执行、监督三权适度分离与制衡的大部制改革同样受到广泛关注与好评。在行政审批制度改革方面，这一时期广东省在原有改革的基础上先后于2004年、2009年和2012年集中进行了行政审批制度改革，尤其在2012年广东更是被国务院批准为"十二五"期间在行政审批制度改革方面的先行先试省份，要求按照"应减必减、该放就放"的原则，继续探索行政审批制度改革。总体来看，广东在这一时期的行政审批制度改革在进一步大幅度缩减审批范围、取消和下放审批事项的同时，更加注重创新审批方式、优化审批流程和提高审批服务质量，如中山市首次实现的全部审批项目上网、肇庆市的"一站式"行政审批平台建设、佛山市的行政审批流程标准化建设和深圳市首创的行政审批电子监察系统等。

就服务型政府建设而言，广东省在这一时期将着力点主要放在建设基本公共服务体系、公共财政制度和公共服务流程的完善与创新上。在基本公共服务体系建设方面，这一时期，广东省将改善民生、推进基本公共服务均等化等社会建设目标摆在优先位置，逐步构建起一个包括基础教育、社会就业、社会保障等在内的基本完善的公共服务体系，并于2007年8月正式下发了《中共广东省委广东省人民政府关于解决社会保障若干问题的意见》，这标志着广东迈入了全民保障时代。② 在公共财政制度建设方面，广东省通过优化财政支出结构、减少经济建设性支出和增加公共服务或社会服务性支出，逐步实现了从"经济建设型财政"向"公共服务型财政"的转变，财政支出的公共性和服务性不断增强。在这一时期，广东省对公共服务的支出水平进入了一个快速增长的时期，尤其是从2007年

---

① 有关这四个地区大部制改革的具体内容，参见陈天祥、吴海燕等《中国地方政府大部制改革模式研究——来自珠三角的调查》，社会科学文献出版社2017年版。

② 参见肖滨等《为中国政治转型探路：广东政治发展30年》，广东人民出版社2008年版，第229页。

起,广东省的公共服务支出增幅更加明显。① 在创新公共服务流程方面,这一时期行政管理体制改革的一个显著特点就是对行政审批、市场监管和公共服务在内的一系列政府管理流程进行技术化的整合与改造,以及对政务信息公开和政务流程开放的制度化建设。广东在这方面再一次走在了全国的前列,比如在政府信息公开方面,2005年广东出台了《广东省政务公开条例》,成为全国第一部有关政务信息公开的最为系统和规范的地方性法规。又如在电子政务建设方面,上文提到的中山市的全部审批项目上网、肇庆市的"一站式"行政审批平台建设、佛山市的行政审批流程标准化建设,以及广州市荔湾区和佛山市南海区"一门式"政务服务中心的建设等,都具有明显的先行性和示范性特点。这些流程创新和制度建设不仅提高了政府管理的效率,更重要的是体现出政府从一种不对等的监控和管理心态向一种对等的服务与互动心态的转变。

就社会治理创新与政府治理转型而言,在这一时期,尤其是2007—2012年汪洋主政广东期间,社会治理与社会建设成为广东省行政管理体制改革和政府建设的突出亮点和主要内容之一。为贯彻落实科学发展观,社会治理和社会建设成为这一时期全国各地行政管理体制改革的热点内容,但广东省觉悟快、破题早、力度大,又一次走在了全国的前列。早在2009年,广东就开始在全国率先探索基层社会治理创新,在镇(街)和村(居)建立起综治信访维稳中心,在基层构建起了大综治大调解的工作平台,大大方便了群众上访,在基层社会矛盾纠纷解决和综治维稳方面取得了显著的效果。② 2011年7月,汪洋在中共广东省委第十届第九次全会所做的《加强社会建设创新社会管理 为建设幸福广东作出新贡献》的报告中,明确提出广东要加强社会建设和社会管理,政府要从"依靠群众打天下"向"依靠群众治天下"转变的观点。紧接着,7月14日,中共广东省委、广东省人民政府颁布了《中共广东省委广东省人民政府关于加强

---

① 参见陈天祥、赵慧《从财政支出结构变迁看地方政府职能转变——基于广东省1978—2013年的数据分析》,载《中山大学学报(社会科学版)》2016年第6期。

② 参见中国人民政治协商会议广东省委员会《敢为人先——改革开放广东一千个率先(政治卷)》,人民出版社2015年版,第60页。

社会建设的决定》(粤发〔2011〕17号),提出了以社会建设为核心,包括加强基层服务管理、培育壮大社会组织和创新社会服务管理等在内的社会治理改革与创新方案。同年8月,广东省成立社会工作委员会,负责包括社会建设和社会管理体制改革等方面的社会工作。此后,广东省的社会治理创新和社会建设事业蓬勃发展起来,如佛山市顺德区的顺德社会创新中心、南海区桂城街道的"关爱桂城"社会治理创新模式,广州市的家庭综合服务中心建设,等等。① 社会治理创新和社会建设的开展,大大促进了社会治理中的社会组织和群众参与,推动了社会管理从封闭单一的行政管理向开放多元的社会治理的转变,"党委领导、政府负责、社会协同、公众参与、法治保障"的社会治理格局逐渐建立了起来。

经过前述三个阶段的努力与探索,广东省行政管理体制改革在促进政府职能转变、推动政府治理转型和构建服务型政府方面取得了卓有成效的进展。原先计划经济体制下的管制型政府或全能型政府角色已经得到了极大的削弱,市场经济导向下的经济建设型政府角色也经历了一个由强到弱的演变过程,最终,在以人为本、和谐发展的科学发展观主导下的公共服务型政府和开放多元型治理格局定位越来越明确、轮廓越来越清晰。然而,经过21世纪头10多年的努力,虽然基本公共服务体系已经初步建立起来,但公共服务的供给仍然处于较低水平,公共服务的质量也有待进一步提高,服务型政府建设有待进一步完善与巩固。

四、深化:全面深化改革,推进政府治理现代化(2013年至今)

进入21世纪第二个10年,尤其是2012年以后,中国全面建成小康社会进入决定性阶段,社会主义现代化建设进入了一个新的战略机遇期。就国内而言,经过30多年的改革开放,我国已经为实现现代化和中华民族的伟大复兴奠定了一个良好的局面,但经济发展的不均衡性、社会建设的不充分性、政府治理与社会管理的不科学性、法治建设的不完善性,以及经济、政治和文化发展的不协调性仍然没有得到根本的改观。就国际而

---

① 参见陈天祥、郑佳斯等《迈向共建共享新格局:广东探索社会治理创新》,中山大学出版社2017年版。

言,全球化的深入发展为我国进一步促进对外开放、融入全球体系、参与国际竞争与合作提供了重要机遇,但随着国际环境的日益复杂和国际竞争的日益激烈,我国的现代化建设和中华民族的伟大复兴面临着诸多挑战。面对这种国内国际形势,不仅需要进一步地深化改革和对外开放,而且进一步的改革更加需要一个整体性的把握、系统性的协调和宏观层面的考量,改革的顶层设计变得更加突出和重要。在这一背景下,2012年党的十八大明确提出了通过全面深化改革开放以改善国内发展局面、迎接国际挑战的战略部署,同时,党的十八大报告指出了新时期在全面深化改革的整体战略下行政管理体制改革的主要目标和要求,即"深化行政审批制度改革,继续简政放权,推动政府职能向创造良好发展环境、提供优质公共服务、维护社会公平正义转变"。2013年11月,党的十八届三中全会通过了《中共中央关于全面深化改革若干重大问题的决定》,确定了完善和发展中国特色社会主义制度、推进国家治理体系和治理能力现代化的全面深化改革总目标,并提出了加快完善现代市场体系、加快转变政府职能、推进法治中国建设、强化权力运行制约和监督体系、推进社会事业改革创新、创新社会治理体制等重要改革举措。2016年3月,国务院总理李克强在第十二届全国人民代表大会第四次会议上所做的《政府工作报告》中,进一步明确提出了持续推进简政放权、放管结合、优化服务的"放管服"改革,不断提高政府效能。新时期,在全面深化改革的背景下,国家治理能力和治理体系现代化建设以及"放管服"改革成为我国行政管理体制改革新的主要目标和核心内容。

在广东层面,2012年年末,习近平总书记视察广东,对广东省提出了"三个定位,两个率先"的殷切期望,要求广东要努力成为发展中国特色社会主义的排头兵、深化改革开放的先行地、探索科学发展的试验区,为率先全面建成小康社会、率先基本实现社会主义现代化而奋斗。① 2017年4月,习近平总书记对广东工作做出了"四个坚持、三个支撑、两个走在前列"的重要批示,希望广东坚持党的领导、坚持中国特色社会主义、

---

① 参见《把"三个定位、两个率先"总目标落到实处——论认真贯彻落实省委十一届二次全会精神》,载《南方日报》2013年1月21日,第A01版。

第一章　勇立潮头：先行先试的广东行政管理体制改革

坚持新发展理念、坚持改革开放，为全国推进供给侧结构性改革、实施创新驱动发展战略、构建开放型经济新体制提供支撑，努力在全面建成小康社会、加快建设社会主义现代化新征程上走在前列。为响应中央全面深化改革的战略部署，实现"三个定位，两个率先"，中共广东省委在2014年1月中国共产党广东省第十一届委员会第三次全体会议上通过了《中共广东省委贯彻落实〈中共中央关于全面深化改革若干重大问题的决定〉的意见》（粤发〔2014〕1号）。提出广东要突破思想观念的束缚，突破发展升级的瓶颈，突破对外开放的局限，突破社会转型的难题，突破利益固化的藩篱，率先全面建成小康社会、率先基本实现社会主义现代化，必须坚定不移地全面深化改革，不断增创广东发展新优势。这一时期广东省的行政管理体制改革主要是以"三个定位，两个率先"为总目标，以全面深化改革为依托，以"放管服"改革为主要内容，进一步推动政府职能转变和效能型政府建设。改革的具体措施包括：

首先，着眼于宏观层面的战略布局和制度建设，加强对经济发展与转型的宏观指导与规划，争取在构建现代经济体系中走在前列。改革的主要举措包括：先后于2015年和2017年部署实施珠三角自贸区和粤港澳大湾区等国家重大战略，以构建全方位、宽领域的开放型经济新体制；率先提出创新驱动发展战略，全力打造全国创新发展重要一极，通过颁布出台《珠三角国家自主创新示范区建设实施方案（2016—2020年）》《广东省系统推进全面创新改革试验行动计划》和《广深科技创新走廊规划》等一系列战略规划，把创新驱动发展作为全省经济社会发展的核心战略和经济结构调整的着力点，全力把创新落实在发展上，落实到具体行动中；借助自贸区、示范区和特区等优势，进行一系列政策和制度的改革创新与试点，如在南沙自贸区和横琴自贸区开展国地税深度合作，推动税收管理与服务创新等，以构建适合于现代化经济体系的体制机制和制度保障，推动经济的高质量发展。

其次，以建立服务于社会主义现代化建设和全面建成小康社会的现代化、科学化的政府行政体制和治理机制为目标，全面推进"放管服"改革。在行政审批制度改革方面，以构建效能型政府为核心，进一步深化行政审批制度改革与创新，促进行政审批的标准化、透明化和规范化。2015

年，广东率先公布实施51个省级政府部门权责清单和职能调整目录，保留9类职能事项6971项，取消省直39个部门各类调整的职权事项共2580项。率先探索编制省市县三级政府纵向权责清单，公布地级以上市、县（市、区）政府部门权责清单。在服务型政府建设方面，进一步推动政府职能向创造良好发展环境、提供优质公共服务、维护社会公平正义转变。2015年7月，深圳在全国率先推出"多证合一、一照一码"的商事制度改革，以方便企业注册登记等所有商事业务办理，随后，深圳的商事制度改革迅速在全省范围内铺开。在法治政府建设方面，2015年11月，广东省政府办公厅印发了关于《广东省创建珠三角法治政府示范区工作方案》（粤办函〔2015〕592号）的通知，通知指出在珠三角地区创建法治政府示范区，通过典型示范、辐射带动的方式，推动我省法治政府建设工作走在全国前列，率先实现基本建成法治政府的目标。在社会治理和社会建设方面，一方面，进一步加强社会组织建设和管理，深化政府向社会转移职能和购买服务。2015年广东省民政厅下发《广东省民政厅关于社会组织法人治理的指导意见》（粤民发〔2015〕70号）和《广东省社会团体法人治理结构与治理规则》等系列文件，不断健全社会组织法人治理结构和制度建设，规范和健全广东省社会团体的组织机构和运行机制。同时，持续完善和规范政府向社会组织购买服务，推动政府职能向社会转移，深化政府与社会组织的合作治理与服务供给，在2014年和2015年的政府工作报告中都明确提出了健全政府向社会转移职能制度、深化政府向社会购买服务、推动社会组织承接政府转移职能和购买服务的工作要求等。另一方面，广东省持续深化基层社会治理创新，大力推动资源、服务和管理下沉基层，推动基层社会治理从简单粗放的控制向社会管理与服务转变，如2014年开始在全省开展的一村（社区）一法律顾问的律师进村（居）活动，2016年年底广东全省基本全面建成村（社区）公共服务中心（站）等。

在这一阶段，广东省行政管理体制改革在推进全面深化改革和以简政放权、放管结合、优化服务为主要内容的"放管服"改革的基础上，其重心开始逐步向创新和发展政府行政模式和社会治理机制、推动政府行政法治化和制度化建设、增强政府在规范、引导和支持社会发展方面的职能的综合性改革与创新转变。在经济领域，市场在资源配置中的决定性作用不断增强；而在宏观调控和社会发展方面，政府这只看得见的手的作用也日益明显和强化，社会导向的公共服务型政府得到了进一步的巩固和完善。

第二节 "五位一体"的政府转型和"四大关系"的政府治理

改革开放40年来，广东省的行政管理体制改革走过了一个不断自我改革、发展和转型的历史进程。我们不仅可以从纵向的角度去考察其渐进发展、不断深化的线性历史轨迹，同时也可以从横向的角度去考察其改革的整体框架中所蕴含的丰富多彩的内容。正是以下"五位一体"的政府转型和"四大关系"的政府治理，构成了广东省40年行政管理体制改革整体框架的基本内容。

一、"五位一体"的政府转型

（一）重建政府组织机构体系

在中国，政府组织机构体系的调整与改革主要是被冠以机构改革的名称而被外界所熟知，机构改革历来是中国行政管理体制改革一以贯之的主要内容之一，它不仅关涉政府组织机构设置的调整和人员编制的管理，而且还直接与政府职能的转变密切相关。① 改革开放40年来，机构改革不仅构成了广东省行政管理体制改革的主要内容之一，同时也是广东省行政管理体制改革中起步最早、力度最大、成果最为突出、最为外界所熟知和认可的改革举措之一，涌现出了诸如顺德和深圳等闻名全国的改革创新先行地和试验田。其中，顺德1992年至1995年开展的综合性体制改革、2009年开展的党政联动的大部制改革和深圳2009年开展的决策、执行和监督适度分离与制衡的改革轰动效应最大，最为外界所熟知。总体来讲，在这

---

① 参见周志忍、徐艳晴《基于变革管理视角对三十年来机构改革的审视》，载《中国社会科学》2014年第7期。

40年的历程中，广东以机构改革为抓手，以构建精简、高效的政府组织体制为目标的政府组织机构体系发展与重构主要进行了三个方面的改革与重建：缩减、裁撤机构设置和人员编制，以限制政府规模、优化组织结构；调整、整合行政机构和权力配置，以理顺权责关系、优化运行机制；动态调整经济管理、市场监管和社会管理服务三个类别的机构数量和规模，以循序渐进地推动政府职能转变。

（二）重塑政府职能体系

在原有的计划经济体制下，政府扮演的是一种全能型政府的角色，政府对经济社会事务的管理和控制无所不包、无所不揽。也正是因为什么都要管、什么都想管，使得政府对经济社会事务的管理没有侧重、没有区分，职能定位不清、力度不够，最终导致什么都没有管好。中国40年的改革开放历程，同时也是一个重新认识、厘清和定位政府在经济社会发展中的角色的历程，是一个不断重塑政府职能体系，改变政府大包大揽的行事作风，使政府在不同的发展阶段明确职能定位，进而做到有所为、有所不为的历程。可以说，经济本身的发展以及由于经济发展而带动的社会变迁与转型，是推动政府职能转变和职能体系动态调试与重塑的直接动力。"春江水暖鸭先知"，广东是最早开启改革开放的先行省份之一，一步先、步步先，从计划经济体制的松动开始，到市场经济体制的建立与完善、科学发展观的提出与践行，再到社会治理与社会建设的全面展开和新时期的全面深化改革，经济社会发展对政府职能调试与转变的需求以及政府对经济社会发展需求的回应，广东省都要比全国和其他省份率先感知到，并先期做出回应与转变。因此，在政府转变和职能体系调整与重塑方面，广东省所扮演的先行先试的角色尤为突出，比如，20世纪90年代初顺德开展的综合性体制改革和产权制度改革，成为我国为建立社会主义市场经济体制而进行的政府职能体系调整与转变的最早的地方性改革。又如，面对市场经济发展所导致的区域、城乡和经济社会等发展失衡问题，在2003年国家提出科学发展观之前，广东省已经从2001年开始就调整财政支出结构，增加社会服务性支出，以构建服务型政府来应对这种发展失衡的问题。再如，早在2013年党的十八届三中全会国家提出以推动国家治理体系和治理能力现代化为目标而创新社会治理体制之前的 2009 年，广东省就已经在全国率先开启了创新基层社会治理的实践，其中由广东首创的基层社会综治信访维稳中心这个大综治大调解平台，成为之后全国基层社会治理创新与发展的最初样板。在 40 年的行政管理体制改革进程中，广东省各级政府以调整政府角色、转变政府职能为核心，在多次改革中率先实现了从计划管控型政府到经济建设型政府，再到市场监管型政府和公共服务型政府的渐进过渡与转型，逐步构筑起了一个包括经济调节、市场监管、社会管理和公共服务四大职能在内的新型政府职能体系。在全面深化改革的新时期，广东省政府职能体系得到了进一步的优化和改进，经济调节职能进一步向宏观管理和调控转变，市场监管职能得到进一步的加强，社会管理职能和公共服务职能得到进一步增强与完善。

（三）改革与创新行政审批制度

行政审批历来是政府行政权力最为集中的领域，因此致力于推进自我削权和限权的行政审批制度改革往往被称为政府的"自我革命"，是政治体制改革的重要一环，同时也是行政管理体制改革的突破口。① 广东省是中国开展行政审批制度改革最早的省份，中国最早于 1997 年在深圳试点行政审批制度改革工作，在总结深圳试点经验的基础上，1999 年我国正式开始了第一轮的行政审批制度改革，此后近 20 年的时间里，行政审批制度改革一直是中国行政管理体制改革的一项重要内容并得到不断深入和深化。在历次行政审批制度改革中，广东都是走在全国的前列，发挥着先行先示作用，尤为重要的是，行政审批制度改革从单纯的缩减、下放与合并审批事项，到行政审批方式和流程的创新以及商事制度改革等涉及行政审批制度本质性变革的制度性创新与实践，很多都是首先发生在广东，然后再推广到全国的，其中最为典型的包括 2012 年顺德推行的商事登记制度改革和 2015 年深圳推行的"多证合一、一照一码"的商事制度改革等。

---

① 参见陈天祥、张华、吴月《地方政府行政审批制度创新行为及其限度》，载《中国人民大学学报》2012 年第 5 期；杨绍华、易赛键《行政审批制度改革：政府的一场"自我革命"——访国务院审改办主任、监察部副部长李玉赋》，载《求是》2007 年第 6 期。

广东省的行政审批制度改革一直紧紧围绕适应社会主义市场经济发展的需要、缩减政府权力、提高行政效率、激发市场和社会活力的目的而展开，其改革恰恰经历了一个从单纯缩减和下放行政审批权限到注重推动行政审批制度和方式变革与创新的渐进转变。总体来讲，广东省行政审批制度改革的主要内容包括：持续下放、合并和取消行政审批事项、缩减行政审批范围以限制政府权力、减少政府干预、释放市场活力，创新行政审批方式、优化行政审批流程、采用一站式审批或网上审批等新型行政审批模式以提高行政审批效率、方便企业办事，创新行政审批制度、革新行政审批理念以推动行政审批从审批向服务转变、从事前审批向事中事后监管转变。

（四）变革政府间关系体制

政府间关系大致可以从两个方面加以考察，它们分别是：纵向的央地关系以及地方层面省、市、县、乡（镇）之间的关系，横向的政府各部门之间的关系。从内容上看，政府间关系体系变革包括行政区划的调整和权责配置的变更两个方面的内容。改革开放以来，变革和理顺政府间关系、明确划分各级政府和政府各部门之间的权责、构建职能清晰和权责明确的政府间关系体系是我国行政管理体制改革的重要内容之一。对于率先开启改革开放的广东而言，政府间关系的变革与调整显得尤为迫切和重要，其先行先试的特点也更加突出和明显。广东政府间的关系变革与调整主要体现在以下几个方面：

在央地关系方面，广东是最早提出向中央要权的省份，并且在之后的改革中，一直紧紧围绕着维护中央权威、保持和增强地方活力的双重目标，在中央与广东省的关系之间维持着一种持续、动态的双向调试。

在地方纵向政府间关系方面，一方面，适时调整与变革行政区划、推动区域合作与整合以服务于经济发展和城市化建设的需要，在行政区划调整上，主要有1980年在全国率先成立深圳、珠海和汕头经济特区，1983年率先全面推行市直管县体制，1988年东莞市独一无二的市直管镇体制等。另一方面，放权于市县，按照"能放都放"的原则，不断下放财政权、审批权等一系列权力，依此向市、县和镇循序渐进地下放一系列权限，以充分调动各级地方政府的积极性，构建权责统一、运转协调的政府运行体系。

在横向政府间关系方面，一方面，广东省历来十分重视地方政府之间的协调与合作，积极推动区域整合与一体化发展。从20世纪90年代开始，广东省就极具前瞻性地提出了区域一体化协调发展的战略。1994年广东省出台《珠江三角洲经济区现代化建设规划纲要（1996—2010年）》，提出了珠江三角洲深莞惠、广佛肇和珠中江东中西三线一体化建设的方案。2008年出台的《珠江三角洲地区改革发展规划纲要（2008—2020年）》，使区域一体化的协调发展不断走向深入。2017年签署的《深化粤港澳合作 推进大湾区建设框架协议》，将珠三角地区的发展提升至一个更高的层次，标志着粤港澳合作进入新阶段。另一方面，在各级地方政府内部，以综合执法体制改革和大部制改革为抓手调整、整合机构职能和权责配置以减少权责交叉重叠、优化权力运行机制、促进职能有机统一、提高行政效能。在40年行政管理体制改革的历史进程中，广东以优化政府权力配置、提高政府治理水平、促进市场经济发展和城市化建设为目标，对政府间关系体系进行了持续的动态调整与变革，初步构建起了一个职能清晰、权责明确、统一协调、运转高效的政府间关系体系。

（五）创新政府治理方式

在计划经济时代，全能型政府对经济社会事务的治理主要通过指令性或命令性的行政治理手段进行。在这种治理方式下，政府是治理的单一主体，采取的是一种自上而下的、强制性的治理策略，经济和社会力量受到了极大的规训和形塑，处于一种僵化甚至濒临崩溃的状态。改革开放40年来的行政管理体制改革历程，很大程度上就是一个围绕政府职能转变而进行的变革单一的行政治理手段、创新治理方式、发展多元治理、构建现代化的政府治理能力与治理体系的历程。广东省的政府治理方式在理念变革、制度创新和范式转型方面一直走在全国的前列，具体来讲，主要在三个方面取得了显著的成绩：一是变革行政治理方式，创新公共服务流程，通过发展电子政务、推进信息公开、建立网上办事大厅和建设行政服务中心等途径变权力本位的封闭型、分散式和管控型治理为民众本位的开放型、一体化和服务型治理方式。二是变革政府作为单一主体的行政治理理念，发展多种治理主体和途径，通过培育和引导社会组织参与治理、促进和完善基层群众自治、推进和加强法治建设（如一村一律师）等途径构建包含行政治理、法律治理、群众自治和社会参与在内的多元治理格局。三是变革基层治理和公共服务供给理念，转变基层治理和公共服务供给方式，通过社会治理和公共服务供给下沉到基层、运用网络技术手段建设"微治理"与"微服务"平台等促进治理者与群众、服务需求与服务供给的直接衔接，转变传统治理所遵循的兼具"集中管制导向、标准运作技术导向和工具理性效率偏向的科层式逻辑"①，提高基层社会治理和公共服务供给的质量与效率。

二、"四大关系"的政府治理

我们不仅可以从政府自身"五位一体"的转型与建设来考察改革开放40年来广东省在行政管理体制改革方面所取得的成效，同时也可以从政府与其他社会主体或要素之间的关系这一视角来把握广东省行政管理体制改革过程中政府定位与角色的变化。如果说"五位一体"的政府转型聚焦的是政府自身内部的改革与发展，那么政企关系、政事关系、政资关系和政社关系这"四大关系"的变化与转型则形塑了广东改革开放40年来政府在对外部经济社会事务治理中的角色与定位的转变与重构，是政府职能转变和治理转型的真实写照。

（一）政企关系

在原有的计划经济体制下，政府以一套行政化的计划和管理体制全面主导和控制着企业，政企不分，企业生产和经营完全服务于政府计划的需要，缺乏效率观念和竞争意识。改革开放以来，为了解放和发展生产力、推动计划经济体制向市场经济体制的过渡、完善社会主义市场经济体制，经济体制改革成了改革的主要阵地之一，其中以政企分开、还权于企业、

---

① 陈天祥、范琳琳：《基于科层逻辑的公共服务供给困境分析——以A市D新区为个案》，载《江苏行政学院学报》2015年第1期。

第一章　勇立潮头：先行先试的广东行政管理体制改革

减少政府对企业的直接干预为主线的政企关系变革又成为经济体制改革和行政管理体制改革共同的改革目标。广东政企关系的改革实践最早源自于当时闻名全国的、以"超计划提成奖"为主要内容的"清远经验"，"清远经验"在当时被称为与农业上的"包产到户"并驾齐驱的经济管理体制改革，① 使广东成为全国经济体制改革的先行省份。更重要的是，"清远经验"直接开启了广东乃至全国政企关系改革的先河，而且其"超计划提成奖"措施，成为当时以激励为主要目标的财税体制改革的样板，无论是从"划分收支、定额上缴"还是"递增包干"式的财政管理体制中，我们都能看到"清远经验"的影子。以"清远经验"为起点，广东正式开启了以政企分开、还权于企业、理顺政府与企业和政府与市场之间的关系为主要内容的政企关系改革。在具体的改革实践中，广东省循序渐进地进行了四个层次的改革：一是还权于企业，扩大企业自主权，推行利改税改革，努力实现政企分开；二是实行所有权与经营权两权分离，使国有企业成为自主经营、自负盈亏的相对独立的经济实体；三是以产权制度改革为重点推动建立现代企业制度，进一步推动政企分开，完善社会主义市场经济体制；四是以建立国有资产出资人制度为突破口深化国有企业改革，以建立国有企业公司制、完善国有企业法人治理结构。② 在40年的政企关系改革中，从"清远经验"到顺德的产权制度改革，从国有企业改革到国有资产管理体制改革，再到国有资本改革，广东都先行一步，走在全国的前列，发挥了重要的示范性作用。经过40年的探索与改革，广东省已经率先建立起一种与社会主义市场经济相适应的新型政企关系，企业成为市场经济中独立运作、自负盈亏的主体，其自主权不断得到增进和保护，政府对企业的直接干预得到了极大的降低，其职能转向宏观的经济调节、市场监管和社会管理与服务，一个服务于市场经济的有限政府逐渐建立起来。

---

① 参见中国人民政治协商会议广东省委员会《敢为人先——改革开放广东一千个率先（经济卷上卷）》，人民出版社2015年版，第10页。

② 参见肖滨等《为中国政治转型探路：广东政治发展30年》，广东人民出版社2008年版，第197～198页。

（二）政事关系

所谓政事关系，即指政府与事业单位之间的关系。在我国，事业单位是指"国家为了社会公益目的，由国家机关举办或者其他组织利用国有资产举办的，从事教育、科技、文化、卫生等活动的社会服务组织"[①]，它是我国特有的、以提供公共产品和公共服务为主要职能任务的组织实体。政府与事业单位之间的关系及其演变不仅涉及政府自身职能转变与治理方式转型，更会对公共服务的供给产生重要影响，因此，在改革开放40年的历程中，以"政事分开"、理顺政府与事业单位之间关系的事业单位改革成为广东省行政管理体制改革的一项不可或缺的内容。40年来，广东的事业单位改革和政事关系变迁同样经历了一个循序渐进的过程。首先，通过下放管理权、扩大事业单位自主权等措施不断推进政事分开，事业单位的创造性和活力得到不断增强，提供公共服务的能力不断提高。其次，通过法定机构改革、推进事业单位去行政化等措施，使事业单位自身的管理方式和运行机制得到优化，提高了公共服务水平和效率。最后，通过推行事业单位分类改革、改进和完善事业单位管理方式等措施促进了政府对事业单位的科学管理水平，明确了政府与事业单位在公共服务供给中的权责关系，优化了公益事业资源的配置，提高了公益事业资源的使用效率。在事业单位改革中，广东2005年在全国首次推出了行政事业单位预算管理与资产管理相结合的资产管理新机制，此外，在事业单位分类改革和事业单位法定机构改革方面，广东省再一次走在了全国的前列，发挥了良好的先行示范作用。经过40年的改革与调整，政事分开得到了不断推进，政府对事业单位的管理不断优化，政府与事业单位在公共服务供给中的权责关系不断明确，政府与事业单位之间的关系日趋合理和规范化。

（三）政资关系

如果说政企关系所涉及的是政府与包括国有企业、民营企业和混合所有制企业等在内的所有企业主体的关系的话，那么政资关系则专门指政府

---

① 《事业单位登记管理暂行条例》第一章第二条。

与国有企业或国有资产之间的关系。政企关系所体现的是宏观层面的政府与市场的关系，反映的是在资源配置中政府和市场的作用问题；而政资关系所体现的则是相对具体层面的政府与自身所拥有的企业或资产之间的关系，反映的是政府如何管理和经营自身资产的"家政"问题。当然，由于国有经济所具有的庞大体量、在国民经济中所占有的巨大比重和在关键领域所占据的重要位置，国有经济的改革与发展将对国民经济的发展和经济体制的转型产生重要的影响。因此，改革开放以来，以理顺政资关系为主要目标、以国有经济改革和国有资产管理体制改革为主要内容的国有经济改革与发展一直是经济体制改革和行政管理体制改革的重大任务。40年来，广东省一直高度重视理顺政资关系、不断深化国有经济改革与发展、确保国有资产保值和增值。首先，通过政企分开、还权于企业、利税改革和构建现代企业制度等改革措施，不断增强国有企业自主性和积极性、优化国有企业自身治理结构、提高国有企业效率和竞争能力。其次，通过在全国率先设立国有资产管理部门、强化国有资产评估和监督、建立和完善国有资产管理监督体制，加强了对国有资产的管理监督，有效维护了国有资产的合法权益。最后，通过准确定位国有企业的功能性质并完善分类考核办法、推进国有资本投资运营公司试点、推进经营性国有资产集中统一监管等国有资本改革措施，既优化了国有资本的战略布局、提高了国有资本的投资回报率，同时也进一步强化了对国有资本的监督和管理。经过改革与调整，政资关系不断理顺，政府对国有企业或国有资产的管理从直接干预生产经营转向非经营性的管理、监督和战略布局上来，政资关系的调整与理顺进一步推动了政府的职能转变。

（四）政社关系

20世纪70年代末以来，全球范围内掀起了一场新自由主义指导下的政府改革运动，一种强调在社会事务管理和公共服务供给领域打破国家垄断、鼓励多种社会力量共同参与、促进政府与社会合作共治的治理理论开始兴起。① 在中国，随着改革开放的全面展开和不断推进，改革和转变计划经济时代政社不分、政府全面控制社会、对社会事务大包大揽的总体支配式治理模式，促进政企分开，进而激发社会力量参与社会治理和公共服务供给成为国家与社会关系发展以及社会治理转型的一个趋势。广东改革开放的40年，也是促进政社分开、还权于社会的40年，政府对社会的干预和控制越来越少，社会领域逐渐扩大，社会力量也逐步增强。更为重要的是，广东省的社会治理过程越来越开放，越来越多的社会组织和民间团体参与到了社会治理和公共服务供给中来，群众自治性组织得到了进一步的发展和完善。首先，通过不断放松对社会的管制，简化和松绑对公益组织、民间团体和行业协会等社会组织的登记管理，提高了社会领域的自主性和自由度，激发和释放了社会活力。其次，通过大力培育和发展社会组织、加强与社会组织的合作（如政府购买服务）、强化对社会组织的监督管理等，促进了政府职能的转变和转移，增强了社会治理和公共服务供给过程中的多元参与和合作。最后，通过进一步完善基层群众性自治组织、鼓励和引导各种群众性自治团体（如业主委员会、乡贤理事会等）参与社会治理，提高了基层社会的自我管理和服务能力。经过40年的改革，广东逐步发展起了一个相互独立又相互合作的政社关系，建立起了一个政府主导、各种社会力量共同参与的多元治理格局。

综上所述，五大要素——重建政府组织机构体系、重塑政府职能体系、改革与创新行政审批制度、变革政府间关系体制和创新政府治理方式，以及四大关系——政企关系、政事关系、政资关系和政社关系，一起构成了广东省40年来以政府职能转变和治理转型为目标的行政管理体制改革的整体框架。正是这五大要素和四大关系构成了全书六章的基本内容，支撑了全书的总体结构。

---

① 参见李泉《治理理论与中国政治改革的思想建构》，载《复旦学报（社会科学版）》2014年第2期。

第一章　勇立潮头：先行先试的广东行政管理体制改革

第三节　以政府治理现代化实现"良治"广东：广东行政管理体制改革 40 年的历史定位

对任何一项改革的介绍和呈现，除了把握和概括其基本历程和具体内容之外，我们总免不了还要对其成就、特征和意义进行评价、分析和总结以确立其历史定位，发掘其历史价值。在前文具体讲述了广东 40 年行政管理体制改革的基本历程和主要内容的基础上，我们将进一步从其成就、特征和意义三个方面展开分析和论述。

一、广东行政管理体制改革 40 年的历史成就

对广东 40 年行政管理体制改革所取得的成就进行评价，需要我们首先选择和确立一套合理的评价标准。行政管理体制是政治体制的重要组成部分，行政或行政管理是政府职能的主要载体，因此，我们不妨先重温一下邓小平就"怎样评价一个国家的政治体制"的论述、塞缪尔·亨廷顿（Samuel Huntington）关于现代化进程中的有效政府论，以及美国著名政治家亚历山大·汉密尔顿（Alexander Hamilton）有关良好政府和良好行政关系的论述，为我们确立合理的评价标准寻找一些思想资源。

在谈到如何评价一个国家的政治体制时，邓小平说道："我们评价一个国家的政治体制、政治结构和政策是否正确，关键看三条：第一是看国家的政局是否稳定；第二是看能否增进人民的团结，改善人民的生活；第三是看生产力能否得到持续发展。"[①] 也就是说，评价一个国家的政治体制优良与否，关键要看它能否带来稳定的政治秩序、持续的经济增长和不断提高的社会发展水平，即能否成功地实现现代化建设。在亨廷顿看来，任何一个传统社会在完成现代化发展与转变的过程中，要想实现以上三个方面的目标，政治体制或政府必须确保自身的权威性、合法性和有效性，

---

① 《邓小平文选》（第 3 卷），人民出版社 1993 年版，第 213 页。

也就是说,要确保一个强大且有效的政府。① 当然,"强大且有效"的政府并非意味着一个控制和管理一切经济社会事务的全能型政府,而是指一个能够对现代化发展的方向、速度和程度进行适当且有效的调节和引导的有为政府,它与市场经济发展所要求的有限政府角色并非相互冲突的。因此,在现代化建设的过程中,一个有限、有效并且有为的良好政府就成为一种必需,成为政治体制改革与发展的主要目标之一。进一步讲,正如亚历山大·汉密尔顿所说的,对良好政府而言,"真正的考验在于它是否愿意和能够带来良好的行政"②,因此,我们可以说,良好的行政或治理是良好政府的直接体现,而在现代化的建设中,良好政府指的就是一个"有限、有效并且有为"的政府角色,这一良好政府能够集权威性、有效性和合法性于一体,从而能够有效地维护政治秩序、促进经济发展和推动社会建设。因此,对于行政改革的评价,关键就在于它是否促进了良好行政的发展,是否促进了良好政府的建设。在中国改革开放 40 年的历程中,建设一个有限、有效并且有为的良好政府,以良好治理或良好行政推动社会主义现代化建设是政治体制改革和行政管理体制改革的主要任务之一,在广东,行政管理体制改革同样秉持了这样一种政府发展与建设的目标。

综合以上论述,结合学界的观点,我们主要从发展和建设有限政府、有效政府和有为政府这三个良好政府的主要构成上来考察和评价广东行政管理体制改革的主要成就。我们有充分的理由说,40 年来,广东行政管理体制改革在这三个方面取得了十分突出的历史成就。

在有限政府建设方面,广东 40 年的行政管理体制改革历程,就是一个以转变政府职能为核心、不断推动传统计划经济体制下的全能型政府向社会主义市场经济体制下的有限政府转变的历程。通过一系列致力于推进还权于企业、分权于社会和放权于下级的改革措施,广东省的限权改革不断走向深化,政府的权力受到了极大的缩减和制约,其主要职能从对经济

---

① 参见〔美〕塞缪尔·P. 亨廷顿《变化社会中的政治秩序》,王冠华、刘为等译,沈宗美校,上海人民出版社 2008 年版,第 1~2 页。
② Alexander Hamilton, James Madison, John Jay. *The Federalist Papers*. Oxford University Press, 2008:336.

第一章 勇立潮头：先行先试的广东行政管理体制改革

和社会领域的微观事务和具体行为的直接管理转变为宏观层面间接的经济调节、市场监管和社会管理与服务，市场和社会的自由度得到了极大的提高，活力得到了极大的释放。可以说，经过40年的还权、分权、放权和限权改革，广东省在有限政府建设方面取得了显著的成效。

从有效政府建设的角度来看，在40年的广东行政管理体制改革中，一方面，通过多次的机构改革、职能体系建设和治理方式的创新，广东在政府组织结构、权责配置和运行机制等方面不断得到调整、优化和提升，自身管理和运行效率不断提高，一个科学合理、运转高效的现代化政府体制和治理机制逐步建立了起来；另一方面，政府体制和治理机制的现代化有力地提高了其对广东现代化建设的方向、速度和程度的调节和引导能力，使广东省在40年的现代化建设中能够始终保持经济的快速增长、社会的不断进步和政治秩序的持续稳定。总之，在中国40年跌宕起伏的改革开放和现代化建设的历史进程中，广东能够从一个贫穷落后的省份发展成为一个经济强省，并且在发展的过程中能够始终保持社会稳定，现代化建设稳步推进，极大地得益于广东40年来为发展和建设一个有效政府所做出的努力。可以说，没有广东40年的行政改革和政府建设，广东的现代化建设就不可能保持长达40年的持续、稳定和有效的推进。

在有为政府建设方面，如果说有效政府是指政府能够成功且高效地运作的话，那么有为政府就是指政府是否积极主动地承担起其应该做的某些事务，前者所体现的是一种能力，后者体现的则是一种意愿。可以说，让一个政府承担起更多的社会责任至少不会比让它自动让渡更多的权力来得容易，但在广东40年的行政发展和政府建设的过程中，政府在不断自我限权的同时，也做到了以转变职能为核心，逐步地承担起更多的社会管理和公共服务供给的责任。从加强对市场经济的宏观调节和指导，到强化对市场行为的监督和管理，再到对基本公共服务的供给和改善，广东省的政府建设一直在朝着一个有为政府角色的方向发展，其责任与职能远远超过了一个"守夜人"的角色设定，如果没有这样一个积极有为的政府的话，广东40年改革开放所取得的瞩目成就将是难以想象的。

二、广东行政管理体制改革40年的主要特征

40年来，广东省以行政管理体制改革为主要抓手的良好政府建设不仅取得了突出的历史成就，而且其改革自身也体现出一种在不同阶段各有侧重、在整体上循序渐进和主动调试的鲜明特征。更为重要的是，其改革的每一个阶段、每一个方面在中国行政发展和政府建设上都具有先行性、试点性和示范性的特点，我们主要从中国行政管理体制改革的宏观视角来具体把握广东行政管理体制改革所具有的先行性、试验性和示范性特点。[①]

在先行性方面，在40年的改革开放历程中，和其他省市、地区甚至和中央相比，广东省的行政管理体制改革通常走在全国的前列，承担着中国行政管理体制改革"排头兵"的角色。从向中央要权到向下级放权，从向企业还权到向社会分权，从经济建设型政府向公共服务型政府转变，广东常常都是先行一步、敢为人先。以机构改革为例，1992年顺德市推行的行政体制改革，开创了我国第一个进行综合性体制改革的先例，被外界称为中国大部制改革的萌芽。再以行政审批制度改革为例，1997年深圳市最早开展了行政审批制度改革的试点工作。此外，像公务员制度、政府采购制度、政府信息公开制度和行政问责制度等一系列的制度创新和运行，广东在全国范围内都是走在前列。

在试验性方面，中国40年改革开放的历史进程就是一个不断探索尝试、摸着石头过河的历程，在40年的行政改革和政府转型中，广东一直承担着全国改革试验田的角色，承接了改革的大量试点任务。无论是政府机构改革还是治理方式创新，无论是制度性建设还是实践性操作，广东都一直大胆地探索和尝试，进行了大量的试点性和试验性的工作。以改革创新的试验地顺德和深圳为例，上述1992年顺德的综合性体制改革和1997

---

① 先行性、实验性和示范性是肖滨等人总结出的广东30年政治建设的主要特征，实际上，在中国改革开放的整个历程中，广东省无论在经济体制改革方面是政治体制改革方面，抑或本书所述的行政管理体制改革方面，都具有先行性、实验性和示范性的特点，因此，本书也将从这三个角度来概括广东省行政管理体制改革的特征（参见肖滨等《为中国政治转型探路：广东政治发展30年》，广东人民出版社2008年版，第35页）。但本书认为用"试验性"代替"实验性"这一概念能更准确地体现出广东在行政管理体制改革实践中一直进行的试点性和尝试性的特点。

年深圳的行政审批制度改革，2009 年深圳推行的"委—局—办"大部制改革以及佛山市顺德区"党政联动"的大部制改革就是这种试验性特征最为生动的写照。试验性和尝试性的改革固然有成功之处，也有不尽如人意之处，但无论如何，在 40 年的行政改革与政府建设历程中，广东一直在大胆探索、勇于尝试，为进一步的改革摸索道路、积累经验。

在示范性方面，广东在中国 40 年行政改革和政府转型中所扮演的排头兵和试验田的角色，也决定了它具有十分鲜明的示范性特征和借鉴意义。在改革开放 40 年的历史进程中，许多关键的改革举措都是首先在广东先行试点的基础上，总结经验教训，进而在中央和全国范围内实践和推广的。从计划管控型政府到经济建设型政府的转变，再到市场监管型政府和公共服务型政府的建设，广东都在以先行一步的实践探索，示范如何循序渐进地推动以职能转变为核心的政府治理现代化建设。以公共服务型政府建设为例，广东在探索推行"四个转变"方面，为全国构建公共服务型政府发挥了良好的示范性作用：通过建立和完善基本公共服务体系，以实现从经济目标优先向社会目标优先转变；通过逐步提高社会服务性支出在财政支出中的比重，将更多的财力用于提供公共需要和社会保障，以实现投资型财政体制向公共型财政体制转变；通过创新公共服务流程和供给模式，以实现从基于科层逻辑的封闭型服务体制向多元参与的开放型服务体制转变；通过建立和完善严格的行政问责制，以实现从管制型政府向责任型政府转变。①

三、广东行政管理体制改革 40 年的重要意义与价值

在 40 年的行政管理体制改革和政府建设历程中，通过先行先试和大胆探索，广东省不仅自身取得了瞩目的成就，确保了长达 40 年的持续发展和良好治理，同时也为全国性以及各个地区的行政改革和政府建设事业

---

① 参见肖滨等《为中国政治转型探路：广东政治发展 30 年》，广东人民出版社 2008 年版，第 36～37 页；陈天祥、范琳琳《基于科层逻辑的公共服务供给困境分析——以 A 市 D 新区为个案》，载《江苏行政学院学报》2015 年第 1 期；陈天祥、赵慧《从财政支出结构变迁看地方政府职能转变——基于广东省 1978—2013 年的数据分析》，载《中山大学学报（社会科学版）》2016 年第 6 期。

提供了丰富的经验，发挥了重要的示范性作用。广东40年行政管理体制改革和政府建设历程不仅体现出了具有鲜明地方色彩的广东特色，同时也具有相当程度的普遍性意义和价值。其普遍性意义和价值主要体现在实践和理论两个层面。

从实践层面来看，广东行政管理体制改革40年所积累的经验在实践层面的普遍性意义主要包括经验操作和制度建设两个方面。经验操作方面，在40年的行政改革和政府建设历程中，广东在机构改革、社会治理创新和公共服务供给等方面探索和尝试了多种多样的操作模式和运作机制，例如，在机构改革方面顺德的"党政联动"和深圳的"三权适当分离与制衡"，在社会治理方面社区治理的"盐田模式"、佛山桂城的"关爱桂城"模式，在公共服务供给方面的"一门式、一网式"政务服务模式、广州的家庭综合服务模式以及以政府购买服务为抓手建构的政府主导、多元参与的公共服务供给模式等。广东在改革和治理实践中运用和创新的这些模式和机制，对全国其他地区的行政改革、社会治理创新和公共服务供给实践具有重要的借鉴意义和参考价值。当然，广东40年的行政管理体制改革历程并非仅仅重视操作模式和运行机制的创新和应用，而是同样重视制度层面的创新与建设，如上文所提到的公务员制度、政府采购制度、政府信息公开制度和行政问责制度等。这些制度创新的意义不仅局限于广东的行政发展与政府建设，而且还具有辐射和影响全国的普遍性意义，制度创新与建设所具有的普遍意义甚至要大于经验操作层面的普遍意义，因为制度建设具有一定程度的抽象性和稳定性，而经验操作则具有更高的具体性和动态性。

从理论层面来看，广东在40年行政管理体制改革中所进行的实践探索和经验积累，不仅具有制度建设和经验操作等层面的实践意义，更是因为其涉及当代中国现代化建设中的政府建设和治理转型等一系列重大的理论问题而具有重要的理论价值与意义。举例来说，在当代中国的现代化建设中，国家、市场与社会之间是一种什么样的关系？这种关系应朝着什么样的方向发展？这不仅仅是一个事关当代中国社会转型和结构变迁的重要实践问题，同时也是一个被学界广泛关注和讨论的重大理论问题。当前学界大都认为国家和市场以及国家和社会之间即便不是相互对立，也是相互

第一章 勇立潮头：先行先试的广东行政管理体制改革

分立的，① 而对于市场与社会之间的关系，则存在着市场对社会具有促进作用和市场对社会具有破坏性作用两种截然不同的观点。② 实际上，在学界的争论中，三者之间存在着一种两两对立或分立的张力的观点占据了上风，并且，对国家、市场与社会的关系而言，学者大都是从一个静态的视角进行考察，而少有学者从动态的视角考察这种关系的发展和演变。可以说，广东省行政改革和政府建设 40 年的历程为我们考察国家、市场与社会关系及其发展演变，尤其是在这一发展变化过程中把握国家或政府在经济社会发展或现代化建设中的作用和角色提供了一个很好的经验案例。广东的经验告诉我们，国家或政府与市场、社会之间的关系并非一成不变，政府的作用也并非消极的、起阻碍和限制作用的。在广东 40 年的改革开放历程中，我们能够看到国家或政府与市场和社会之间动态的、不断走向相互协调、相互促进的关系演变过程，更为重要的是，我们看到政府在这一过程中始终扮演着一个积极的、不可或缺的角色，并且，在不同时期、不同阶段，政府都始终围绕着市场经济的建立与完善和社会建设的兴起与深化进行着职能转变和治理转型。除了宏观层面的国家、市场、社会关系的理论意涵，广东行政发展和政府建设在诸如行政改革的价值逻辑、治理转型的内在机理和服务型政府的理论建构等中观层面都具有十分重要的理论意义和价值。

总之，40 年来广东行政管理体制改革既在上述良好政府建设方面取得了令人瞩目的成就，以现代化的政府治理实现了广东经济社会各方面的良善治理，同时也以其先行性、试点性和示范性特征为中国的行政改革和现代化政府建设提供了丰富的改革经验，还在实践层面和理论层面显示出了重要的普遍性意义与价值，可以说是集伟大成绩、地方性探索和试验以及全国性的参考与借鉴于一体。广东 40 年行政管理体制改革和政府建设的历史定位始终是先行一步，为中国的行政发展、政府建设和治理现代化

---

① 参见陈那波《国家、市场和农民生活机遇——广东三镇的经验对比》，载《社会学研究》2009 年第 6 期。

② 对于市场与社会之间关系的论述可谓卷帙浩繁，我们在此仅举出两个文献供读者参考：［英］卡尔·波兰尼《大转型：我们时代的政治与经济起源》，冯钢、刘阳译，浙江人民出版社 2007 年版；王绍光《大转型：1980 年代以来中国的双向运动》，载《中国社会科学》2008 年第 1 期。

探路、试验并提供示范。

小　结

在中国 40 年的改革开放历程中，广东一直都先行一步、带头试点，走在中国行政管理体制改革的最前面，为自身经济社会的发展提供了坚实的保障和强大的动力，为中国的行政发展、政府建设和治理转型不断地探索尝试、摸索经验，发挥了重要的带头示范作用。在 20 世纪 70 年代末至 90 年代初以精简和激励性政策为主要内容的体制内松绑改革阶段，广东率先解放思想，敢想敢做，以闻名全国的"清远经验"为基础，迅速创新出包括"包干责任制"的经济激励机制和"递增包干"的财政激励机制等政策机制，打破了计划经济体制所固有的僵化和低效，有力地促进了企业发展和经济增长。广东所创新出的这一系列激励性政策和机制迅速在全国范围内得到了推广，为这一时期我国国有企业改革和财政体制改革提供了丰富的实践经验和宝贵的创新思路。在 20 世纪 90 年代初至 21 世纪初以建设社会主义市场经济为主要目标的体制转轨和市场导向型政府建设阶段，广东省再一次走在了全国的前列，顺德包括产权制度改革和机构改革在内的综合性改革，以及深圳先行尝试的行政审批制度改革，再一次为我国这一时期的体制转轨和构建符合社会主义市场经济要求的行政体制开了一个好头，发挥了重要的示范性作用。在 2003 年至 2012 年科学发展观统领下的以重新回归社会为主要特征的服务型政府建设和社会治理创新阶段，无论是在加强市场监管、社会建设还是社会治理创新方面，广东都先于国家层面和其他地方政府层面提前发力，全力应对市场社会[①]所导致的一系列问题，为国家层面和其他省份提供了宝贵的经验。在新时期全面深化改革背景下的国家治理能力与治理体系现代化建设阶段，无论是在创新驱动发展方面，还是在区域一体化协调发展方面，抑或是在法治政府建设

---

① 关于市场社会的介绍，参见王绍光《大转型：1980 年代以来中国的双向运动》，载《中国社会科学》2008 年第 1 期。

第一章　勇立潮头：先行先试的广东行政管理体制改革

方面，广东仍然走在全国的前列，以大手笔的战略布局和制度建设，再次赢得了改革先行者的地位。以上便是广东行政管理体制改革在过去40年的基本历史定位，其先行先试的特征在改革的每一个阶段都显得格外突出，在整个改革历程中，其先行者的地位更是不容置疑、难以撼动的。

然而，当前我国面临的国际和国内形势发生了巨大的变化，我国社会主义现代化建设和中华民族的伟大复兴进入了一个重大的战略转折阶段，改革的顶层设计和战略性考量变得日益突出，地方性改革被融入国家整体层面的政治考量和战略部署的趋势越来越明显。对此，我们不禁要问的是，在接下来的行政管理体制改革事业中，中国未来的方向在哪里？广东省探索的方向和着力点又是什么？尤其随着我国新一轮全面深化改革的展开与深入，以及国家一盘棋式整体战略布局和区域发展规划的实施，内陆各省区开始逐渐发力，其后发优势开始日益显现，长三角地区和环渤海地区等各沿海省市传统优势不断累积，它们在新时期改革的势头和动作丝毫不弱于珠三角地区。在这种形势下，在我国接下来的行政改革、政府建设和治理转型中，广东还能否继续保持先行先试、引领示范的优势？如果要继续保持先行先试的姿态和优势，广东需要在哪些方面勇于创新、持续发力？下面我们将结合未来一段时期中国所面临的新的经济社会背景以及党和国家在这一背景下所提出的改革目标、发展规划和战略部署，以及当前广东在行政管理体制改革和创新中存在的问题和不足，来具体分析和把握在接下来的行政管理体制改革中广东改革和创新的方向与着力点。

（一）新时期中国行政体制改革的方向

在40年的改革开放历程中，和其他领域一样，我国行政管理体制改革采取的也是"摸着石头过河"的渐进改革策略，经历了一个从既有体制下的松绑、激励和搞活，到体制转轨阶段的市场导向型政府建设，再到科学发展观引导下的服务型政府建设和社会治理创新阶段。可以说，改革主要是围绕着以优化结构、提高效率、理顺权责和明确关系等目标而逐步点状突破、从点到面进行的。我们可以看到，40年的行政管理体制改革，一直是以经济发展作为主要服务对象的。尽管进入21世纪以来，在科学发展观的统领下，全面、协调、可持续发展和除经济发展之外的社会建设被纳入政府职能转变和治理创新的目标中来，但以经济增长为核心的绩效合法性仍然是政府合法性的主要来源，① 科学性和效率准则仍然是衡量行政改革和政府建设的主要标准。但是，党的十八大以来，中国特色社会主义现代化建设进入了新的战略转折期，全面建成小康社会不仅需要强大的经济基础，而且也需要在政治发展和民主法治建设等方面优先一步，以经济发展引领和激发其他方面的改革与创新的道路必须让位于经济增长、政治发展和民主法治建设齐头并进的道路。尤其是在经济发展开始转向新常态的背景下，政府需要建构新的合法性基础，行政改革和治理创新需要寻找到新的目标和着力点。从新时期党和国家召开的一系列重要会议以及做出的一系列重要改革决定和部署来看，在当前和未来一段时期内，我国的行政改革将体现出以下几个方面的主要特点和内容：

第一，机构改革被提升到新的战略高度。党的十九届三中全会通过的《中共中央关于深化党和国家机构改革的决定》（以下简称《深化机构改革决定》）指出，深化党和国家机构改革是推进国家治理体系和治理能力现代化的一场深刻变革，提出要以国家治理能力和治理体系现代化为导向，统筹设置党政机构，优化政府机构设置和职能配置，统筹党政军机构改革，合理设置地方机构，使党和国家机构设置更加科学、职能更加优化、权责更加协同、监督监管更加有力、运行更加高效。《深化机构改革决定》同时强调："把加强党对一切工作的领导贯穿改革各方面和全过程，完善保证党的全面领导的制度安排，改进党的领导方式和执政方式，提高党把方向、谋大局、定政策、促改革的能力和定力。"由此我们可以看到，在未来一段时间内，机构改革的范围和力度将得到进一步的拓宽，行政机构改革将与党政机构改革合二为一、系统推进，今后的行政机构改革必须将其放置于党政机构改革的整体框架下协同进行。在省市县对职能相近的党政机关探索合并设立或合署办公将成为党政机构改革的新方向，同时，探索加强和完善保证党的全面领导的机制创新和制度建设将成为党政机构改革的重要内容之一。

第二，加强廉政建设，推动预防和惩治腐败进入机制创新与制度建设

---

① 参见杨宏星、赵鼎新《绩效合法性与中国经济奇迹》，载《学海》2013年第3期。

第一章　勇立潮头：先行先试的广东行政管理体制改革

阶段。党的十八大以来，我国在反腐败方面取得了十分显著的成效，并且廉政建设开始从打虎拍蝇式的运动式反腐向有效的体制改革和制度建设转变。2016 年 11 月，中共中央办公厅印发《关于在北京市、山西省、浙江省开展国家监察体制改革试点方案》，标志着我国的反腐进入体制创新与制度建设阶段。2018 年 1 月召开的党的十九届二中全会强调："国家监察体制改革是事关全局的重大政治体制改革，是强化党和国家自我监督的重大决策部署，要依法建立党统一领导的反腐败工作机构，构建集中统一、权威高效的国家监察体系，实现对所有行使公权力的公职人员监察全覆盖。"但是，新时期我国在预防和惩治腐败的机制创新和制度建设方面才刚刚打开局面，有待进一步尝试探索和积累经验。可以预见的是，在未来一段时间内，防治腐败、建设廉洁政府将成为政治体制改革和行政体制改革的重要内容，防治腐败的机制创新和制度建设将成为政治体制改革和行政体制改革的重要内容之一。

第三，全面依法治国被提升到前所未有的战略高度。实行依法治国，构建法治国家、法治政府和法治社会成为新时期党和国家政治发展的重要战略目标。习近平同志在党的十九大报告中指出，全面依法治国是国家治理的一场深刻革命，法治不仅被视为一种法律文明的自身建构，而且被明确视为构成国家治理能力与治理体系的重要内容，并且其重要性将在以后的行政改革和政府建设中越来越强，依法行政将继续成为法治政府建设的重要内容，法律治理将在未来的国家治理中发挥越来越大的作用。

第四，社会治理不断迈向共建共享的新格局。随着经济的发展和社会的进步，我国的基层社会环境越来越复杂，社会组织和社会力量不断发展壮大，人民群众的权利意识、法律意识不断提高，参与治理的热情不断高涨，以往以政府为单一治理主体和以行政管理为单一手段的治理模式已经难以满足基层社会治理的需要。进入 21 世纪的第二个 10 年，各种形式的社会治理创新在我国遍地开花，为解决基层社会问题、维护基层社会安全与稳定、推动基层多元共治提供了各种各样的道路尝试和模式选择。习近平同志在党的十九大报告中指出，新时期要不断创新社会治理，打造共建共治共享的社会治理格局，要"加强社会治理制度建设，完善党委领导、政府负责、社会协同、公众参与、法治保障的社会治理体制，提高社会治理社会化、法治化、智能化、专业化水平"。同时，城乡基层社会将成为新时期社会治理改革与创新的重心，习近平同志强调："社会治理的重心必须落实到城乡社区，社区服务和管理能力强了，社会治理的基础就实了。"① 可以说，在未来一段时期内，社会治理创新将继续成为解决基层社会问题、优化公共服务供给、推动民主治理的主要途径，精细化、专业化和法治化将成为基层社会治理发展的内在要求，而创建政府主导、社会组织和公民共同参与的、多元共建共享的治理格局将成为行政改革与治理转型的重要内容和目标之一。

（二）砥砺前行：在改革中继续保持先行先试

根据以上我们对中国当前和未来一段时间内行政改革的方向和内容的把握，结合前文所呈现的广东行政管理体制改革的主要内容和演进脉络，广东在大部分改革领域的先行性特点和示范性作用仍然十分突出，为我国和其他地方的行政改革提供了宝贵的经验。虽然在新时期全面深化改革的背景下，其他各地区在改革上的后发优势日益明显，但由于其敢于先行先试的改革魄力和持之以恒的改革努力，广东在行政管理体制改革的许多方面已经形成了巨大的先期优势和累积效应，在可预见的一段时期内，其领先地位仍然是无可撼动的。

首先，全面深化党政机构改革。深化党和国家机构改革成为新时期国家治理体系与治理能力现代化的必然要求，② 改革尤其强调要加强和完善党的全面领导，推动党政机构的协同改革，并且在省市县层面探索尝试对职能相近的党政机关合并设立或合署办公。也就是说，促进加强和完善保证党的全面领导的机制创新和制度建设，在强化党的全面领导的基础上探索党政分工与合作的体制机制将成为新时期机构改革的重要内容之一。广东早在2009年就率先一步，在顺德开始了党政联动、合署办公的党政机构

---

① 中共中央文献研究室：《习近平关于社会主义社会建设论述摘编》，中央文献出版社2017年版，第127页。

② 参见丁薛祥《深化党和国家机构改革是推进国家治理体系和治理能力现代化的必然要求》，载《人民日报》2018年3月12日。

第一章 勇立潮头：先行先试的广东行政管理体制改革

协同改革，同时在深圳推行了决策、执行与监督适度分离与制衡的改革试点。在新时期，可以综合评估这些改革的经验，为接下来的党政机构协同改革、强化党的全面领导、推动党政分工与合作提供进一步的实践指引。

其次，推动预防和惩治腐败的机制创新与制度建设。与北京、浙江等地区的改革相比，广东虽然在新一轮的监察体制改革上并没有政策试点上的优势，但腐败问题并不是静止不变的，其形式和类型会随着经济社会的发展而不断变化。由于广东在经济社会发展上领先于全国其他地区，这些形式和类型会早于其他地区先暴露出来，因此，广东同样可以率先一步在腐败治理机制和制度建设方面进行大胆创新与尝试。比如，随着市场经济的发展，不仅行政性腐败，即在公共支出和政策执行过程中的腐败比较严重，而且"政府俘获"式的腐败也凸显出来，即政府被市场中的某些企业或利益集团所俘获，制定和选择明显有利于这些企业或利益集团的法律、规则和规章制度，进而破坏市场的公平性准则，制约市场经济的正常发展。这实际上就是瓦尔特·欧肯（Walter Eucken）所指出的在市场中形成的一种经济权力通过向政府寻租而破坏市场规则、扰乱竞争秩序的现象。① 对于这种腐败，单纯地对单个公职人员进行监督监察是不够的，必须同时对公权力的运作进行制衡、监督和审查，进而确保法律、政策和规章制度等的客观公正性。因此，预防和惩治腐败需要在针对公职人员的监督监察体制和针对公权力的制衡、监督和审查体制上同时进行改革与创新，以此对腐败形成一种剪式夹攻的态势，在制度和机制上为廉政建设提供示范。

再次，坚持依法行政，加快建设法治政府。法治，顾名思义，就是以法律为依据或准绳进行治理，它是与人治相对的一种治理模式。实施法治的前提是要有系统完备的法制基础。改革开放以来，广东省一方面高度重视法制建设，积极推动地方行政立法工作，不断发展和丰富法律规章制度，完善法制；② 另一方面，在健全法制的基础上，严格落实依法行政，

---

① 参见［德］瓦尔特·欧肯《经济政策的原则》，李道斌、冯兴元、史世伟译，冯兴元统校，中国社会科学出版社2014年版，译校序第16页。
② 参见蒋斌、梁桂全等《敢为人先——广东改革开放30年研究总论》，广东人民出版社2008年版，第172～190页。

探索政府严格依法、严格执法和落实执法责任制等，在法治政府建设方面进行了长期的尝试与探索，积累了宝贵的经验，为新时期法治政府建设奠定了坚实的实践基础。2015年11月，广东省人民政府办公厅印发了《广东省人民政府办公厅关于印发〈广东省创建珠三角法治政府示范区工作方案〉的通知》（粤办函〔2015〕592号），指出在珠三角地区创建法治政府示范区，提出了加强和改进政府立法工作、在行政审批等职能领域严格落实依法行政等要求。除此之外，在基层治理实践中，广东省也积极探索尝试法律治理的机制和途径，如在总结惠州首创的"法治副主任"经验的基础上在全省推行一村（社区）一法律顾问制度等，推动基层法治建设。依靠这些先行一步的改革布局和长期的探索尝试，广东省的法治政府建设在未来一段时间内仍将发挥着先行一步、带头示范的作用。

最后，深入开展社会治理创新，推动社会治理迈向共建共享新格局。由于在经济社会发展上的先行性，广东基层社会在社区管理、服务供给和群众自治等方面的问题要早于其他地区出现，相应地，为应对和解决这些问题，广东在社区管理机制、社会组织参与服务供给和社区自治等方面先行一步，涌现出了大量的地方创新实践，如"大综治""大调解"和社区治理"网格化"等管理机制，以及顺德社会创新中心、东莞社区"微自治"和清远农村社区自治下沉等社区服务与自治模式创新。这些创新实践不仅为解决广东基层社会问题做出了贡献，同时也为中国未来的社会治理创新与发展明确了方向、提供了示范。这些创新实践经验能够使广东在未来社会治理创新中继续先行一步，在应对先期出现的基层社会问题上做到快速回应，继续引领中国社会治理创新与发展实践。

在2018年3月举行的第十三届全国人大第一次会议期间，习近平同志在参加广东代表团审议时指出："广东是改革开放的排头兵、先行地、实验区，在我国改革开放和社会主义现代化建设大局中具有十分重要的地位和作用。"习近平同志同时要求广东的同志们"进一步解放思想、改革创新，真抓实干、奋发进取，以新的更大作为开创广东工作新局面"。在新时期全面深化改革的伟大征程中，广东省再一次被党和国家寄予厚望，走到了改革大潮的最前沿。综上所述，经过40年的探索与积累，广东行政管理体制改革的先发优势和累积效用愈发显现，为将来的改革与创新奠

第一章 勇立潮头：先行先试的广东行政管理体制改革

定了良好的基础。在全面深化改革的新时期，以推进国家治理能力与治理体系现代化为核心，继续深化机构改革和政府职能转变、建设服务型政府、加强和创新社会治理，以及坚持依法行政、建设法治政府等成为未来中国行政管理体制改革和政府建设的关键任务。我们有理由相信，在未来的改革事业中，广东有能力承担起国家的寄托和历史的重担，在中国的行政体制改革事业中仍然先行先试、带头示范，继续扮演好全国行政体制改革的"排头兵"和"试验田"的角色。

第二章 政府机构改革：打造精干高效的政府

机构是职能的载体，职能配置需要科学的机构设置来履行。自中华人民共和国成立以来到改革开放前夕，我国进行了若干轮次政府机构改革，但都不可避免地陷入机构"精简—膨胀—再精简—再膨胀"的循环往复，权力"放权—收权—再放权—再收权"的循环流动，因此，如何跳出机构改革的这些困境就成为继续改革的一个应有之义。

2012年12月31日，习近平同志在主持第十八届中共中央政治局第二次集体学习时指出："改革开放只有进行时，没有完成时。没有改革开放，就没有中国的今天，也就没有中国的明天。"这一重要论述深刻总结了改革开放在中国发展中的重要地位和作用。改革开放以来，为适应经济体制改革的要求，中国的政府机构进行了多个轮次的改革，力图重构政府结构，打造高效精干的政府。广东作为改革的试验区和窗口，在很多领域成了改革开放的探路者，在政府机构改革领域也同样留下了浓墨重彩的一笔。回顾40年的发展历程，我们将广东省的政府机构改革大致分为四个阶段：1978年至1991年以加强"干部队伍建设"为主要内容的"机构精简"阶段，1992年至2002年以"政企分开"为主要内容的"职能转变"阶段，2003年至2012年以建设"服务型政府"为重要内容的"职责强化"阶段，2013年至今以"权力关系"调整为主要内容的"结构优化"阶段。这四个时期分别对应了不同历史时段和不同背景下的改革目标与任务，各自侧重解决当时历史条件下经济社会发展中的主要问题，展现出广东省政府机构改革点线结合的丰富图景。

第二章 政府机构改革:打造精干高效的政府

第一节 "机构精简"阶段:1978—1991 年

一、广东省政府机构精简的背景

1978 年 5 月,全国启动了"实践是检验真理的唯一标准"的大讨论;同年 12 月,党的十一届三中全会做出了把党和国家的工作重心转移到经济建设上来的伟大决定,改革开放大事业扬帆起航。

改革开放启动之时,"文革"刚刚结束,拨乱反正,国家百废待兴。社会各项事业急需恢复和重建,许多老同志被安排回到领导岗位,在"文革"时期停滞的机构也恢复了正常运转。此时,国家机构和人员数量迅速增加,出现机构臃肿膨胀、职责不清、行政效率低下等问题,引起了改革开放总设计师邓小平同志的注意。1980 年 8 月 18 日,邓小平同志在中共中央政治局扩大会议上批评政治生活中存在的官僚主义现象,政府官员"机构臃肿,人浮于事,办事拖拉,不讲效率,不负责任,不讲信用,公文旅行,互相推诿,都已达到令人无法忍受的地步"[①]。1981 年,国务院的工作部门增加到 100 个,达到了中华人民共和国成立以来的最高峰。1982 年 1 月 13 日,邓小平同志又发表了"精简机构也是一场革命"的演讲,"如果不搞这场革命,让党和国家的组织继续目前这样机构臃肿重叠、职责不清,许多人员不称职、不负责,工作缺乏精力、知识和效率的状况,这是不可能得到人民赞同的,包括我们自己和我们下面的干部。这确是难以为继的状态,确实到了不能容忍的地步,人民不能容忍,我们党也不能容忍"[②]。此后,我国开始了改革开放后第一次国务院机构改革。1982 年 3 月 8 日,第五届全国人大常委会第二十二次会议审议通过了《关于国务院机构改革问题的决议》,旨在推动解决政府机构庞大和工作效率低下的问题。国务院各部门从 100 个减为 61 个,人员编制从 5.1 万人减

---

① 《邓小平文选》(第 2 卷),人民出版社 1994 年版,第 327 页。
② 《邓小平文选》(第 2 卷),人民出版社 1994 年版,第 396 页。

为3万人。广东省也开始了改革开放后的第一轮政府机构改革。

如果说机构臃肿、效率低下是广东省政府机构改革的内在要求，那么20世纪80年代的经济体制改革则是驱动改革的外在制度变量。1982年9月1日，胡耀邦同志在党的十二大上提出了"计划经济为主，市场调节为辅"的经济体制改革原则。1984年10月20日，党的十二届三中全会召开，通过了《中共中央关于经济体制改革的决定》，明确提出了"社会主义计划经济是在公有制基础上的有计划的商品经济"的重要论断，要求"实行政企职责分开，正确发挥政府机构管理经济的职能"，"按照政企职责分开、简政放权的原则进行改革"。经济基础的调整必然要求上层建筑的相应变革。乘着党的十二大的东风，广东省率先开展了经济体制改革的探索，确立了首先从扼制机构膨胀和加强经济管理入手的改革内容。

二、扼制机构膨胀

从1978年至1991年的14年间，广东被中央赋予"特殊政策、灵活措施"的发展自主权。广东抓住历史机遇，在改革开放事业中"先行一步"，实行"对外更加开放，对内更加放宽，对下更加放权"的"三放"方针，成为改革的"试验田"和"窗口"。广东不但大胆突破计划经济体制，而且积极探索政府管理体制变革。首先缩减党政机构设置。1983年8月21日，中共中央办公厅、国务院办公厅批复广东省省级党政机关机构改革方案，确定省委工作部门数量8个，省人民政府工作部门40个。经过改革，广东省级党政机构以及相应人员得到精简。其中，省级党政机关由原来的87个减为57个，精简了34.5%。省委、省人民政府部委办厅局领导班子成员平均年龄由61.4岁下降为52.7岁，大专文化程度由原来占28.4%上升到了40.4%。[①] 初步解决了多年来各级领导班子成员副职、兼职过多，年龄和学历结构不合理的状况，促进了领导班子队伍的年轻化和知识化。但由于当时我们还停留在"计划经济为主，市场调节为辅"的经济管理理念和认知水平上，对政府机构改革的探讨也仅局限于人员的裁减

---

① 参见广东省地方史志编纂委员会《广东省志·政权志》，广东人民出版社2003年版，第633页。

第二章 政府机构改革：打造精干高效的政府

和机构裁撤，尚未触动政府职能的转变。

三、加强经济管理

广东省 20 世纪 80 年代的改革开放比其他地区先行一步，政府发挥了主导性作用。在政府对微观经济事务的介入于计划经济时期对经济建设起到一定促进作用的同时，也使政企不分的问题更加突出，阻碍了市场要素的发育。政企不分既是我国计划经济体制下的必然产物，也是企业缺乏活力的重要原因。企业的存活能力随着市场经济体制的建立将变得更加低下。[①] 党的十二届三中全会提出的"有计划的商品经济体制"的改革目标，为解决政企不分提供了一定的体制空间。1983 年广东省下发了《中共广东省委、广东省人民政府关于进一步改革省级党政机关机构的通知》（粤发〔1983〕42 号），根据政企职责分开的改革原则和经济体制改革的需要，将管理企业的行政机构剥离其行政管理职能，划出政府序列，如将广东省物资局改为广东省物资总公司，广东省煤炭工业厅改为广东省煤炭工业总公司。这一时期，为加强对地方的监督检查，广东省根据《国务院关于在县以上地方各级人民政府设立行政监察机关的通知》（国发〔1987〕74 号），于 1987 年 9 月发出《关于县以上各级人民政府设立行政监察机构的通知》（粤府〔1987〕111 号），成立广东省监察厅，并在各市、县、自治县、各地区成立监察局。

四、第一阶段改革评价

20 世纪 80 年代，广东省开展了以精简党政机构为重点的改革，总体而言，取得了一定的成效。1983 年中共广东省委和省政府的机构总数为 48 个，其中省委机构 8 个，省政府机构 40 个（见图 2-1）。1984 年 4 月 20 日，广东省委、省政府又对各市县和省直各部门的编制予以核定。市级领导班子成员（12 个地市）由调整前的 237 人减为 170 人，减少 28%；

---

① 参见汪玉凯《市场导向：中国与西方行政改革的比较》，载《政治学研究》1995 年第 1 期。

市级党政机构精简 30% 左右,人员精简 30.6%。①

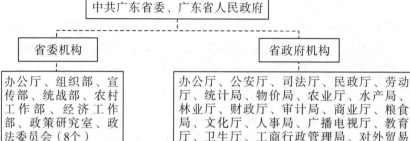

图 2-1　广东省委、省人民政府机构设置（1983 年）

资料来源:《中共广东省委、广东省人民政府关于进一步改革省级党政机关机构的通知》(粤发〔1983〕42 号)。

从政府机构承载的职能上看,② 广东省级政府在此阶段设立了 15 个经济管理类机构,6 个市场监管类机构,14 个社会事务管理类机构,5 个内部管理类机构。经济管理类和社会事务管理类的机构数量相差无几,位居前两位(见图 2-2)。可以发现,政府主要奉行"全能主义"管理模式,大部分政府机构嵌入市场和社会领域,支配经济和社会事务。

---

① 参见广东省地方史志编纂委员会《广东省志·政权志》,广东人民出版社 2003 年版,第 633 页。

② 有学者对政府职能类型做了如下划分:政府职能表现了政府在一定时期内根据国家和社会发展的实际需要,发挥功能和作用的活动范围,将国务院机构分为宏观调控、经济管理、社会事务、执法监督、政务办公等五大类组织 [参见何艳玲《中国国务院(政务院)机构变迁逻辑——基于 1949—2007 年间的数据分析》,载《公共行政评论》2008 年第 1 期]。本书借鉴这一划分方法,结合省级政府履行职能的实际,将广东省政府职能部门划分为经济管理类、市场监管类、社会事务管理类、内部管理类政府机构。

第二章 政府机构改革：打造精干高效的政府

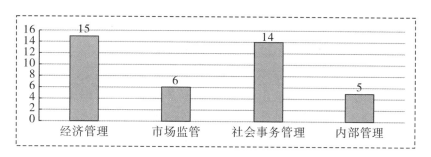

图 2-2 1983 年广东省政府职能机构的数量（单位：个）
资料来源：《中共广东省委、广东省人民政府关于进一步改革省级党政机关机构的通知》（粤发〔1983〕42 号）。

从行政经费财政支出来看（见图 2-3），1978 年至 1989 年广东省财政支出总额呈上升趋势，但行政经费支出占比呈先上升后下降的趋势。1978 年到 1983 年广东省行政经费占比逐年上升，1984 年到 1989 年间除 1988 年略有微升外总体下降，1984 年成为拐点，而这恰好是广东开始机构改革的时间点。由此可以大致判断，广东初步实现了精简机构和降低行政费用开支的改革目标。

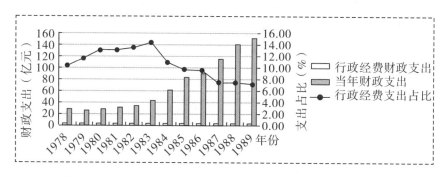

图 2-3 1978—1989 年广东省行政经费财政支出及其占比情况
数据来源：1978—1989 年的行政经费财政支出、当年财政支出数据均来自《广东统计年鉴（2016 年）》，行政经费支出占比由笔者计算而成。

然而我们也发现，广东省政府 1984 年党政机构数量实际缩减到了 57 个，比 1983 年文本规定的 48 个增加了 9 个。这与当时我国仍是"计划经济"体制的现实分不开，因体制改革需要重新增加机构设置。此外，一些直接管理经济的主管部门虽被划出政府序列转为行业性的公司，但仍行使行政管理职权，并未改变行政性管理方式。① 20世纪80年代，虽然人们对经济体制的认识发生了变化，但机构改革毕竟还是在计划经济体制下展开的。指令性、行政性的计划管理方式和公有制经济的发展使得政府职能扩大，机构膨胀。② 1990年以后，广东省的省级行政机构又增加至106个，行政机关人员急剧膨胀，达到13662人，成为广东省行政机构改革的第二次复归。③

第二节 "职能转变"阶段：1992—2002年

一、广东省政府转变职能的背景

20世纪80年代末90年代初，国内国际形势复杂严峻。1992年年初邓小平南方谈话，确立了中国社会主义市场经济体制改革的方向，"计划多一点还是市场多一点，不是社会主义与资本主义的本质区别。计划经济不等于社会主义，资本主义也有计划；市场经济不等于资本主义，社会主义也有市场。计划和市场都是经济手段"④。邓小平同志的南方谈话，不仅坚定了国人发展社会主义市场经济的信心，而且对广东也带来了莫大的精神鼓舞。"改革开放胆子要大一些，敢于试验"，"没有一点闯的精神，没有一点'冒'的精神，没有一股气呀、劲呀，就走不出一条好路，走不出一条新路，就干不出新的事业"⑤。同年10月，党的十四大报告明确指出经济体制改革的目标是建立社会主义市场经济体制，标志着中国的经济

---

① 参见陈鸿宇等《广东行政机构改革的回顾与前瞻》，载《广东经济》1998年第6期。
② 参见徐治平《行政机构改革的新思考》，载《理论与改革》1992年第6期。
③ 第一次复归是在1986年年底，省一级行政机构增加到101个，机关工作人员增加到12787人。参见陈鸿宇等《广东行政机构改革的回顾与前瞻》，载《广东经济》1998年第6期。
④ 《邓小平文选》（第3卷），人民出版社1993年版，第373页。
⑤ 《邓小平文选》（第3卷），人民出版社1993年版，第372页。

第二章 政府机构改革：打造精干高效的政府

体制改革进入了崭新的阶段。在经济体制大变革的背景下，广东抓住历史机遇，提出了新的发展战略和目标。1993年5月21日召开的中共广东省委第七次代表大会，提出了"力争20年基本实现现代化"的历史任务。此时的广东深刻意识到在改革开放初期走的粗放型发展道路带来了不少弊端。高负债、粗放经营、经济效益差、浪费严重、新旧体制转换慢、管理跟不上等问题越发制约发展效率。广东的先发优势逐渐褪去，不仅在全省的宏观管理体制以及政府机构改革方面落后于国家宏观体制改革，而且微观改革和各项配套改革都在整体上落后于江苏、上海等省市。[1] 1998年年初，广东将体制改革向纵深方向推进，重新确立了"外向带动""科教兴粤""可持续发展"三大具体发展战略，增创发展新优势。

除了上述经济发展背景外，国务院机构改革成为广东省第二阶段改革的重要制度背景。国家在1988年第一次提出了转变政府职能的关键性话题，并首次提出了定职能、定机构、定编制的"三定"概念。1988年4月9日，全国第七届人大第一次会议通过了国务院机构改革方案，重点改革那些与经济体制改革关系密切的经济管理部门，着力推进政府职能转变，要求从以直接管理为主转向以间接管理为主，这改变了以往单纯论机构或者论编制的做法，开始突破只注重数量增减、单一的组织结构调整的局限，向行政体制改革的关键要素——政府职能的重新选择、定位延伸。[2] 1988年的国务院机构改革，减少了工业专业经济管理部门，撤销国家计划委员会（以下简称"国家计委"）和国家经济贸易委员会（以下简称"国家经委"），组建新的国家计委；撤销煤炭工业部、石油工业部、核工业部，组建能源部；撤销国家机械工业委员会和电子工业部，成立机械电子工业部。此次改革由于当时复杂的政治经济环境没有在地方及时得到破题，但20世纪90年代的机构改革将转变政府职能的改革理念延续了下去。

---

[1] 参见中共广东省委政策研究室编《增创新优势　更上一层楼——广东'98十大专题调研（第三卷）》，广东人民出版社2000年版，第7页。

[2] 参见汪玉凯《中国行政体制改革20年的回顾与思考》，载《中国行政管理》1998年第12期。

20世纪90年代初,我国经济体制改革获得了理论上的重大突破,必然要求政府职能和承载职能的机构进行变革。1993年国务院首次明确了机构进行改革以适应"社会主义市场经济体制要求"的指导思想,确立了政府职能转变的改革重点。此时提出的转变政府职能与1988年最初提出这一概念,已不可同日而语。适应市场经济要求的政府职能的重新构建,不可能在传统的旧体制内产生,而必须从整体上实现体制创新,[①] 因此必须要开始一场全新的机构改革。1993年的国务院机构改革撤销了部分工业经济管理部门,如能源部、机械电子工业部、航空航天工业部、轻工业部、纺织工业部、商业部、物资部,新组建了国家经济贸易委员会、电力工业部、煤炭工业部、机械工业部、电子工业部、国内贸易部。

1998年,国务院进行了改革开放以来力度和规模最大的一次改革,既在政府职能转变上有了重大推进,又撤销了几乎所有工业专业经济部门,如电力工业部、煤炭工业部、冶金工业部、机械工业部、电子工业部、化学工业部、地质矿产部、林业部、中国轻工业总会、中国纺织总会。专业经济部门的取消,消除了长期存在的政企不分的组织基础,有利于充分发挥市场在资源配置中的基础性作用。

这一阶段地方政府机构改革是在国务院改革方案出台后进行的。广东先后于1994年和2000年进行了两轮机构改革,前者主要为了适应经济体制变革需要重新定位政府职能,后者则为了实现政企分开而加快转变政府职能。

二、适应经济体制变革的政府职能定位

机构是履行政府职能的载体。转变职能和机构改革是行政体制改革同一向度上同等重要、密不可分的两个方面。[②] 如果改革了机构而没有改变政府职能,那么机构改革将是不彻底的。1994年中共广东省委、省政府下发《关于印发〈广东省省级党政机构改革方案〉和〈广东省省级党政

---

① 参见汪玉凯《中国行政体制改革20年的回顾与思考》,载《中国行政管理》1998年第12期。
② 参见胡伟、王世雄《构建面向现代化的政府权力——中国行政体制改革理论研究》,载《政治学研究》1999年第3期。

第二章 政府机构改革：打造精干高效的政府

机构改革方案实施意见〉的通知》（粤发〔1994〕11号），以明确政府职能定位为前提，以转变政府职能为目标，率先将政府机构改革与职能转变结合起来，推进机构改革向前"迈出一大步"。政府将属于企业的自主权归还企业，属于社会的具有公共性部分的职能转移给社会机构。根据这一要求，广东省政府撤并了设置过细、职能交叉重复、业务相近的机构，将原先负有行政职能的管理机构改为行业性的"总公司"，将属于企业自主管理的职能归还企业。比如将原省第二轻工业厅、省乡镇企业管理局行政职能划出后，改名为省二轻工业集团公司、省乡镇企业集团公司。原省电子工业局、省航务管理局、省建材工业局、省食品办、省畜牧行政职能划出后，改名为省电子工业总公司、省航运总公司、省建材工业总公司、省食品工业总公司、省畜牧总公司。此外，新组建了轻纺工业厅、重化工业厅、电子机械工业厅以及建设委员会，并且将划出的行政职能划归到这些职能部门，重新定位政府职能为宏观管理。

（一）定位经济管理类机构职能为宏观调控指导

广东省政府出台机构改革"三定"方案，重新定位政府机构的职能配置、内设机构和人员编制，强化经济发展的规划和调控职能，弱化或取消大部分经济管理类机构的微观管理职能。重点调整了广东省建设委员会[①]、广东省电子机械工业厅[②]、广东省计划委员会[③]机构的职能。广东省建设委员会取消、弱化和转移了有关规划、设计、建筑施工、房地产企业及建材工业管理的部分审批权限，而加强了对建筑业、房地产业、市政公用事业、建材工业发展战略和中长期规划的研究。又如，撤销机械工业厅和电子工业局后组建而成的电子机械工业厅，其职能主要从偏重对全省机械、电子工业微观经济活动的管理转到加强全行业的宏观管理上来，从依靠行

---

　① 参见《广东省政府办公厅关于印发广东省建设委员会职能配置、内设机构和人员编制方案的通知》（粤府办〔1995〕32号）。
　② 参见《广东省政府办公厅关于印发广东省电子机械工业厅职能配置、内设机构和人员编制方案的通知》（粤府办〔1995〕6号）。
　③ 参见《广东省人民政府办公厅关于印发广东省计划委员会职能配置、内设机构和人员编制方案的通知》（粤府办〔1995〕43号）。

政手段进行直接管理转到依靠政策法规、经济手段和必要的行政手段相结合的间接管理。再如，省计划委员会的职能，主要简化限额内基建项目的审批手续，下放能自行平衡建设条件的基建和利用外资项目的审批权限，简化生产、建设、流通和社会事业等各个领域、各种类型的计划指标。

可以发现，广东省经济管理类机构逐渐弱化了行政审批管制职能，而更强调宏观调控指导职能。这是与 1993 年 3 月第八届全国人民代表大会第一次会议通过的《关于国务院机构改革方案的说明》中"加强宏观调控和监督部门，强化社会管理职能部门，减少具体审批事务对企业的直接管理，做到宏观管好，微观放开"的要求相呼应的。

（二）定位市场监管类机构职能为加强监督管理

监管改革作为处理国家与市场关系的最根本的一项改革，直接决定一国的市场是否能够健全发展。① 政府减少对微观经济管理的同时，监管成为管理市场必不可少的手段。为此，重点强化广东省工商行政管理局、广东省贸易委员会、广东省物价局等机构的市场监管职能。广东省工商行政管理局的职能，② 从原先侧重监督管理集贸市场和工业品市场，转变为监督管理各类市场，拓宽对市场的监督管理范围。监督管理个体工商户、个人合伙和私营企业，规范其经营行为。从原先重点查处投机倒把活动转向重点查处不正当竞争行为，维护公平竞争的市场秩序。监督检查市场主体的交易活动，查处垄断、侵犯消费者权益及其他市场交易违法案件。监管经济合同，查处利用经济合同进行违法活动的案件。又如，广东省贸易委员会，③ 整合了政府财贸办公室、商业厅、饲料工业办公室的职能后，主要面向省内外、国内外两个市场，履行规划、协调、监督、管理和服务的职能，并与其他部门协调多种经济成分的商品流通活动。再如，广东省物

---

① 参见刘亚平《中国式"监管国家"的问题与反思：以食品安全为例》，载《政治学研究》2011 年第 2 期。
② 参见《广东省政府办公厅关于印发广东省工商行政管理局职能配置、内设机构和人员编制方案的通知》（粤府办〔1995〕39 号）。
③ 参见《广东省人民政府办公厅关于印发广东省贸易委员会职能配置、内设机构和人员编制方案的通知》，（粤府办〔1995〕13 号）。

第二章 政府机构改革：打造精干高效的政府

价局的职能，①改变计划形成价格的做法，转而成为市场形成价格的模式。由以直接定价为主转变为以间接调控为主，拟定价格、收费管理法规、政策以及价格改革的中长期规划。由以监督、检查、处罚为主转变为以监督、检查、指导、服务为主，加强对价格的监测、预警和监审，开展价格信息、事务、成本调查等服务，监督检查商品和服务价格以及行政事业性收费，查处价格、收费违法行为。

1994年的政府机构改革，广东省政府突破了以往单纯精简机构的单项式改革目标，而转向机构与职能联动的多项式改革。经过改革，广东省委机构数量为8个，省政府机构数量为44个（见图2-4）。广东在此阶段的机构改革继续按照中央赋予的"特色政策、灵活措施"的方针，探索适应自身资源禀赋的政府机构设置模式。比如，为了加快对海洋开发的步伐，合并了广东省水产局和广东省海洋局，组建省海洋与水产厅，主管全省海洋综合管理与渔业工作。这项改革没有刻意与国务院机构设置保持一致。又如，1988年国务院机构改革将机械工业委员会和电子工业部合并为机械电子部，在1993年又重新组建机械工业部和电子工业部。广东从实际出发，撤销了机械工业厅和电子工业局，组建了新的电子机械工业厅，反而参照了1988年的国务院机构改革成果。

这次机构调整虽然提出了适应社会主义市场经济体制改革的目标，将改革的重点确定为转变政府职能，但改革的效果还不太理想。广东省政府机构数量非但没有减少，反而增加了。比如新增了经济体制改革委员会、监察厅、地质矿产局、医药管理局、地方税务局、国有资产管理局、海洋与水产厅等。至1997年年底，广东省一级党政工作部门也仍有94个，机关工作人员有12430人，机构改革有所反弹。②此次改革毕竟是从计划经济体制向市场经济体制转轨的初期，人们对市场经济体制下政府职能的定位还认识不清，从而导致机构的设置仍有计划经济体制的痕迹，机构的数量偏多。

---

① 参见《广东省人民政府办公厅关于印发广东省物价局职能配置、内设机构和人员编制方案的通知》（粤府办〔1995〕20号）。

② 参见陈鸿宇等《广东行政机构改革的回顾与前瞻》，载《广东经济》1998年第12期。

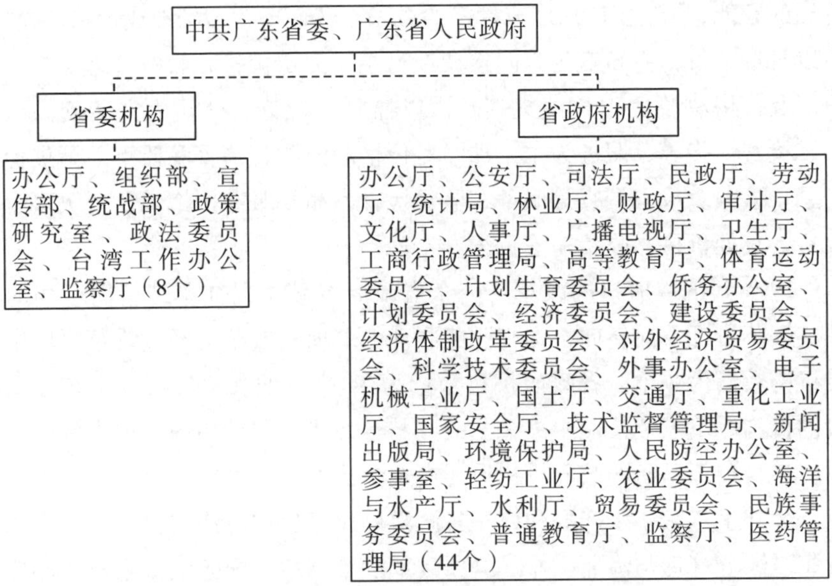

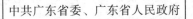

图2-4 广东省委、省人民政府机构设置（1994年）

资料来源：《中共广东省委、广东省人民政府关于印发〈广东省省级党政机构改革方案〉和〈广东省省级党政机构改革方案实施意见〉的通知》（粤发〔1994〕11号）。

三、促进政企分开的政府职能转变

1998年我国进行了改革开放之后力度最大、规模最大的一次政府机构改革，此次机构改革的目标确立为"建立办事高效、运转协调、行为规范的政府行政管理体系"。"按照社会主义市场经济要求转变政府职能，按照精简、统一、高效的原则，调整政府组织机构，按照权责统一的原则，完善行政运行机制。"国务院一共撤销了10个工业专业经济部门，组成部门由原来的40个减少到29个。地方省级政府的机构改革则在1999年以后分别开展，广东省政府于2000年2月正式下发了《广东省人民政府机构改革方案》的通知（粤发〔2000〕2号），确定了"转变职能，政企分开；划分事权，理顺关系；调整结构，精兵简政；规范行为，依法行政"的改革原则。改革内容包括：撤并专业经济管理部门、加强综合经济和执

第二章 政府机构改革：打造精干高效的政府

法监管部门、调整社会管理和政务部门、清理省政府议事协调和临时机构。

（一）撤并专业经济管理部门

为减少政府对经济的审批管制，广东省政府大力撤销所有工业经济部门，将行政性公司转为纯经济实体，不再挂政府机构的牌子，将其行政管理职能划归政府综合部门承担。政府不再直接兴办和管理企业，与所办经济实体和管理的直属企业脱钩，做到政企分开。此外，对一些专业经济管理部门进行了更名、撤销。对外经济贸易委员会更名为对外贸易经济合作厅，建设委员会更名为建设厅。撤销无线电管理委员会及其办公室、信息化工作领导小组办公室，其职能并入信息产业厅；撤销农业办公室、农业厅、乡镇企业管理局，重新组建农业厅；撤销电子机械工业厅、重化工业厅、轻纺工业厅，三部门其他行政管理职能分别划归经济贸易委员会和信息产业厅；撤销粮食管理储备局，其行政管理职能并入发展计划委员会；撤销经济技术协作办公室，其行政管理职能划归经济贸易委员会；撤销电力集团公司所挂的电力工业局牌子，电力工业行政管理职能划归经济贸易委员会。保留交通厅、水利厅。专业经济部门不再直接管理企业，将生产经营自主权归还给企业。

将大部分省直行业主管部门和行政性公司转为经济实体、服务实体，既切断了企业与主管局之间的行政隶属关系，也使得政府对企业的管理由以直接管理为主逐步转向了以间接管理为主，从以部门管理为主逐步过渡到以行业管理为主，消解了基于计划经济模式设计的政府机构框架。

（二）加强经济管理和执法监管部门

为继续保持广东的先发优势，在"增创广东发展新优势"跨世纪经济发展战略的宏观指引下，广东将增强对经济发展的指导、对经济贸易的管理作为这一阶段政府机构改革的主要内容。将广东省政府计划委员会更名为发展计划委员会，撤销经济委员会、贸易委员会，组建经济贸易委员会，并挂国防科学技术工业办公室的牌子，弱化对经济管理的计划色彩。撤销经济体制改革委员会，将国有企业改革、股份公司设立、上市公司的审核及推荐职能划归经济贸易委员会，其余职能并入发展计划委员会。撤销国有资产管理局，将其职能并入财政厅。

在弱化微观经济管理职能的同时，市场监管的职能得到加强。为规范市场秩序，创造公平、公正、公开的市场竞争环境，广东省政府力图通过机构改革取消部门、地区、行业之间的分割和封锁，强化综合行政执法与市场监管的职能。比如撤销医药管理局，组建药品监督管理局。将药政、药检和药品生产流通监管职能划入药品监督管理局。将技术监督局更名为质量技术监督局。地方税务、工商行政管理、质量技术监督部门实行省以下垂直管理体制，强化对市场领域的监督和管理。

此外，广东还整合了机构间相同或相近职能，加强对经济的集中监管。如组建的经济贸易委员会①的职能从其他不同机构中划入。原贸易委员会承担的商品流通行业管理职能，原重化工业厅承担的石化、煤炭、冶金、有色金属行业管理职能，原电子机械工业厅（国防科学技术工业办公室）承担的电子机械工业和国防工业行业管理职能，原轻纺工业厅承担的轻工业和纺织工业行业管理等15项职能划入了经济贸易委员会。通过合并相近的政府职能，避免了政府间职责的交叉，提高了政府调控经济和监管市场的效率。

（三）调整社会管理和社会服务部门

为推进政社分开，广东省对社会管理机构进行了更名，并整合职能相近的机构，精简社会事务管理部门，既有利于促进社会事务管理的专业化，又有利于加强宏观调控职能，适应城镇化、信息化、科技快速发展和产业结构转型的需要。如将科学技术委员会更名为科学技术厅，有利于促进科技管理的专业化；民族事务委员会（宗教事务局）更名为民族宗教事务委员会，有利于促进民族宗教事务管理科学化；广播电影电视厅更名为广播电影电视局，体育运动委员会更名为体育局，列入省政府直属机构序列，有利于促进文体事业管理专业化。此外，撤并职能相近的机构，精简

---

① 参见《印发广东省经济贸易委员会职能配置、内设机构和人员编制规定的通知》（粤府办〔2000〕58号）。

第二章 政府机构改革：打造精干高效的政府

政府机构设置，如撤销劳动厅、社会保险管理局，组建劳动和社会保障厅；撤销国土厅、地质矿产局，组建国土资源厅；撤销高等教育厅、教育厅，重新组建教育厅；撤销专利局，组建知识产权局。

社会管理领域机构的职能同样在部门间进行了划转。比如在将建设委员会①更名为建设厅的同时，将其职能划给其他部门：将城市规划区地下水资源的管理职能和城市防洪职能划给水利厅，将燃气用具的生产管理以及产品生产许可证管理职能划给经济贸易委员会和质量技术监督局，将建材工业行业管理职能划给经济贸易委员会，将建筑机械行业规划和行业管理职能划给经济贸易委员会。通过部门间划转职能，整合相近的职能，避免政出多门。

（四）向社会转移部分职能，培育社会中介组织

政府尝试将一些辅助性、事务性、服务性和技术性的职能交由社会中介组织来承担，以政事、政社分开为抓手促进职能转变。比如广东省物价局②减少、缩小了由政府直接制定价格的品种和范围，将形成竞争的商品和服务价格逐步转为主要由市场决定。将有关证照发放、业务登记、明码标价牌制作、价格听证会、价格统计、国内外市场价格监测、成本审核、价格培训、价格协调、行业价格指导、机关后勤保障服务等前期性、基础性、辅助性工作，交由事业单位、价格协会承担。将不属于政府职能序列的事项也交由事业单位和行业协会承担。又比如省对外贸易经济合作厅③的职能，取消了外商投资企业贷款合同，以及企业退佣、退订金及支付货损款超出有关规定等10余项审批，实行生产企业自营进出口经营权登记备案制。将经贸信息化建设及信息收集、加工和服务工作职能交给事业单位承担，将组织大型招商会、洽谈会的职能逐步交给事业单位和有关社会中介组织承担。

---

① 参见《印发广东省建设厅职能配置、内设机构和人员编制规定的通知》（粤府办〔2000〕50号）。
② 参见《印发广东省物价局职能配置、内设机构和人员编制规定》（粤府办〔2000〕66号）。
③ 参见《印发广东省对外贸易经济合作厅职能配置、内设机构和人员编制规定的通知》（粤府办〔2000〕68号）。

四、"敢为天下先"的顺德综合改革

这一时期的顺德市体制改革创新在全国引起了轰动。从1978年改革开放伊始到1999年，顺德人民始终抓住历史机遇，将改革进行到底。从1978年到1992年，采取"以集体经济为主、乡镇工业为主、骨干企业为主"的发展模式，基本完成了农村经济体制改革。全面推行家庭联产承包责任制，大力发展乡镇企业。实施工业立县战略，完善农产品流通体制改革，取得了辉煌的成就。顺德开创了"顺德模式"，成为与中山、东莞、南海并行的"广东四小虎"，实现了经济结构从以农业经济为主转变为以工业经济为主的第一次跨越。在创造了"辉煌成就"的同时，顺德背后也藏着"惊人包袱"，那就是政府陷入了"有限收益、无限责任，包袱越背越重，风险越来越大"的恶性局面。

1992年，顺德市政府主动提出进行综合改革试验，这与当时邓小平同志视察顺德，赋予顺德"思想要更解放一些，胆子要更大一些，步子要更快一些"的改革信心是分不开的。1992年2月，广东省委、省政府决定把顺德确定为综合改革试验县。1992年3月26日，国务院批准顺德撤县设市（县级），从而结束了顺德540年县级行政区划的历史，赋予了顺德更大的改革权限。不仅如此，顺德综合改革的推行更是与省政府领导人的支持分不开。在理论界对顺德改革存在广泛争议的背景下，时任中共中央政治局委员、广东省委书记谢非同志在北京开会时收到有关"告状"的材料，他顶住压力，只是找到时任顺德市委书记的陈用志，叮嘱他注意一些敏感话题的处理。省领导给予的莫大支持和信任，给顺德改革增强了勇气。顺德人民以"杀出一条血路"的精神，进行以企业产权制度改革为核心，行政体制改革为先导、社会事业体制改革为延伸的多项改革内容，实现了从计划经济体制向社会主义市场经济体制转变的第二次跨越。

1. 创新企业产权制度

在面对姓"资"还是姓"社"的争议背景下，顺德顶住压力继续推进改革。在1993年，顺德市委、市政府确立了"抓住一批，放开一批，转让一批"的思路，重组企业产权结构。根据各个企业的具体发展情况，通过股份制和股份合作制的方式，抓住一批基础性产业、专营性行业以及

第二章 政府机构改革：打造精干高效的政府

经营效益好的骨干企业，成为政府独资或控股的企业。放开一批资不抵债、扭亏无望的企业，对其转股或拍卖，进行合伙经营或转为私营企业。发展一批具有较强竞争力和发展潜力的企业，实行公私合营、租赁经营。顺德这种"靓女先嫁"的改革措施在当时引起了巨大轰动。

2. 改革党政机构体系

为了减轻政府的包袱，改变"父子"般的政企关系，顺德市领导确立了以解决政企不分、政资不分为问题导向的行政体制改革。在此次行政体制改革中，顺德确立了"同类合并、另起炉灶、保留强化、转性分离"的改革原则，实施"不分党委部门或政府部门，一律按工作性质、职能考虑撤并"的大刀阔斧的改革举措，致力于构建一个统一的行政领导架构和一个层次少、效率高、活力强的行政管理体制。

（1）确立科学的政府决策体系。

建立了"一个决策中心，五位一体"的市领导架构。顺德将市委常委会确立为全市工作的决策中心，人大常委会主任、政协主席、市委书记、市长、纪委书记确立为市委常委会成员。五套班子主要负责人构成常委会联席会议，一同达成决策共识，并将决策在人大、政府、政协、纪委中贯彻实施，保证决策的高度统一。此外，顺德实行市委常委会和正副市长统一分工负责制，明确职责，规范权限，避免交叉分管，权限范围内的事情可以直接处理，超越权限的重大决策必须经联席会议讨论决定。这样做既确保了决策统一，又尊重了各个部门决策的独立性。

（2）初现大部制改革雏形。

此次顺德市政府机构改革不按照上下对口要求进行机构设置，而是根据本地区经济发展和社会转型的需要，开展党政机构的改革，按照工作性质和职能分工重新设置机构。

第一，撤销归口、另起炉灶。撤销部、委、办这一级的归口管理机构，由主管各项工作的常委、市长直接管到底，直接联系市委、市政府部门，减少层次，提高办事效率。如撤销乡镇企业局，以及作为管理工业的归口机构经委，新成立工业发展局，负责全市工业的宏观管理。撤销农业办公室、农林局、水产畜牧局、绿委办公室、糖办公室、饲料办公室、农业基地办公室，以及作为管理农业归口机构的农委（农办），新成立农业发展局（与农村工作部合署办公），负责对全市农业的统一管理。撤销财贸工作办公室、口岸办公室、旅游局，以及作为归口机构的外经贸委，新成立贸易发展局，负责全市的对外贸易。

第二，对一些部门予以保留或改称，强化管理，提高效率。如保留市委宣传部（将政府新闻出版、广播电视管理职能划入）、武装部、计划生育局（原称计划生育委员会）、民政局、卫生局、环保局、公安局、司法局、财政局、税务局、审计局、劳动和社会保障局（原称劳动局）、水电局、交通局等。

第三，不区分党委部门或政府部门，按工作性质和职能分工重新设置机构、配置人员，将性质相同或相近的机构实行合并或合署办公。合并市委办公室与政府办公室；组织部、人事局、老干部局、直属机关党委合并统称组织部（对外加挂人事局牌子）；合并纪委与监察局，实行两个牌子一套人马；文化局、体委合并为文体局（加挂文联牌子）；成人教育办公室并入教育局；合并侨务办公室、外事办公室，成立外事侨务局（加挂侨联牌子）。

第四，分离政企不分的机构，把行政职能归于主管部门履行，原部门转为企业或事业单位。如商业局改为商业集团公司，转为企业；人才交流中心从原来的人事局划分出来，变成了事业单位。

经过改革，顺德市一级党政机构从 56 个精简为 29 个，同时撤销了 100 多个临时机构，机关人员精简了 400 多人，各部门的内设机构也减少了 125 个，基本上改变了过去那种机构臃肿、人浮于事的局面。①

3. 构建公有资产管理体制

为进一步强化对公有资产的管理，促进政企分开、政资分离，保证国有资产的保值增值以及消除外界"损害国有资产"的指责，顺德市构建起了镇公有资产管理委员会、资产管理经营公司、公有独资或控股企业三个层次的公有资产管理体制。各镇成立了公有资产管理委员会成为职能部门，负责公有资产的管理和监督。镇公有资产管理委员会下设三个资产营运和管理公司，包括投资管理公司，负责经营镇政府全资、控股、参股企

---

① 参见杨肖英《我们是如何操作机构改革的》，载《中国行政管理》1994 年第 6 期。

业；土地开发公司，负责土地资源的开发和管理；物业管理公司，负责镇政府经营性和非经营性物业的管理和营运。设立共有的独资企业、控股企业和参股企业，对市公资委授权占用的共有资产拥有法人财产权，自主经营、自负盈亏。新型公有资产管理体制的构建使得政府从过去对资产的实物形态的直接管理转到政府引导、协调、监督等宏观管理上来，将政府从复杂事务中解脱出来，促进了政资分开。

五、第二阶段改革评价

（一）机构设置进一步精简

第二阶段的改革是由20世纪90年代广东的经济发展战略和中央赋予广东新的改革使命决定的。2000年的机构改革，是广东省改革开放以来力度最大的一次机构改革，推动了政府职能转变的实质性发展。改革后，省政府工作部门共设42个，政府办公厅、组成部门25个，以及为了"增创发展新优势"，强化特定领域的专业性工作，省政府还专门设立了17个直属机构进行专业化管理（见图2-5）。

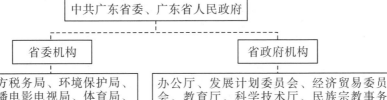

图2-5 广东省委、省人民政府机构设置（2000年）

从机构数量的变迁可以看出政府职能的变化轨迹。将广东省政府第二阶段的机构改革与第一阶段进行对比发现,从机构总数来看,在1994年有过膨胀之后,2000年的机构总数比1994年减少了2个。从承载不同职能的机构数量来看,经济管理类机构呈现迅速下降的趋势,从前两次改革的15个减少到2000年的11个。而市场监管类呈稳步上升趋势,1994年、2000年分别比1983年增加2个、4个。社会事务管理类机构呈现先增加后减少的特征。内部管理类机构则比以往改革增加了2个。由图2-6可以见到,此阶段广东省政府缩减了经济管理机构,摒弃了"管控型"的市场管理方式,逐渐走向"监管型"政府。这是广东在新阶段主动适应市场经济体制改革目标,向市场释放了更大的发展空间,将属于市场配置资源的职能重新归还市场。

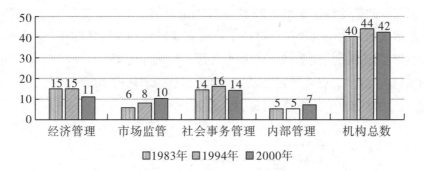

图2-6 1983年、1994年、2000年不同职能机构数量对比(单位:个)

(二)打破纵向职责同构

"职责同构"一直是困扰地方机构改革的体制性因素。[①] 1992年顺德

---

① 学者们研究指出:纵向政府间的职责重叠,是机构"尾大不掉"和效率不高的真正原因。从中华人民共和国成立之初的"精兵简政"到1998年"第七次革命",机构改革陷入精简—膨胀—再精简—再膨胀的循环,因政府过多强调"上下对口、左右看齐",各机构层层对齐,机构难以精简。只有打破职责同构,合理配置政府职责,才能使政府职能调整、行政机构改革工作同步推进。参见朱光磊、张志红《"职责同构"批判》,载《北京大学学报(哲学社会科学版)》2005年第1期;周振超《打破职责同构:条块关系变革的路径选择》,载《中国行政管理》2005年第9期。

第二章 政府机构改革：打造精干高效的政府

突破职责同构的体制限制，创新性地探索党政联动改革模式。根据本地区的经济发展实际，重新设置组织结构，尝试党政系统同类合并，突破纵向职责同构的行政架构，实现政府结构创新。顺德此次机构改革与该时期的福建石狮市、湖北随州市的改革一同享有"小政府、大社会"的美誉。虽然顺德的机构改革并未与上级政府机构设置保持类似，却没有与国家的统一管理产生冲突，反而创造性地贯彻实施了国家的政策，按照市场经济规律建设政府宏观调控体系。① 顺德此次机构改革是"拆神搬庙"般的釜底抽薪，不仅构建了"小政府、大社会"的治理格局，而且创下了"搬神拆庙摘乌纱、十年机构不反弹"的改革效果，无论是在精简力度、党政同体方面，还是在打破纵向职责同构体系等方面，都先声夺人、领跑全国。

第三节 "职责强化"阶段：2003—2012 年

一、政府机构改革职责强化的背景

2001 年 12 月 11 日，我国成功加入了世界贸易组织，代表着社会主义市场经济体制建设进入国际化阶段。2002 年 11 月 8 日，党的十六大报告确定了政府的主要职能，"经济调节、市场监管、社会管理和公共服务"，"服务型的政府"建设成为新一轮政府改革的目标。2003 年 3 月，我国启动了改革开放以来第五次大规模政府机构改革，这是顺应国际经济贸易发展趋势所做的体制性回应，实现了管理体制与国际的接轨。同年，SARS（非典型肺炎）疫情的大规模肆虐，给政府管理带来了冲击和挑战。不仅如此，正如党的十六届三中全会审议通过的《中共中央关于完善社会主义市场经济体制若干问题的决定》中指出的，我国的社会主义市场经济体制初步建立，全方位、宽领域、多层次的对外开放格局基本形成，但同时也存在经济结构不合理、分配关系尚未理顺、就业矛盾突出、资源环境压力

---

① 参见张紧跟《纵向政府间关系调整：地方政府机构改革的新视野》，载《中山大学学报（社会科学版）》2006 年第 2 期。

加大、经济整体竞争力不强等问题。这些都对新一届政府管理提出了更高的要求。为此，我国确立了"坚持统筹城乡发展、统筹区域发展、统筹经济社会发展、统筹人与自然和谐发展、统筹国内发展和对外开放要求，坚持以人为本，树立全面、协调、可持续的科学发展观"。

在此改革背景下，广东在面临全新经济发展格局的同时，也面临更加紧迫的改革诉求。当时刚上任广东省委书记的汪洋同志就对广东面临的新形势做出了判断。2007年12月25日召开的中共广东省委第十届第二次全会第一次全体会议上，汪洋同志提道："要清醒认识大好形势下存在的问题，是为了更好地巩固和发展大好形势。面对大好形势，长期捧着'总量第一'这块'金字招牌'，听惯了别人的赞誉，很容易使我们一些同志自觉或不自觉地产生某种优越感。不但不能当好科学发展的排头兵，反而连原有的地位和优势也会丧失。"2008年受美国次贷危机的影响，广东进出口贸易增速明显下降，长期以来依赖外贸出口导向的经济模式和经济增长方式受到了冲击。随着国家区域发展总体战略的实施，内陆各省区后发优势开始显现，长三角和环渤海各省市发展势头迅猛，广东原有优势逐步减弱，新的优势尚未形成，经济总量地位、区域竞争能力、持续发展能力和体制创新能力都面临前所未有的严峻挑战。江苏、山东等省份对广东紧追不舍，广东第一经济大省的位置岌岌可危。广东自身自主创新能力以及发展深层次结构性矛盾也逐步凸显。对外贸易下滑、产业结构不尽合理、城乡发展差距大等问题阻碍了广东持续前进的脚步。

为持续保持发展优势，广东省政府改变以往单一的经济发展目标，逐步转向以人的全面发展为主线的整体化推进战略。从注重经济发展到注重民生，着力构建和谐社会，重新制定了新阶段的经济发展战略。在2008年6月19日，广东省政府做出了《关于争当实践科学发展观排头兵的决定》（粤发〔2008〕5号），确定了"努力建设成为提升我国国际竞争力的主力省，探索科学发展模式的试验区，发展中国特色社会主义的先行地"的战略目标和战略要求，实施"腾笼换鸟，造林引凤"的战略。具体内容包括：促进珠三角产业结构调整，推进产业和人口的"双转移"，以减轻珠三角人口资源环境压力，推动欠发达地区加快发展，着力实现城乡统筹。为适应新的发展战略定位和发展目标，广东省政府开始了第三阶段机构改革,主要包括:一是重新拆分与整合政府间职能,淡化政府管理经济的计划色彩;二是在整合政府职能的基础上,向外转移部分职能,减少政府的直接管理;三是大刀阔斧地进行大部制改革,构建大部门体制。

二、分解和重组政府职能,淡化经济管理的计划色彩

2003年11月,中共广东省委、广东省人民政府印发《广东省人民政府机构改革方案》的通知(粤发〔2003〕17号),将此次机构改革的重点对象确定为省发展和改革委员会(以下简称"发改委")、经济贸易委员会(以下简称"经贸委")、对外贸易经济合作厅(以下简称"外经贸厅")。改组发展计划委员会,组建省发改委,减少发改委的行政审批和微观管理事务;新建国有资产监督管理委员会,加强对国有资产的管理;组建省食品药品监督管理局,加强食品安全生产领域的监管。通过政府职能在部门间进行划转,逐步取消政府专业经济管理职能,巩固宏观调控经济职能,加强市场监管职能。通过部门间相同职能的划转,进一步实现政府职能整合,避免原经济管理机构职责臃肿,减少行政成本,更好地发挥市场机制对经济的调节作用。

(一)巩固经济管理类机构的宏观调控职能

广东省政府大幅度调整发展和改革委员会、经济贸易委员会、对外贸易经济合作厅等经济管理类机构的职能,减少对经济的微观管理。改组发展计划委员会为发展和改革委员会,逐步取消计划色彩。主要职能界定为负责综合研究拟定经济和社会发展政策、指导经济体制改革工作。重点加强对宏观调控的总体指导和协调,减少行政审批和对外经济活动的直接干预。将农产品(粮食、棉花除外)进出口计划的组织实施职能交给省对外贸易经济合作厅。

经济贸易委员会的职能主要设定在负责辖区内的国民经济运行,具体实施工业商贸产业政策,并将大部门职能划给其他职能相近的部门。例如,将承担的制定产业规划和产业政策等职能划给省发改委,将指导国有企业改革和管理职能划给省人民政府国有资产监督管理委员会,将安全生产综合管理职能划给省安全生产监督管理局,将反倾销、反补贴和产业损

害调查以及重要工业品等与外经贸有关职能划给省对外贸易经济合作厅，将组织实施电子工业即电子信息产品制造业的职能划给省信息产业厅。

对外贸易经济合作厅以强化国际贸易服务为主要职责，从其他职能部门划入诸多职能，如划入了原发展计划委员会承担的实施农产品（粮食、棉花除外）进出口计划职能，划入了省经济贸易委员会承担的反倾销、反补贴和产业损害调查职能。此外，将进出口经营资格核准职能由核准制改为登记制，将对外贸易、外商投资等政府项目招标具体实施工作委托有关事业单位承担。

（二）强化市场监管类机构的综合监督职能

在市场监管职能上，广东为加强对食品、药品、安全生产等领域的监管，重点改革了安全生产监督管理局和食品药品监督管理局。广东省经济贸易委员会内设的省安全生产监督管理局改为省政府直属机构，挂广东省安全生产委员会办公室牌子，整合了从省经贸委划出的安全生产综合管理职能，从省卫生厅划出的作业场所职业卫生监督检查职能，以及省公安厅承担的烟花爆竹生产经营单位的安全生产监督管理职能（见表2-1）。

食品药品监管方面，在省药品监督管理局的基础上组建了省食品药品监督管理局。增加了食药监局对食品安全管理的综合监督、组织协调和依法组织开展对重大事故查处职能，并且划入卫生部门承担的保健品、化妆品的准入（含标准）、安全监管、行政执法职能（见表2-1）。

表2-1 2003年广东省政府机构变革和职能转变（节选）

变革	机构	职能调整
新建	国有资产监督管理委员会	主要职责为指导推进国有企业改革和重组，依法管理企业负责人和财务人员；划入省经济贸易委员会指导国有企业改革和管理的职能，省财政厅有关国有资产管理的部分职能，省直属机关工作委员会的有关省属国有企业党建工作的职能

续表 2-1

变革	机构	职能调整
改组	省发展计划委员会改组为省发展和改革委员会	负责综合研究拟定经济和社会发展政策、指导经济体制改革工作。加快推进投融资体制改革，建立投资主体自主决策、银行独立审贷、融资方式多样、中介服务规范、政府宏观调控有力的新型投融资体制。减少行政审批，强化研究拟定发展战略、规范和宏观政策的职责，强化对区域经济宏观调节的总体指导和综合协调。划入省经济贸易会承担的制定产业规划和产业政策的职能。划出原省发展计划委员会承担的农产品（粮食、棉花除外）进出口计划的组织实施职能，交给省对外贸易经济合作厅
改组	在省药品监督管理局基础上组建省食品药品监督管理局	继续承担原省药品监督管理局的职能。划入卫生部门承担的保健品、化妆品的准入（含标准）、安全监管、行政执法职能。增加对食品安全管理的综合监督、组织协调和依法组织开展对重大事故的查处职能
保留	省经济贸易委员会（挂省国防科学技术工业办公室牌子），与省信息产业厅合署办公	负责近期国民经济运行的相关职能。在继续行使原有职能基础上，划入省盐业总公司（省食盐专卖局）承担的盐业行政管理职能。划出制定产业规划和产业政策职能给省发展和改革委员会，指导国有企业改革和管理职能给省人民政府国有资产监督管理委员会，安全生产综合管理职能给省安全生产监督管理局，反倾销、反补贴和产业损害调查以及重要工业品、原材料进出口计划组织实施等与外经贸有关职能给省对外贸易经济合作厅，组织实施电子工业即电子信息产品制造业的职能给省信息产业厅

续表 2-1

变革	机构	职能调整
保留	对外贸易经济合作厅，挂广东省人民政府口岸办公室牌子	继续行使原有职能。划入经济贸易委员会承担的反倾销、反补贴和产业损害调查以及重要工业品、原材料进出口计划组织实施等与外经贸有关的职能
调整	省经济贸易委员会内设的省安全生产监督管理局改为省政府直属机构（挂广东省安全生产委员会办公室牌子）	承担综合管理安全生产和综合监管职能。划入省经济贸易委员会承担的安全生产综合管理，划入省卫生厅承担的作业场所职业卫生监督检查职能，划入省公安厅承担的烟花爆竹生产经营单位的安全生产监督管理职能
更名	计划生育委员会改为人口和计划生育委员会	—

资料来源：根据《中共广东省委、广东省人民政府关于印发〈广东省人民政府机构改革方案〉的通知》（粤发〔2003〕17号）整理而成。

从机构设定上看，2003年广东省级政府机构共设立省政府工作部门43个，其中省政府办公厅和组成部门24个，直属特设机构1个，直属机构18个（见图2-7）。此次机构改革涉及职能整合、划转的部门20个左右，重新进行"三定"（定职能、定机构、定编制）的部门有12个。①

---

① 参见何学锋《广东省人民政府进行重大机构改革》，载《信息时报》2003年11月26日。

第二章 政府机构改革：打造精干高效的政府

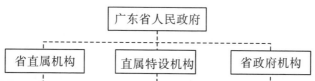

图 2-7 广东省人民政府机构设置（2003 年）

资料来源：《中共广东省委、广东省人民政府关于印发〈广东省人民政府机构改革方案〉的通知》（粤发〔2003〕17 号）。

三、整合与转移政府职能，减少政府直接管理

2008 年 3 月，第十一届全国人大第一次会议通过的关于国务院机构改革方案，确立了以"大部制"为核心的政府机构改革。按照精简统一高效原则和决策权、执行权、监督权既相互制约又相互协调的要求，优化组织结构，完善运行机制，提出了争取在 2020 年建立起比较完善的中国特色社会主义行政管理体制的改革目标。

2008 年 12 月，国家发展和改革委员会发布的《珠江三角洲地区改革发展规划纲要（2008—2020 年）》中提出"在政府机构设置中率先探索实行职能有机统一的大部门体制"的要求。2009 年 3 月，《中共广东省委、广东省人民政府关于印发〈广东省人民政府机构改革方案〉的通知》（粤发〔2009〕8 号）正式出炉。围绕"转变政府职能和理顺职责关系"的改革重点，合理配置宏观调控部门职能。具体内容包括：在机构变动上，组建了经济和信息化委员会、环境保护厅、住房和城乡建设厅、交通运输厅。将广东省金融服务办公室更名为广东省政府金融工作办公室，并确立

为省政府直属机构,以加强对金融领域的监管。将省食品药品监督管理局由省政府直属机构调整为由省卫生厅管理,并改垂直管理为地方政府分级管理,提高食品药品监督管理部门的地位,以继续加强对食品药品的监管(见表2-2)。在职能变化上,对综合经济管理部门、市场监管部门、社会管理和公共服务部门的相应职能进行调整。整合部门间相近的职能,向市场和社会转移部分职能,强化社会管理和公共服务,意在建立一个大规划、大经济、大监管的大部门体制。

表2-2　2009年广东省政府机构调整情况

机构调整	职责变化
组建经济和信息化委员会	省经济贸易委员会、省信息产业厅的职责整合划入省经济和信息化委员会。省经济和信息化委员会挂省国防科学技术工业办公室的牌子
组建省人力资源和社会保障厅	省人事厅、省劳动和社会保障厅的职责整合划入省人力资源和社会保障厅。原省人事厅合署办公的省机构编制委员会办公室单独设置,列省委机构序列
组建省环境保护厅	省环境保护局的职责划入省环境保护厅
组建省住房和城乡建设厅	省建设厅指导城市公共客运以外的职责划入省住房和城乡建设厅
组建省交通运输厅	省交通厅的职责、省建设厅指导城市公共客运的职责以及交通战备工作职责、地方铁路建设职责划入省交通运输厅
将省金融服务办公室更名为省政府金融工作办公室	调整为省政府直属机构,不再挂靠省政府办公厅
将省食品药品监督管理局由省政府直属机构调整为由省卫生厅管理	现行食品药品监督管理机构省以下垂直管理改为由地方政府分级管理

第二章 政府机构改革：打造精干高效的政府

续表 2-2

机构调整	职责变化
省粮食局调整为由省发改委管理	—
省能源领导小组办公室职责并入省发改委	—

资料来源：《中共广东省委、广东省人民政府关于印发〈广东省人民政府机构改革方案〉的通知》（粤发〔2009〕8号）。

（一）强化综合管理和市场监管机构

为采取宏观调控与微观管制并重的经济管理方式，广东省发展和改革委员会、省财政厅的职能进行了调整。原省能源领导小组办公室的职责划入省发展和改革委员会的同时，将原发展和改革委员会拟订和编制工业、商贸流通业和信息化的产业规划及产业政策职责划给省经济和信息化委员会；将原发展和改革委员会对口支援三峡库区工作办公室的职责划给省水利厅。省发展和改革委员会的主要职能调整为加强宏观管理，组织实施国民经济和社会发展战略、区域规划、国民经济综合平衡、检测经济运行、加强投资宏观管理、指导推进和综合协调经济体制改革。省财政厅的职能主要调整为加强推进直管县（市）的财政体制的改革，合理调整优化财政支出结构，建立统一、规范、透明的财政转移支付制度，推进基本公共服务均等化。

为进一步巩固对市场领域的监管职责，省安全生产监督管理局和省食品药品监督管理局的职责也进行了相应调整。省安全生产监督管理局的主要职责在于加强对省安全生产工作综合监督管理和指导协调，分析预测全省安全生产形势，完善对地方政府安全生产工作的监督检查。整合省卫生厅作业场所职业卫生监督检查职责的同时，也将重大危险源监控的监督检查、应急值守和事故信息接报处置以及信息化建设职责交给相关事业单位。省食品药品监督管理局的职责变化主要体现在职能划出上。将食品安全综合协调、组织查处食品安全重大事故、统一发布重大食品安全信息的职责,以及起草有关药品、医疗器械的地方性法规、规章草案,依法拟订有关标准和技术规范的职责划入省卫生厅。其主要职责确定为强化对消费环节的餐饮服务许可和食品安全监督管理,制定消费环节食品安全管理规范,增强对保健食品、化妆品、药品、医疗器械的行政监督和技术监督。

(二) 增强社会管理和公共服务机构

在新形势下,公共需求呈现出增长迅速、主体多元化、结构复杂化、需求多样化的特点,城乡居民在教育、医疗、社会保障等方面的公共需求的比重大幅上升,公共需求结构正逐步由消费型向发展型升级。① 这对政府的公共服务供给能力提出了新的要求。为此,广东着力探索培育社会力量参与公共服务供给行列,以政府机构改革为契机将部分政府职能向社会转移。如省住房和城乡建设厅将城镇规划研究和编制以及部分国家和地方建筑工程建设标准规范编制的技术性工作,地级以上市报备的城市控制性详细规划的初审,建筑工程建设定额、造价定价依据的编制和造价信息的发布,以及住房和城乡建设系统行业注册职业资格审核管理的具体工作均交给相关事业单位。将住房和城乡建设行业评比、评优、市场研究分析等工作交给行业协会。又如省交通运输厅将交通建设工程监理企业资质审查、检测单位资质认定工作,以及交通建设市场信用管理的初审工作交给事业单位。将交通行业技术标准、行业准入审核、等级评定、公信证明、业务咨询、行业调研、统计、预测、信息引导、行业领域学术和科技成果推广以及职业资格考核认定等事务性工作逐步交给事业单位或社会组织。当然,我们也应看到,政府在此阶段向社会转移的职能还较少,但毕竟实质上开启了政社分开的大门,有利于促进社会力量的成长。

2009 年,广东省政府机构改革同样遵循了先转变政府职能,而后进行机构调整的路子。改革后,省人民政府设工作部门 43 个,其中省政府办公厅和组成部门 25 个、直属特设机构 1 个、直属机构 17 个(见图 2-8)。

---

① 参见唐铁汉《深化行政管理体制改革的目标和主要任务》,载《国家行政学院学报》2006 年第 4 期。

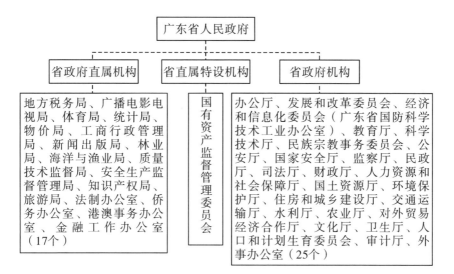

图 2-8　广东省人民政府机构设置（2009 年）

资料来源：《中共广东省委、广东省人民政府关于印发〈广东省人民政府机构改革方案〉的通知》（粤发〔2009〕8 号）。

四、探索大部制改革实践，领跑全国机构改革

2008 年，在中央提出"围绕转变政府职能和理顺部门职责关系，探索建立职能有机统一的大部门体制"之后，广东省进行了大刀阔斧的大部制改革。2009 年，大部制改革在南粤大地开花结果，其中顺德的党政联动模式、深圳的"决策与执行"分开模式、广州的统筹渐进模式成为广东省乃至全国大部制改革的典型代表。

（一）顺德："党政联动"模式

顺德自 1992 年"小政府，大社会"改革以来，将原有 56 个党政机构一举减为 29 个，一直保持到 2003 年，创下了"搬神拆庙摘乌纱、十年机构不反弹"的改革奇迹。2003 年 1 月 8 日，顺德并入佛山市成为市辖区，原享有的地级市管理权限消失。由于顺德出色的改革成绩，其又再次进入领导者的视野。2008 年 9 月，顺德被列为全省第一批深入学习实践科学发

展观的试点单位,由时任省委书记汪洋亲自挂点,并提出以行政管理体制改革为突破口的经济社会发展转型思路。11月,顺德被邀请参加在深圳召开的特区工作会议,和深圳、广州等地一同被列入行政体制改革试点。2009年年初,顺德正式被确定为"创新行政管理体制先行先试"地区。

大部制改革前夕,因上下对口设置需要,顺德2009年党政机构总数又反弹增加至41个。此时的顺德尽管作为佛山的一个区,但其被赋予了行政管理体制改革权限。除党委、纪检、监察、法院、检察院系统及需要全市统一协调管理的事务外,其他所有经济、社会、文化等方面的事务,皆赋予顺德区地级市管理权限。垂直管理的工商、地税、质监、药监、公安、国土、社保等部门也被纳入机构改革范畴。2009年9月,《佛山市顺德区党政机构改革方案》(粤机编〔2009〕21号)正式获批,顺德开启了史上最大胆的机构改革。改革包括党政合一的机构整合,决策权、执行权、监督权相对分离等内容。

1. 党政联动的机构整合

顺德的党政机构改革可谓石破天惊。虽仅与政府机构改革一字之差,但其改革影响力却轰动全国,顺德将实现党政联动与职能转变的有机结合作为改革落脚点。首先,探索政府职能转变。顺德打破部门分立,将党群机关和政府机关相似相近的管理职能进行整合,依照政企分开、政资分开、政事分开、政社分开的基本要求,转变政府职能,改善政府在政治事务、经济事务、社会事务等领域的履职能力。并且按照"对内放宽、对外开放、对下放权"的原则,配置政府职能结构,将辅助性、技术性、服务性的事务交由事业单位和中介组织来承担,将政府职能锁定在政务服务、经济调节和市场监管、社会管理和公共服务领域。其次,党政部门联动建立起大部制。将原来41个职能相同或相近的党政机构进行合并,合署办公,共设置16个党政部门,其中党委部门共6个、政府部门10个。党政合署办公机构共6个,分别为区纪委机关(区政务监察和审计局)、区委办公室(区政府办公室)、区委组织部(区机构编制委员会办公室)、区委宣传部(区文体旅游局)、区政法委(司法局)、统战部(民族宗教事务局、外事侨务局、侨联、工会、共青团、妇联、残联等)。经济调节和市场监管机构共5个,分别为发展规划和统计局、经济促进局、财税局、市场

第二章 政府机构改革：打造精干高效的政府

安全监管局、国土城建和水利局。社会管理和公共服务机构共5个，分别为教育局、公安局、人力资源和社会保障局、卫生和人口计划生育局、环境运输和城市管理局。顺德改革前与改革后机构设置对比如表2-3所示。

表2-3 2009年顺德"党政联动"大部制改革前后机构设置

机构名称		合并的职能
合并前	合并后	
纪律检查委员会（监察局）	区纪委机关（区政务监察和审计局）	整合审计局、信访局以及纪律监察委员会的职能
审计局		
信访局		
区委政府办公室	区委办公室（区政府办公室）	—
组织部	区委组织部（区机构编制委员会办公室）	整合原组织部人事局机关和事业单位管理的职责入区委组织部
文体广电新闻出版局	区委宣传部（区文体旅游局）	将文体广播新闻出版局除文体许可及文化综合执法以外职责、旅游局除旅游市场监管以外职责并入区委宣传部
宣传部		
政法委员会	区政法委员会（区司法局）	—
司法局		
统战部（民族宗教事务局）	区委社会工作部（区民族宗教和外事侨务局）	并入民政局双拥优抚、基层政权建设、民间组织管理职责，并入农村工作部管理农村集体经济组织职责
外事侨务局（侨联）		
民政局		
农村工作部		
总工会		
共青团		
妇联		
残联		
工商联		

77

续表2-3

机构名称		合并的职能
合并前	合并后	
经济贸易局	发展规划和统计局	并入经济贸易局的产业发展规划职责、国土资源分局的土地利用总体规划职责、环境保护局的生态保护规划职责
国土资源分局		
环境保护局		
发展和改革局		
规划分局		
统计局		
农业局	经济促进局	—
经济贸易局		
科学技术局		
文体广电新闻出版局	市场安全监管局	并入文体广电新闻出版局的文体许可及文化综合执法职责，卫生局的食品安全卫生许可和餐饮业、食堂等消费环节食品安全监管职责，食品药品监督管理局的食品安全协调职责，经济贸易局的旅游市场、生猪屠宰管理职责，农业局的农业市场管理职责
卫生局		
食品药品监督管理局		
经济贸易局		
农业局		
安全生产监督管理局		
质量技术监督局		
工商行政管理局		
水利局	国土城建和水利局	并入交通局的交通建设职责、建设局中的房产管理局的职责
国土资源分局		
交通局		
建设局		

续表 2-3

机构名称		合并的职能
合并前	合并后	
财政局	财税局	—
地方税务局		
残联（残疾人就业培训职责）	人力资源和社会保障局	并入残联的残疾人就业培训职责，总工会的劳动竞赛职责，卫生局的农村合作医疗管理职责，民政局的社会救济、社会福利职责，人事局的除机关和事业单位人事管理以外的职责。
总工会		
卫生局		
民政局		
人事局		
劳动和社会保障局		
建设局（公用事业管理职责）	环境运输和城市管理局	并入建设局的公用事业管理职责，交通局除交通建设以外的职责
交通局（除交通建设以外职责）		
环境保护局		
城市管理行政执法局		
教育局	教育局	—
公安分局	公安局	—

资料来源：《佛山市顺德区党政机构改革方案》（粤机编〔2009〕21号）。

顺德共设置16个党政部门，裁减了25个，这既是顺德机构改革历史上力度最大的一次，也是全国缩减政府机构幅度最大的，引领了全国大部制改革潮流。顺德设置政府机构10个，远远低于《广东省市县人民政府机构改革的意见》"较大的县政府工作部门设22个、中等县政府工作部门设20个"的规定，即使增加党委机构数量，也仍然少于广东省规定的数量。顺德此次党政机构改革力度之大，真正实现了机构的大幅度缩减，实现了政府"瘦身"。同时，顺德创立的"以党带政""党政联动"的机构改革模式成为全国改革浪潮中的耀眼明星。

2. 决策权、执行权、监督权相对分离的政府运行机制优化

机构大幅度削减毕竟只是在"形似"上达到机构变革的要求，而要在"实质"上实现机构精简高效则需优化部门间的权力配置及运行机制。顺德按照"三权相互制衡"的改革原则，建立起决策权、执行权、监督权既分工清晰又统一协调的高效运行新机制，以实现"决策民主化和扁平化、执行集中化和统一化、监督外部化和独立化"。在决策权方面，建立了党委、政府、人大、政协负责人和 16 个大部门一把手组成的党政联席会议机制，确立党委集体领导决策、统筹分工的领导体制，形成决策权的上移。在执行权方面，将执行权下放到局级部门下属机构、乡镇机构或者法定机构来行使，实现执行权的下移。在监督权方面，成立了以纪委为主体，整合监察局、审计局、区信访局等部门职能的政务监察局，实现了监督权的外移。还将人大和社会力量也纳入监督的范畴，形成新的体制外监督力量。

顺德在已有的区委常委、副区长基础上，新设区政府政务委员，首创由区委常委和副区长分任各个大局行政首长的模式。区委常委、副区长、政务委员分工明确、职责分离。经由区联席会议形成的决策直接由 16 个大部门落实执行，形成"联席会议—部门—业务科室"扁平化的管理机制，实现运行机制的畅通。

（二）深圳：决策与执行分开模式

作为改革开放"试验田"和"先行区"的深圳，经过将近 30 年的摸索，走出了一条独特的经济发展道路，创造了我国经济发展的奇迹。深圳速度和深圳模式一度成为我国内地城市发展模仿的榜样。经济的率先腾飞对政府提出了适应性变革的要求，要求行政管理体制在适应经济发展中探索变革。早在 20 世纪 80 年代，深圳就进行了七次较大规模的机构改革。20 世纪 80 年代开展了四次以"精简"和"放权"为目标的改革，90 年代机构改革的重点发生了变化，着重转变政府职能，理顺政府与企业关系。2000 年前后又开始探索大系统管理模式，尝试将相同或相近的职能由一个部门来承担。2003年深圳尝试借鉴英国和香港地区决策、执行分开的做法,建立决策权、执行权、监督权既相互制约又相互协调的运行机制,但并未得以实施。直到2009年3月,深圳市出台《关于深化行政管理体制改革的意见》,提出新一轮行政管理体制改革的总体构想,着力从政府内部的权力配置进行改革创新。2009年7月31日,中共深圳市委、市人民政府印发了中央机构编制委员会、广东省机构编制委员会批准的《深圳市人民政府机构改革方案》(深发〔2009〕9号),正式启动建市以来规模最大的政府机构改革。主要内容包括:调整政府机构设置,优化行政运行机制,消除制约经济发展的行政管理体制性因素。在新的改革阶段,为了将深圳建设成全国创新型城市和国际化大都市,深圳市以推动政府全面转型、打造现代服务型政府为目标,以政府职能转变为核心,对政府职能和机构进行大幅度"退、转、减、合",构筑大部门组织管理体系,建立健全决策、执行、监督既相互制约又相互协调的权力结构和运行机制,实现"一级政府、三级管理"的运行模式。

1. 构筑起大部门组织管理体系

深圳市通过更名、组建、调整等方式构筑起大部门组织体系。①更名发展和改革局为发展和改革委员会,财政局更名为财政委员会,农林渔业局更名为农业和渔业局,国有资产监督管理委员会更名为国有资产监督管理局。②组建科技工贸和信息化委员会、规划和国土资源委员会、交通运输委员会、卫生和人口计划生育委员会、人居环境委员会、人力资源和社会保障局、文体旅游局、市场监督管理局、应急管理办公室。③调整法制办公室、金融发展服务办公室、民族宗教事务局、侨务办公室、监察局机构设置,实现监察局与纪律检查委员会机关合署办公(见表2-4)。

改革后,深圳市政府部门数量由原来的46个减少到31个,共减少15个部门,大大低于中央规定的大城市为40个左右的机构限额。根据"三定"方案,深圳市减少内设、下设及派出机构151个。领导职数减少394名,其中局级减少56名,处级减少139名,科级减少199名。编制减少

492 名，其中公务员编制减少 356 名。①

表 2-4　2009 年深圳市大部制改革前后的机构设置

机构名称		政府职能调整
改革前	改革后	
市人民政府办公厅	市人民政府办公厅	市府办归口联系应急办法制办、金融办。应急指挥中心、民防办（地震局）、安委办的职责整合划入应急办，安监局工矿商贸企业以危险化学品安全生产监管等职责划入相关行业主管部门
民防办（地震局）	应急管理办（民防办、安监局、安委办）	
安监局（市委办）		
应急指挥中心		
法制办	法制办	
金融办	金融办	
改革和发展局	发展和改革委员会	发改委归口联系统计局。物价局定价职责及统计局统计分析和信息发布职责整合划入发改委，统计局主要负责数据的收集整理
统计局	统计局	
贸易工业局	科技工贸和信息化委员会	贸易工业局、科技和信息局、高新办、保税区管理局的职责及信息办信息化有关职责整合划入科技工贸和信息化委
科技和信息局		
高新办		
保税区管理局		
信息办		
财政局	财政委员会	地方税务局由广东省地方税务机关与深圳市政府双重领导调整为深圳市政府领导，由财政委员归口联系
地方税务局	地方税务局	

---

① 参见深圳市史志办公室《深圳改革开放纪事 1978—2009》，海天出版社 2009 年版，第 595 页。

续表2-4

机构名称		政府职能调整
改革前	改革后	
规划局	规划和国土资源委员会	规划局、国土资源和房产管理局有关职责划入规划和国土资源委员会
国土资源和房产管理局		
交通局	交通运输委员会	交通局、公路局、交通综治办（轨道办）的职责及规划局、城市管理局（城市管理行政执法局）、公安交通警察局的有关职责整合划入交通运输委员会，交通运输委员会统一负责市政道路（公路）的规划设计、建设、管养、执法及交通运输管理工作
公路局（副局级）		
交通综治办（轨道办）		
卫生局	卫生和人口计划生育委员会	卫生局、人口和计划生育局的职责、食品药品监督管理局的政策、法规、标准制定职责及食品安全综合协调职责整合划入卫生和人口计划生育委员会。药品监督管理局主要承担药品、化妆品、保健品的监督管理工作
人口和计划生育局		
食品药品监督管理局	药品监督管理局	
环境保护局	人居环境委员会	环境保护局、建设局、水务局的有关职责整合划入人居环境委员会；建设局的职责，规划局的勘察、设计行业管理职责以及国土资源和房产管理局的住房保障建设管理及物业管理职责整合划入住房和建设局
建设局	住房和建设局	
税务局	税务局	
气象局（副局级）	气象局（副局级）	

续表 2-4

机构名称		政府职能调整
改革前	改革后	
人事局	人力资源和社会保障局	人事局、劳动和社会保障局的职责整合划入人力资源和社会保障局。与人事局合署办公的市编办单独设置，列党委机构序列
劳动和社会保障局		
文化局	文体旅游局	文化局、体育局、旅游局、政府文化产业办公室的职责整合划入文体旅游局
体育局		
旅游局		
政府文化产业发展办公室		
工商局	市场监督管理局	工商局、质量技术监督局、知识产权局的职责，卫生局餐饮环节的食品安全监督职责整合划入市场监督管理局，各区不再承担知识产权及餐饮环节食品安全监督职责。调整后，食品安全监督由目前卫生、农业、质监、工商、食品药品5个部门负责。知识产权保护由目前的工商、知识产权2个部门负责减为由市场监管1个部门负责
质量技术监督局		
知识产权局		
农林渔业局	农业和渔业局	农林渔业局的林业管理职责划入城市管理局
城市管理局	城市管理局	
民族宗教局	民族宗教局由与市委统战部合署办公改为在市委统战部挂牌	—

续表2-4

机构名称		政府职能调整
改革前	改革后	
外事办公室（侨务办公室）	侨务办公室并入市委统战部，在市委统战部挂牌外事办公室	—
国有资产监督管理委员会	国有资产监督管理局	—
教育局、公安局、司法局、民政局、审计局、口岸办、台办7个机构保留不变		

资料来源：《中共深圳市委、深圳市人民政府关于印发〈深圳市人民政府机构改革方案〉的通知》（深发〔2009〕9号）。

2. 优化"委""局""办"之间的运行机制

深圳市大部制改革的突出亮点在于转变政府职能和优化运行机制。这是深圳市政府在对接中央改革要求后所做的地方性探索。2002年11月，党的十六大报告较早提出了"按照决策、执行、监督相协调的要求，继续推进政府机构改革"。2007年10月，党的十七大报告又强调，"要坚持用制度管权、管事、管人，建立健全决策权、执行权、监督权既相互制约又相互协调的权力结构和运行机制"。"加大机构整合力度，探索实行职能有机统一的大部门体制，健全部门间协调配合机制"，在此背景下，结合经济社会发展实际，深圳市政府构筑"委""局""办"三级管理机构的大部门模式，优化运行机制。

深圳市设置7个委员会，"委"主要承担制定政策、规划、标准等职能并负责监督执行。设置18个局，"局"主要承担执行和监管职能。设置6个办公室，"办"主要协助市长办理专门事项、不具有独立行政管理职能。由此，深圳市政府开始探索决策、执行和监督既相互制约又相互协调的运行机制。

此外,深圳借助归口联系机制、联席会议机制确保权力运行顺畅。①在明确"委""局"之间的职责权限和分工配合的同时,"委"主要管宏观、管整体、管决策,同时,"委"作为"局"的归口联系机构,审核上报"局"的专业规划和相关政策并监督执行。此外,由双方部门有关负责人共同主持召开的不定期联席会议,相互协调涉及双方职能运行中的问题。

(三)广州:"渐进统筹"模式

广州作为省会城市,城市规模的扩大、经济社会结构的快速变迁和人口尤其是流动人口的增加引发的城市管理问题对政府治理提出了挑战。大部制改革前,因城市管理职能分散在各个部门之间,造成各部门陷入了要么交叉管理,要么"三不管"的治理困局。如对城市小商贩乱摆行为的治理,就涉及城市管理、市容环卫、城市规划等部门,形成了多头执法的扰民现象,被市民戏称"七个大盖帽管不住走鬼一顶小草帽"。为此,广州提出了以适应城市快速发展要求,以提高政府治理效率为目标,以解决超大城市管理所面临的困境为主轴,推进统筹发展。2009年9月24日,广州市委、市政府正式公布《广州市人民政府机构改革方案》(穗字〔2009〕11号),调整和优化政府职能机构,尤其是城市管理机构,构建"大城管、大文化、大交通、大建设、大水务、大林业"的管理格局。主要改革内容包括:

新组建政府职能部门:①组建市科技和信息化局,不再保留市科学技术局、市无线电管理办公室、市信息化办公室。②组建市人力资源和社会保障局,不再保留市人事局、市劳动和社会保障局。③组建市城乡建设委员会,不再保留市建设委员会。④组建市文化广电新闻出版局,加挂市版权局牌子,不再保留市文化局、市新闻出版和广播电视局(市版权局)。⑤组建市城市管理委员会,不再保留市市政园林局、市市容环境卫生局。⑥组建市林业和园林局,不再保留市林业局(见图2-9)。

---

① 参见陈天祥、吴海燕等《中国地方政府大部制改革模式研究——来自珠三角的调查》,社会科学文献出版社2017年版,第44~45页。

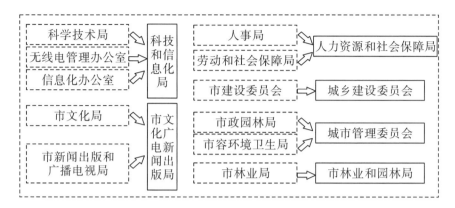

图 2-9 广州 2009 年大部制改革新组建的部门（虚线为整合前）

资料来源：《中共广州市委、广州市人民政府关于印发〈广州市人民政府机构改革方案〉和〈广州市人民政府机构改革方案实施意见〉的通知》（穗字〔2009〕11 号）。

更名政府部门：①将市金融服务办公室更名为市政府金融工作办公室，调整为市政府工作部门，不再挂靠市发展和改革委员会。市政府金融工作办公室加挂市企业上市工作办公室牌子。②将市城市规划局更名为市规划局。

调整和整合政府职能：①市交通委员会加挂市公路管理局牌子。将市政园林局城市快速路路政管理的职责划入市交通委员会，不再保留市公路管理局。②市城市管理委员会整合市容环境卫生局和城市管理综合执法局的城市管理职能。将市政园林局有关市政管理、燃气行业管理的职责，以及市建设委员会有关城市管理、市容环境卫生的职责整合划入市城市管理委员会。③市卫生局与市食品药品监督管理局职能相互调整。将市食品药品监督管理局的食品安全综合协调、组织查处食品安全重大事故的职责划入市卫生局，将市卫生局的食品许可、餐饮业、食堂等消费环节的监管职责划入食品药品监督管理局。

调整两个部门的管理机构：①市劳动教养工作管理局调整为市司法局管理的行政机构。②市城市管理综合执法局调整为市城市管理委员会管理的部门管理机构。

广州大部制改革的重点落在城市管理方面，这与广州作为一线大城市,外来人口增多,城市管理问题多发的处境紧密相关。与顺德和深圳的大部制改革相比,广州的大部制改革相对比较温和。"广州大部制改革的最大亮点在于重新划分、合并各种政府职能,而不是一味地减少机构数量","广州的部门设置按相关职能与省里对应,既能让其尽快地正常运转起来,也方便企业和民众办事"。① 正因为广州大部制改革比较温和,可能对其他地区的普遍性借鉴意义要更大一些。②

改革后,广州市共有9个部门实行了大部制,工作部门和办事机构从49个精简为40个,设部门管理机构2个,行政审批事项减少559项,精简了66%。③ 大部门的管理体制使得不同职能部门间的壁垒得到破除,优化了政府部门间职能设置,改变以往城管、交通、水务、建设、林业和文化六大部门之间的碎片化困境,逐步迈向适应广州超大城市发展定位的"整体性政府"。

五、第三阶段改革评价

从数量变化上看,我们对广东省级政府从1983年至2009年的机构改革情况做对比分析,从中发现:在政府机构总数变化不大的背后,不同职能的机构数量变化却存在显著差异。经济管理类机构数量总体上出现下降的趋势,从15个减少为2009年的10个。市场监管类机构数量呈递增趋势,从1983年的6个依次递增为8个、10个、12个。社会事务管理类机构数量在1994年升至16个之后,趋于稳定,维持在14个,而到了2009年迅速增加至17个。政府内部管理机构的数量则在波动中保持稳定(见图2–10)。在2000年后,机构数量从多到少排列:社会事务管理类、市场监管类、经济管理类、内部管理类,在一定程度上说明政府逐渐重视对民生事务的管理。同时,市场监管职能也得到加强,努力为市场经济发展和社会进步提供更加优质的公共服务,打造"服务型政府"。

---

① 参见彭澎《广东大部制改革:比较与思考》,载《探索》2010年第2期。
② 参见林小昭、安卓《广州"温和大部制":或成粤省内改革样本》,载《第一财经日报》2009年9月25日。
③ 参见王林生《广州市政府机构改革动员大会》,载《广州年鉴》2010年版,第61页。

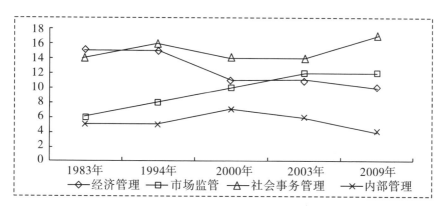

图 2-10 1983—2009 年不同职能机构的数量变化（单位：个）

从地方探索来看，广东人民再次展现了敢闯、敢拼的魄力，在全国先行先试大部制改革，此举措在南粤大地遍地开花。2010 年广东在 29 个试点县（市、区）推广顺德经验，形成各具特色的大部制模式。汕头市濠江区整合职能相近部门，形成了"大规划""大经济""大建设"的综合性部门。云浮市云安县深化镇一级政府机构改革，形成"三办两中心"的改革模式，便于人民群众办事。享誉全国的顺德、深圳、广州的改革都纷纷吸引了学术界、新闻界的诸多目光。顺德大部门体制改革获得了"第六届中国地方政府创新奖"优胜奖。此外，广东省的大部制改革还获得了中央的肯定和赞许。2011 年 3 月 8—10 日，中央机构编制委员会办公室原副主任、中国机构编制管理研究会会长黄文平先后考察深圳市福田区交通枢纽、佛山市顺德区行政服务中心之后，对广东大部制改革工作给予了高度评价，认为深圳、顺德两地的改革在全国具有举足轻重的作用，并对广东大部制改革寄予厚望，"要认真总结大部制改革中的好经验好做法，以建设服务型政府为目标，职能转变为核心，完善体制机制，为全国大部制改革提供更多经验"[①]。

---

① 《黄文平到深圳、佛山、顺德调研　充分肯定广东大部制改革取得的成效》，见广东省人民政府网站（http：//zwgk.gd.gov.cn/006939748/201103/t20110311_13181.html）。

第四节 "结构优化"阶段：2013年至今

一、广东省政府结构优化的背景

受国际金融海啸余波的影响，广东仍未完全走出金融危机的阴影。广东经济的对外贸易持续下滑，经济结构、产业结构不尽合理仍然困扰广东前行的步伐。加之省内粤东、粤西区域发展差距、城乡发展差距仍然很大，成了束缚广东经济发展的短板。2011年1月6日召开的中共广东省委第十届第八次全会第一次全体会议上，汪洋同志提出了"加快转型升级，建设幸福广东"的核心战略，以转型升级增强广东经济社会发展的均衡性、协调性、可持续性。广东发展的战略调整对政府职能转变和管理方式变化提出了新的要求，把加快强化自主创新和产业转型升级，更多关注和保障民生作为政府改革的出发点和落脚点。加强软实力建设，提高政府在政务、商务、生产、生活、教育、文化等方面的服务水平。至2012年，广东的经济企稳回升，在面临产业结构调整和转型升级压力的同时，也迎来了新的发展机遇。2012年11月，习近平同志视察广东时，对广东提出了"三个定位，两个率先"的要求，即努力成为发展中国特色社会主义的排头兵、深化改革开放的先行地、探索科学发展的试验区，率先全面建成小康社会、率先基本实现社会主义现代化。刚上任广东省委书记不久的胡春华同志在2013年1月召开的中共广东省委第十一届第二次全会上对广东所处的形势进行判断，广东作为改革开放前沿阵地，仍然处于转型发展爬坡越坎阶段，广东既要继续"腾笼换鸟"，又要推动"凤凰涅槃"。发挥法治对转变政府职能的引导和规范作用。3月，"两会"召开之际，胡春华同志再次强调，广东应坚定不移地加快发展步伐，坚定不移地推进经济结构调整，积极开拓国内市场，用好国内资源，努力提高经济发展的质量和效率，实现广东经济持续健康发展。

信息化、技术化的快速发展以及互联网技术的变革，为政府改革创新提供了重要的技术保障，"数字政府""互联网+政府"的政府治理理念

第二章 政府机构改革:打造精干高效的政府

层出不穷。以数据开放、数据共享和数据决策为内容的大数据思维重塑政府管理思想,推动政府结构创新和流程优化,进而提升部门内部和跨部门的运作效率。2012年年底至2013年年初中央领导集体新旧交替时期,行政管理体制改革有了新的目标和要求。深化行政审批制度改革,继续简政放权,持续稳步推进大部制改革,进而建设"职能科学、结构优化、廉洁高效、人民满意的服务型政府"。以技术创新为先导,基于顾客需要创新公共服务流程,识别和满足公众需求。2013年3月,第十二届全国人民代表大会第一次会议审议通过《国务院机构改革和职能转变方案》和《国务院机构设置的通知》(国发〔2013〕14号),对涉及社会民生领域的机构整合提出了新的改革要求,"整合加强卫生和计划生育、食品药品、新闻出版和广播电影电视、海洋、能源管理机构,转变职能和理顺职责关系,稳步推进大部门制改革"。为此,国务院组建了国家卫生和计划生育委员会、国家食品药品监督管理总局、国家新闻出版广播电影电视总局,重组国家海洋局和国家能源局,将铁道部制定铁路发展规划的行政职责划入交通运输部,组建国家铁路局,不再保留铁道部。这次国务院机构改革中的某些做法在广东已经有了先行先试的探索经验,如2009年顺德组建的市场安全监管局和深圳组建的市场监督管理局整合了原质监部门、工商部门的职责,深圳成立的卫生和人口计生委员会整合了原来卫生和人口计生两个领域的职责。

2014年3月,习近平同志在"两会"期间参加广东代表团时,重申了"三个定位,两个率先"的总目标。同年11月,习近平同志在参加亚洲太平洋经济合作组织(APEC)工商领导人峰会上提出并系统阐述了中国经济呈现出"新常态",经济发展速度从"高速增长转为中高速增长,经济结构不断优化升级,增长动力从要素驱动、投资驱动转向创新驱动"。在上述背景下,广东将创新、协调、绿色、开放和共享的发展理念贯穿改革之中,确立了以机构改革和政府职能转变作为主要方向的体制机制改革创新,以机构改革为契机推动商事登记制度改革、行政审批制度改革等多项改革举措。以机构改革为契机创新社会,完善政府购买,支持培育社会组织的发展,进而逐步实现经济转型、社会转型和政府转型。2014年年初中共广东省委、省政府正式下发了《广东省人民政府职能转变和机构改革方案》(粤发〔2014〕5号),围绕转变政府职能,重塑政府治理模式,以及深化综合执法体制进行改革。

二、深入转变政府职能,重塑政府治理模式

(一)整合职能部门,重组政府组织架构

整合职能,组建部门。一是整合食品药品监管职责,组建广东省食品药品监督管理局直属机构,并整合了省卫生厅、工商局等部门的相关职能。划入省卫生厅起草有关标准和技术规范,以及食品安全检验机构资质认定条件和检验规范的职责,划入省工商局监督管理流通环节食品安全的职责,划入省质监局食品、化妆品质量安全监管以及强制检验职责,划入省经济和信息化委酒类流通监督管理职责。二是整合商贸流通领域的管理职责,组建商务厅。将原省外经贸厅的职责,以及省经济和信息化委的商贸流通管理、经济协作职责划入省商务厅。由此,广东将原先分属于省经信委和外经贸厅两个机构的内外贸职能统一起来,整合内外贸资源,统筹国际、国内两个市场,逐步跨入内外贸一体化的新时代。此外,还组建了省经济和信息化委员会以及新闻出版广电局,在经信委内新增省大数据管理局,承担研究拟定大数据战略、规划,推动大数据研究和应用(见表2-5)。

划转职能,理顺关系。在不同部门之间进行职能调整,优化政府部门间关系。比如对经济发展起宏观调控作用的省发展和改革委员会囊括了省物价局的所有职能,省经济和信息化委节能减排综合协调职责划入省发展改革委,还有省人口计生委制定人口发展战略、规范及人口政策职责也被划入省发改委。省发改委划入职能的同时,也划出其他职能,将深化医药卫生体制改革工作领导小组办公室的职责划入省卫生计生委。省经济和信息化委员会则主要划出职能,将商贸流通、经济协作划给商务厅,将节能减排综合协调划入省发改委,将酒类流通管理职责划入食药监局,将生猪定点屠宰管理职责划入省农业厅(见表2-5、图2-11)。

第二章 政府机构改革：打造精干高效的政府

表 2-5 2014 年广东省机构改革和职能调整（部分）

机构设立	职 能 整 合
新设省商务厅	对接国家商务部，将原省外经贸职责划入省商务厅，把经信委商贸流通管理、经济协作职责划入省商务厅。加强统筹国际、国内两个市场的职能
省发展和改革委员会	将原省物价局职责，原省人口计生委研究拟订人口发展战略、规划及人口政策职责，省经济和信息化委节能减排综合协调职责划入省发改委
省经济和信息化委员会	多项职责划入其他部门。经信委原有的商贸流通管理、经济协作职责划入商务厅，节能减排综合协调职责归到省发改委，酒类流通管理职责也并入省食品药品监督管理局，生猪定点屠宰管理职责交给省农业厅，加挂广东省国防科学技术工业办公室牌子。经信委的内设机构新增加了省大数据管理局

资料来源：《中共广东省委、广东省人民政府关于印发〈广东省人民政府职能转变和机构改革方案〉的通知》（粤发〔2014〕5 号）。

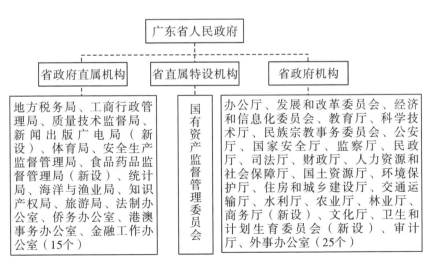

图 2-11 广东省人民政府机构设置（2014 年）

资料来源：《中共广东省委、广东省人民政府关于印发〈广东省人民政府职能转变和机构改革方案〉的通知》（粤发〔2014〕5 号）。

(二) 卸载政府职能，构建新型治理格局

取消职能，还权于市场。随着市场化程度的逐步提高，政府对经济的管控力度逐步减弱，取消了经济管理类机构原有的一些职能和审批事项。如广东省经济和发展改革委员会取消了企业投资扩建民用机场项目核准、价格评估人员执业资格认定以及移动电话本地业务资费制定、调整审批等职能。商务厅取消省属加工贸易加工企业生产能力证明签发、对外劳务合作经营资格证书年审、国际商务专业技术资格注册、外商投资企业名称、投资者名称、法定地址变更审批等19项职能。广东省经济和信息化委员会取消了产业集群升级示范区认定、办理原材料工业产业政策审核和出具相关证明等15项具体职能。

转移职能，分权于社会。社会的逐步成长使得政府向其转移部分职能成为可能。如广东省经济和发展改革委员会将省级企业技术中心认定具体工作、软件企业认定具体工作、省级清洁生产企业认定具体工作等7项具体性工作交由有条件的社会组织承担。将实施软件产品登记、计算机信息系统集成项目经理资质认定等5项具体认定工作交由行业协会承担。广东省安全监督管理局将非煤矿山二级安全生产标准化认定、工贸行业企业安全生产标准化二级企业认定等6项工作交由具备条件的社会组织或行业协会实行自律管理。

下放职能，放权于基层。如省发展和改革委员会将企业投资在非主要河流上建设的水电站项目核准、企业投资非省级和非跨市的输油管网备案等下放到基层政府。商务厅将由省工商局注册的企业对外经济贸易经营者备案登记、软件出口合同登记等6项具体事项下放到地级以上市政府。安全生产监督管理局将危险化学品经营许可证（甲种）核发、除省直和中直单位以外的特种作业人员资格认定、危险化学品建设项目的安全设计审查等15项具体职能下放到地级以上市安全监管部门。食品药品监督管理局将出具药品出口销售证明职责，第二、三类医疗器械经营许可职责，保健食品经营许可职责等9项具体职能下放到地级以上市食品药品监督管理部门（见表2-6）。

第二章 政府机构改革：打造精干高效的政府

表 2-6　2014 年以来广东省政府机构职能变化的数量（节选）（单位：项）

职能机构	取消职能	转移职能	下放职能
经济管理类机构			
省发展和改革委员会	5	—	5
省经济和信息化委员会	15	12	1
市场监管类机构			
省商务厅	26	—	6
省工商行政管理局	3	—	2
省安全生产监督管理局	21	6	15
省食品药品监督管理局	12	—	9
省质量技术监督局	15	9	5
社会事务类机构			
省人力资源和社会保障厅	10	—	10
省司法厅	4	—	4

资料来源：根据 2013 年以来广东省政府机构改革"三定"方案整理而成。

（三）顺德再次调整大部制，助推"强政府"工程建设

为促进顺德经济社会转型升级，打造科学发展的体制机制新优势，顺德继续推出系列深化改革举措，如深化大部制改革、深化简政强镇事权改革、深化商事登记制度改革和深化行政审批制度改革等。2014 年 3 月，顺德区委、区政府发布了《关于完善区属大部门职能设置的意见》（顺发〔2014〕7 号）；10 月，广东省机构编制委员会下发《关于印发顺德区人民政府职能转变和机构改革方案的通知》（粤机编〔2014〕32 号），这是继 2009 年惊天动地的大部制改革之后，对政府职能的又一次重新调整。调整内容包括：组建区监察局、区审计局、区文化体育局、区外事侨务局、区民政和人力资源社会保障局，撤销区政务监察和审计局、区文体旅游局、区民政宗教和外事侨务局、区人力资源和社会保障局、区委社会工作部（见表 2-7）。

95

表 2-7 顺德区 2014 年与 2009 年大部制改革对比

2009 年大部制改革	2014 年大部制调整
党 委 机 构	
区纪委机关（区政务监察和审计局）	区纪委机关
区委办公室（区政府办公室）	区委办公室（与区社会工作委员会合署，挂区委决策咨询和政策研究室牌子）
区委组织部	区委组织部（与区机构编制委员会办公室合署，挂区公务员办公室牌子）
区委宣传部（区文体旅游局）	区委宣传部（挂区人民政府新闻办公室牌子）
区政法委员会（区司法局）	区政法委员会（挂区委维护稳定工作领导小组办公室、区社会管理综合治理委员会办公室、区防范和处理邪教问题办公室牌子）
区委社会工作部（区委统战部、农村工作部、区工会、共青团区委、妇联、工商联、残联）	区委统战部（挂区民族宗教事务局牌子）
政 府 机 构	
办公室	办公室（挂区政府法制办公室、区金融工作办公室、区应急管理办公室牌子）
教育局	教育局
公安局	公安局
发展规划和统计局	发展规划和统计局
经济促进局	经济和科技促进局（挂区旅游局牌子）
财税局	财税局（挂区地方税务局牌子）
国土城建和水利局	国土城建和水利局
卫生和人口计划生育局	卫生和计划生育局
市场安全监管局	市场监督管理局（挂区安全生产监督管理局、区食品药品监督管理局、区食品安全委员会办公室牌子）

第二章 政府机构改革：打造精干高效的政府

续表 2-7

2009 年大部制改革	2014 年大部制调整
环境运输和城市管理局	环境运输和城市管理局
人力资源和社会保障局	民政和人力资源社会保障局
—	文化体育局
	监察局
	审计局
	外事侨务局（挂港澳台工作办公室牌子）
	司法局
	农业局（挂区委农村和社区工作办公室牌子）

资料来源：根据《佛山市顺德区党政机构改革方案》（粤机编〔2009〕21号）、《关于印发顺德区人民政府职能转变和机构改革方案的通知》（粤机编〔2014〕32号）整理而成。

调整后，顺德区总体维持18个大部门不变。其中，区委纪律检查委员会机关和工作部门5个，政府工作部门12个，派出机构1个。实行党政合署办公的有：政府办公室与区委办公室合署，监察局与区纪律检查委员会机关合署，司法局区委政法委员合署，文化体育局与区委宣传部合署，外事侨务局与区委统一战线工作部合署，列入区政府工作部门序列，但不计入政府机构个数。

此次改革中，最引人注意的是重新恢复农业局和增强区食品药品监督管理局职责。为了强化对城乡社区经济社会一体化管理，整合全区农业、农村和社区建设职责，顺德区政府将区委社会工作部的农村集体经济组织管理、基层政权建设职责，区经济和科技促进局的农业发展和农业生产监管职责，区市场安全监管局的生猪屠宰管理职责，区国土城建和水利局林业管理职责，整合划入区农业局。为了加强对食品药品安全生产的监管，设立区食品药品监督管理局，由与市场安全监管局合署办公调整为在区市场监督管理局加挂牌子，深化"大市场监管"格局。

此外，为进一步加强政府的公共服务职能，顺德区政府取消了区委社工部，对社会职能进行重新组合。将原先区委社工部所有职能和归口单位进行还原，将民政职能归口民政和人力资源社会保障局，外事侨务工作重新独立成立外事侨务局。原先归口到社工部的共青团、妇联、总工会都按照各自独立章程运行，由区委副书记负责归口联系。

此次变动，顺德区政府在坚持大部制组织架构不变的前提下，对政府工作部门进行了调整。通过统一民政和社保职责，逐步构建起了"大社保"架构和整合社会福利。加强了对食品药品市场监管的职责，构建"大监管"体系，优化民生建设，打造民生政府，逐步增强政府服务能力，建设人民满意的服务型政府。

三、深化综合执法体制改革，理顺部门间权力关系

综合行政执法是深化行政管理体制的重要内容，也是建设法治政府的主要载体之一。[①] 综合执法体制改革是相对专业执法而言。原有行政执法体系主要按照职能分工设置行政机构，形成各个部门的专业执法。因专业执法存在多头执法、重复执法和职责交叉等问题，影响了执法效率，甚至带来了执法扰民的现象。专业执法困扰的产生既有"块"上各职能部门执法权的相互重叠，也有"条"上要求上下对口机构设置的限制。而综合执法则是将原行政执法机构进行整合，在某一管理领域，由一个部门综合行使几个部门相同或相近的行政执法权。广东在综合执法体制改革方面的探索已有10余年的时间，在各个阶段呈现出特定的历史特征。

（一）广东省综合执法体制改革发展历程

1. 地方试点阶段

1996年颁布的《中华人民共和国行政处罚法》（以下简称《行政处罚法》）规定："国务院或者经国务院授权的省、自治区、直辖市人民政府可以决定一个行政机关行使有关行政机关的行政处罚权"，这是改革开放后探索综合执法最早的法律制度规章，此后一些地方逐步开展了"相对集

---

① 参见中国行政管理学会课题组《推进综合执法体制改革：成效、问题与对策》，载《中国行政管理》2012年第5期。

中行政处罚权"的探索工作。20世纪90年代中期,广东省在深圳、佛山两市试行一警多能执法的综合执法工作,在广州、惠州等市则陆续成立城市监察队伍,分别开展了城市管理领域的综合执法。其中,深圳市罗湖区的综合执法探索亮点突出。1998年10月6日,深圳市罗湖区正式成立行政执法检查局,将负责全区城管、环卫、文化、计生、旅游、卫生、房屋租赁等执法任务进行综合,以一顶"贝雷帽"代替七顶"大盖帽"。在当时,罗湖区的行政综合执法经验对全国行政执法体制改革产生了积极影响。从1998年11月至2008年7月,先后有北京、上海、天津、江苏、山东、辽宁、湖南、重庆、河北等近百个省市组团到罗湖进行考察学习,并得到新闻媒体的高度关注。《人民日报》、《工人日报》、《解放军报》、《半月谈》、《南方日报》、《深圳特区报》、《瞭望》周刊、中央电视台、广东电视台和深圳电视台等几十家新闻媒体对罗湖综合行政执法试点工作进行了大量报道,"罗湖模式"在全国产生了轰动效应。广州的试点则开始于1998年11月24日,在这一天,城市管理综合执法局正式成立,启动相对集中行政处罚权试点工作,城市建设、规划、市政管理、园林绿化、市容环境卫生和公安、交通、工商等部门的部分行政处罚权被纳入试点领域,由综合执法局统一行使。

进入21世纪,我国综合执法试点继续得到强化。2000年国务院下发了《关于继续做好相对集中行政处罚权试点工作的通知》(国办发〔2000〕63号),要求"各省、自治区、直辖市人民政府可以结合本地方的实际情况,提出相对集中行政处罚权的意见和工作方案",在总结经验基础上扩大试点范围。2000年,广东省向国务院上报计划在深圳、汕头、顺德、珠海、中山、揭阳、佛山、南海等8个城市开展试点,同年获得批准。2002年,国务院下发的《关于进一步推进相对集中行政处罚权工作的决定》(国发〔2002〕17号)指出,"试点工作的阶段性目标已经实现,进一步在全国推进相对集中行政处罚权工作的时机基本成熟。授权省、自治区、直辖市人民政府可以决定在本行政区域内有计划、有步骤地开展相对集中行政处罚权工作",标志着综合执法工作将全面铺开。

2. 制度强化阶段

2002年10月,国务院办公厅转发中央编办《关于清理整顿行政执法队伍实行综合行政执法试点工作的意见》(国办发〔2002〕56号),广东省被确定为全国综合行政执法试点省。在更早的时候,广东省就开始在资源环境领域探索综合执法。将各部门的执法机构和执法队伍合并整合成为一个统一的执法机构和执法队伍。如将海监渔政检查总队、渔船渔港监督管理总队以及广东渔船检验局合并,组建为"广东省渔政总队"。

2003年,广东又率先在全国进行了海洋与渔业综合管理执法体制改革,将原广东省海洋与渔业局所属的广东省渔政总队、中国海监广东省总队、中华人民共和国海港监督管理局广东分局、中华人民共和国渔船检验局广东分局四支正处级执法机构合并组建为广东省渔政总队,副厅级别,并加挂中国海监广东省总队、中华人民共和国渔港监督管理局广东分局、中华人民共和国渔船检验局广东分局的牌子,统一履行海洋监察、渔政管理、海港监督、渔业管理等职责。

2005年,为继续扩大综合执法的试点领域,广东省人民政府办公厅印发《广东省综合行政执法试点方案》的通知(粤府办〔2005〕9号),包括三项综合执法改革的内容:一是清理整顿行政执法队伍。二是转变政府部门职能,实行"两个相对分开"。将制定政策、审查审批等职能与监督检查、行政处罚、行政强制等职能相对分开,改革政府部门既管审批又监督检查的体制;实现监督检查、行政处罚职能与技术检验职能相对分开,改革行政执法机构监督检查、行政处罚与技术检验职能并存的体制。三是整合行政执法机构,实行综合行政执法。将从其他机构分离出来的行政执法职责进行归类综合,设置集中、统一的综合行政执法机构。次年,广东省又对原分属不同部门的公路运政、水路运政、公路路政、航道行政、港口行政、交通规费稽查等6支执法队伍进行整合,分别在省、市、县的交通部门设立了"交通综合行政执法局",归并了同一政府部门下的多项执法职能和执法机构。

3. 持续创新阶段

为继续整合执法力量,广东在大部制改革基础上持续探索综合执法改革。2012年以来,广东在各市县推进六大领域(重心下移、城管执法、自由裁量权、执法责任制等)的行政执法体制改革。2014年全面深化改革以来,广东省政府将机构改革与综合执法体制改革相结合。在经济和信

第二章 政府机构改革：打造精干高效的政府

息化委设立大数据管理局，在省商务厅设立公平贸易局，在省农业厅设立农业综合行政执法监督局。将工商、质监省级以下垂直管理体制调整为市县政府分级管理，进一步下沉执法力量。各市县也在机构限额内设置相应政府机构。深圳、佛山、韶关、河源、惠州、江门、肇庆、清远、揭阳、云浮等市的县（区）整合工商、质监职责，综合设置了市场监督管理局。

2015年12月24日，国务院颁发了《关于深入推进城市执法体制改革改进城市管理工作的指导意见》（中发〔2015〕37号），确立了理顺城市管理体制，提高执法水平和完善城市管理的改革内容。次年10月，中共广东省委、省政府印发了《深入推进城市执法体制改革改进城市管理工作的实施意见》（粤发〔2016〕24号），将城市管理和综合执法体制改革作为促进城市发展转型、增创新优势的重要举措。一方面，强调综合设置机构，在合理划分城市管理事权基础上，按照撤一设一的原则，设立市、县（市、区）城市管理和综合执法部门。明确有关管理和执法职责划转城市管理部门后，原主管部门不再行使相应职权。另一方面，推进综合执法，尤其在与城市管理密切相关且需要集中行使行政处罚权的领域。比如水务管理方面，向城市河道倾倒废弃物和垃圾，城市河道违法建筑物拆除等的行政处罚权，交通管理方面侵占城市道路、违法停放车辆等的行政处罚权等。至此，综合执法体制改革的制度化水平和可操作化程度都得到了增强。

（二）广东省综合执法体制改革的主要模式

党的十八大以后，行政执法体制改革进入了一个新的阶段。广东探索多样化的综合执法模式。按照"职能整合"和"机构设置"两个维度，将综合执法体制改革模式划分为四种类型：[①] 部门内整合职能且在机构内

[①] 有学者总结出三种模式：一是行政处罚权的外部转移和相对集中，即将法律法规赋予特定部门的行政处罚权，从原来的部门转移给新的部门，将纳入改革的行政处罚权集中由一个独立的执法部门统一行使。二是部门外部合并，处罚权内部集中，即将改革涉及的部门直接合并成一个综合部门，被合并部门的行政处罚权集中由新综合部门内设的执法机构统一行使。三是联合执法性质的综合模式。即抽调相关部门工作力量成立一个专门的执法机构，行政相关部门行使管理职权（参见中国行政管理学会课题组《推进综合执法体制改革：成效、问题与对策》，载《中国行政管理》2012年第5期）。本书结合广东省综合执法体制改革的实际情况，借鉴已有的模式划分方法，将其划分为四种类型。

部设置，部门间整合职能且在机构外部设置，部门间整合职能且在机构内部设置，部门内整合职能且在机构外部设置。第四种模式在现实中几乎不存在。（见图2-12）

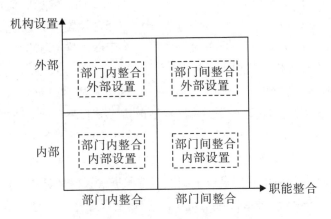

图2-12 广东省综合执法主要模式

部门内整合职能和机构内部设置模式：比如交通运输部门和卫生行政部门的做法。整合省、市、县交通部门及交通领域事业、企业单位的公路运政、水路运政、公路（含高速公路）路政、航道行政、港口行政、交通规费稽查等方面的监督检查、行政处罚、行政强制等职能，在省、市、县交通行政机关内设立交通综合行政执法机构。卫生领域主要整合卫生行政部门及其执法队伍以及所属事业单位的监督检查、行政处罚、行政强制等职能，在卫生行政机关内设立卫生综合行政执法机构。

部门间整合职能和机构外部设置模式：最典型的是城市管理领域的综合执法。将城市管理领域的城市规划、建设、房屋管理、市容环境卫生、城市绿化、市政园林、燃气等方面的监督检查、行政处罚、行政强制等职能从相关行政管理部门、执法队伍、事业单位中分离出来，进行整合，组建城市管理综合行政执法机构。

部门间整合职能和机构内部设置模式：比如在文化领域，整合省文化、广播电影电视、新闻出版等部门行政执法职能，在机关内设立承担文化市场行政执法的指导、监督和重大执法任务及跨区域执法的组织机构。

第二章 政府机构改革：打造精干高效的政府

又比如在资源环境领域，整合国土资源部门、环境保护部门的监督检查、行政处罚、行政强制等职能，在省、市、县国土资源部门、环境保护部门内综合设立行政执法机构。

另外，还有一种相对集中行政处罚权的综合执法模式，将其他部门的法定职责划归某一行政机关统一行使。比较典型是广州市荔湾区的做法。2012年，荔湾区综合行政执法局成立，将原有的行政执法机构（工商等市垂直管理部门除外）包括城管综合执法分局、区交通局综合执法分局、区环境局执法监察大队、区水政监察大队、区国土房管分局国土执法监察大队、区文化局文化市场综合行政执法大队、区人社局劳动保障监察大队、区经贸局商务综合行政执法队、区安监局执法监察大队等9个行政执法机构的执法人员及其承担的行政处罚权从原行政主管部门剥离出来，集中到新组建的区综合行政执法局。相对集中行政处罚权后，荔湾区综合行政执法局统一行使市容环境卫生、交通、食盐和酒类、安全生产、土地、文化、体育、劳动保障、环境保护、水务、卫生监督、食品药品安全、动物防疫、城市绿化、市政、城乡规划管理、建设工程管理、工商行政管理方面法律、法规、规章规定的行政处罚权，形成"N+X+1"模式（N指城市管理领域之外的其他领域）。

通过综合行政执法改革，广东省较好地整合了部分执法资源，实现了执法重心的下移，精简了执法机构和人员，实现了规范管理，减少了多头执法和重复执法，形成了执法合力。在推进综合执法体制改革中，从地方开始试点，以制度扩散和创新扩散的方式，逐步呈现出综合化、区域化的发展态势。

四、第四阶段改革评价

在全面深化改革的大格局中，政府机构改革作为重要领域和环节，关系着国家治理体系的完善和治理能力的提升。广东省继续因循转变政府职能、优化政府机构、理顺政府间职责关系的要求，按照决策与执行相分离的原则，稳步推进综合执法体制改革，打造新时代机构改革的"升级版"。在持续推进的改革中，涉及机构改革的参与主体不断扩大，将社会组织纳入改革框架之中，超越了政府单一主体。通过将政府承担的职能转移给社会、市场，不断清晰政府与市场、社会的边界，不断推进广东"小政府、大社会"的建设。

广东省政府以综合执法为抓手，继续将大部制改革推向深处。综合执法是大部制改革背景下推进政府职能转变的有效途径之一。广东省政府建立跨部门、跨领域、跨行业的综合执法机构，打破了传统行政管理体制中决策权、执法权、监督权冗杂于一身的链条，从而构建起决策与执法的分离，进而转变过去"重审批轻监管"的路径依赖，理顺政府管理职能与执法职能。综合执法有助于破解权力交叉问题，实现权力的制衡。通过综合执法助力解决多头分散执法，解决执法盲区，合理划分省以下市县政府执法职责，逐步理顺行政执法权责关系，推动健全的、科学的、有效的综合执法体系构建。

2018年，党的十九届三中全会重点提出了完善市场监管和执法体制的改革内容，"深化执法体制改革，统筹配置行政处罚职能和执法资源，相对集中行政处罚权，整合精简执法队伍，解决多头多层重复执法问题"。"一个部门设有多支执法队伍的，原则上整合为一支队伍。推动整合同一领域或相近领域执法队伍，实行综合设置。"目前广东省的综合执法体制改革还在探索阶段，存在几个需继续优化的地方：一是统筹监管和执法职能，避免两者衔接不畅。综合执法部门承担行政执法职责的同时，行政主管部门应避免出现弱化或推脱监管职责的问题。二是合理确定综合执法的边界，避免综合执法与专业执法出现混乱。对执法领域相似但执法专业程度较高的领域，可采取"综合执法+专业执法"的模式进行探索。根据领域、行业、专业性程度来具体确定综合执法的边界。三是协调处理上下对口关系，避免部门间运行不畅。整合执法权的综合执法机构往往需要对应多个上级执法机构，尤其对于基层执法机构，在面对"上面千条线，下面一根针"的局面时，因执法队伍着装、执法程序难以统一，往往带来执法效率的低下和行政执法成本的增加。为此，应强化制度建设，实现系统化管理方式，避免执法人员存在身份划转的障碍进而造成执法队伍的不规范。

第二章　政府机构改革：打造精干高效的政府

小　结

党的十八届三中全会提出了"国家治理体系和治理能力现代化"的重大时代命题，涉及政治、经济、社会、文化、生态等多个领域的治理变革和统筹推进。"国家治理现代化对机构改革来说既可以是目的也可以是手段。机构改革的目的是要实现国家治理的现代化。"[①] 一个具备科学合理的职能边界、健全有力的职责配置，而且具有强大治理能力的政府机构是国家治理体系健康运行的基本组织保障。因此，政府机构改革理应被放置在国家治理现代化制度体系建设中加以检视和考量。以广东省政府机构改革作为一个缩影，纵观改革历程，我国政府机构改革走出了一条"调整—适应"的渐进式改革发展路径，即政府机构改革与市场经济体制改革的适应性，政府机构改革与社会变革之间的适应性。

广东省政府20世纪80年代"精简机构"是与"计划经济为主、市场调节为辅"以及"发展有计划的商品经济"经济改革目标相适应的，在20世纪80年代末90年代初提出的"转变职能"是与"发展社会主义市场经济体制"的市场化改革要求相协调的，步入21世纪后提出"强化职责"是与"要在更大程度上发挥市场在资源配置中的基础性作用"的经济发展和加强社会管理的目标相协同的，改革进入新时代提出的"结构优化"是与"使市场在资源配置中起决定性作用和更好发挥政府作用"的改革要求相呼应的。通过历次机构改革，政府正逐步构建起与国家治理现代化目标相一致的政府组织体系，并搭建起在政府主导下的"政府—市场—社会"三元主体互补互动的国家治理格局。政府机构改革在组织流程再造和管理技术改进上取得了可喜的成绩，为推进国家治理和地方治理现代化提供了不可或缺的组织保障。

第一，机构改革愈显"理性化"和"制度化"，构建起了一套充分发挥制度优势的组织体系。改革开放初期到20世纪80年代末90年代初，

---

① 竺乾威：《国家治理现代化与机构改革》，载《学术界》2016年第11期。

广东逐步确立了"转变政府职能"的改革目标,将机构改革从"量变"走向"质变"。"三定"方案将机构改革的内容和过程以及结果推向标准化、常态化和规范化,减少机构改革回潮的可能性。20世纪90年代末21世纪初,深圳、顺德、广州的大部门体制改革,又一次实现从"控制机构规模"的单一变化向"改进运行机制"的跨越式发展。而在新时代下深入综合执法体制改革探索,更是将机构改革推向了以"变革权力"为内容的"结构优化",触动了政府机构改革的根本性内容。经过四个阶段的改革历程,广东省政府逐步形成了更加板块化、宽职能的政府机构设置格局,重塑了上下级部门间管理模式,形成了政府职能机构的协同运行。不断构建起与市场经济体制相适应的结构优化、关系理顺的政府机构体系,政府职能不断明确、行政效率逐渐提高、政府能力逐步增强、行政效能显著增进。

第二,政府治理逐渐从"发展型政府"走向"服务型政府"。发展型政府是国家向现代化转型中以推动经济发展为目标的政府发展模式。① 党的十六大以来,"建设服务型政府"的目标引领着广东政府机构改革,代表着以计划和指令为核心的"管制型政府"开始向"服务型政府"转型。转型发展中,重塑政府与市场、政府与社会关系成为改革的重要维度。广东省政府的机构改革正是一段逐步走向"服务型政府"的建设历程。工业经济管理部门的削减与弱化,社会管理和公共服务机构的增多与强化,都彰显出政府正逐步以淡化计划手段、强化市场手段来发展经济,政府不再仅仅视经济绩效为行政合法性的唯一来源,而将公共服务能力纳入效能政府建设框架之中。强大的国家治理能力需要高效强大的政府能力作为组织保障,需要政府充分发挥和调动市场主体、社会主体的功能,实现政府角色转变,为此,广东省政府机构改革一直在路上。

在取得成绩的同时,广东省机构改革也曾有过"精简—膨胀"的循环:因推进市场化改革而导致工作量增加,增设机构;上下对口的机构设置要求也导致机构膨胀。这些都将导致地方性机构改革效果难以稳定。除

---

① 参见陈玲、王晓丹、赵静《发展型政府:地方政府转型的过渡态——基于沪、苏、锡的海龟创业政策案例调研》,载《公共管理学报》2010年第3期。

第二章 政府机构改革：打造精干高效的政府

了客观上的技术性因素之外，价值定位不清晰也是另一个值得考虑的维度。改革开放后政府机构改革以追求效率为主，公平价值也获得了一定关注，但处于次要地位，导致严重的社会公共物品和公共服务缺失以及市场监管失灵。其根源在于"效率优先，兼顾公平"的价值定位。[①] 在众多次改革中，机构改革主要关注机构本身的变革，而忽视其他更高层次的政治性因素。机构改革关注了"政府内部流程的改革"而忽视了政府结构改革的价值因素，比如权力关系的变革，政治体制的变革。这些也产生了因缺乏政治体制变革而难以解决一些仅凭政府自身机构改革无法解决的问题。[②]

在 2017 年 10 月召开的党的十九大上，习近平同志指出："统筹考虑各类机构设置，科学配置党政部门及内设机构权力、明确职责。统筹使用各类编制资源，形成科学合理的管理体制，完善国家机构组织法。在省市县对职能相近的党政机关探索合并设立或合署办公。"这一重要论述指明了政府机构改革的方向和重点任务，标志着政府机构改革将逐步走向全面化、科学化、法定化。在新时代发展理念指引下，下一步机构改革要更好更充分地发挥党的领导核心作用，完善党政机构布局，优化政府机构设置。要重新调整政府机构职能，打破原有权力关系和利益格局，重塑新的利益关系。要增强机构编制管理的法律保障，巩固改革成果。以人民为中心、以公共利益为本位，注重改革的公平性，让民众真切享受到政府改革的果实。

[①] 参见陈天祥《政府机构改革的价值逻辑——兼论大部制机构改革》，载《中山大学学报（社会科学版）》2012 年第 2 期。

[②] 参见竺乾威《国家治理现代化与机构改革》，载《学术界》2016 年第 11 期。

第三章　转变政府职能：塑造有限政府

政府职能转变在塑造有限政府过程中起着至关重要的作用。所谓政府职能转变，是指国家行政机关在一定时期内，根据国家和社会发展的需要，对其应担负的职责和所发挥的功能、作用的范围、内容、方式的转移与变化。政府职能转变的必然性，是由影响政府职能的诸多因素所决定的，包括管理职权、职责的改变，管理角色的转换，管理手段、方法及其模式的转变等。

中国政府职能转变在20世纪80年代拉开序幕。1984年，党的十二届三中全会首次触及政府职能，通过了《中共中央关于经济体制改革的决定》，提出"实行政企职责分开，正确发挥政府机构管理经济的职能"。1988年，第七届全国人民代表大会第一次会议通过的《国务院机构改革方案》明确提出"转变职能"这一概念，并提出要"减少政府机构直接干预企业经营活动的职能，增强宏观调控职能，初步改变机构设置不合理和行政效率低下的状况"。1993年的《国务院机构改革方案》提出"改革的重点是转变政府职能"，并且在《中共中央关于建立社会主义市场经济体制若干问题的决定》中指出，转变政府职能，建立健全宏观经济调控体系。从党的十六大开始，政府职能履行的重心开始由经济职能逐步转到经济职能与社会职能并重上来，政府的社会管理职能日益凸显。党的十八大以来，党中央和国务院对政府职能转变做出了全局性、系统性、科学性、综合性和整体性的部署。习近平同志提出，"我们必须下更大决心、以更大力度推进政府职能转变，以更好适应深化改革开放，加快转变经济发展

第三章 转变政府职能：塑造有限政府

方式、转变工作作风、维护社会和谐稳定的迫切要求"①。2013年党的十八届三中全会通过了《中共中央关于全面深化改革若干重大问题的决定》，指出"全面深化改革的总目标是完善和发展中国特色社会主义制度，推进国家治理体系和治理能力现代化。必须更加注重改革的系统性、整体性、协同性，加快发展社会主义市场经济、民主政治、先进文化、和谐社会、生态文明"。由此可见，政府职能转变的重心从着重经济职能到经济、社会管理职能并重再到党的十八大以来的"五位一体"，转变不断深化。因此，根据领导人换届、经济社会发展的阶段性特点和政府职能转变的程度，本书将改革开放以来广东省政府职能转变划分为四个阶段：第一阶段，自党的十一届三中全会召开至1991年，广东省政府重新定位、调整和强化经济职能；第二阶段，1992—2002年，是社会主义市场经济体制目标确立和政府职能逐渐完善的时期，日益明确政府经济职能，社会管理职能开始显现；第三阶段，2003—2012年，强化公共服务和社会管理职能，建设服务型政府；第四阶段，2013年至今，广东省推进政府治理现代化，构建科学的职能体系。

政府职能转变的本质是政府调整自身与市场、社会之间的关系。政府通过职能转变这种自觉行为，使政府权力逐步地、有选择地退出经济和社会领域，通过强制性制度变迁的形式来明确政府权力运行的限度，从而实现政府与经济、社会的领域分离。② 因此，本书以政府与市场、政府与社会的关系调整（即政企、政事、政社分开）为主线，描述广东省改革开放40年来在政企分开、政事分开和政社分开的历史演变过程，总结广东省政府职能转变的特点。在政府职能转变的过程中，政府机构改革和行政审批制度改革发挥着重要的作用，由于本书的其他章节已有具体阐述，故本章节中不再赘述。

---

① 习近平总书记在党的十八届二中全会第二次全体会议上的讲话，2013年2月18日。
② 参见何颖《中国政府机构改革30年回顾与反思》，载《中国行政管理》2008年第12期。

第一节 重新定位、调整和强化政府经济职能（1978—1991年）

党和国家工作重心的转变，带来了广东省政府对于自身经济职能的重新定位和职能转变。1978年至1991年党的十四大召开之前，政府职能转变重点是从以政治职能为主向以经济职能为主转变。党的十一届三中全会做出党和国家的工作重心转移到社会主义现代化建设上来的战略决定，强调要根据新的历史条件和实践经验，采取一系列新的重大的经济措施，对经济管理体制和经营管理方法着手进行认真的改革，在自力更生的基础上积极发展同世界各国平等互利的经济合作。自此，中国开始了从以"以阶级斗争为纲"到以经济建设为中心、从僵化半僵化到全面改革、从封闭半封闭到对外开放的历史性转变。1978年12月，广东省委举行常委会议，学习党的十一届三中全会精神，并于1979年2月发出《关于认真贯彻落实中央工作会议和三中全会精神，联系实际，实现工作重点转移的通知》。1987年，党的十三大提出逐步健全以间接管理为主的宏观经济调节体系，强调要简政放权，将机构改革同政府职能转变联系起来。由此可见，在改革开放至1992年党的十四大召开之前，广东省根据党和国家的发展重心重新定位和加强了政府的经济职能。

这一时期广东省政府职能转变的主要内容有两方面：一是实现从"以阶级斗争为主"向"以经济建设为主"转变。党的十一届三中全会之后，广东省各级政府及时将中心工作转移到经济建设上来，从革命斗争型政府向经济建设型政府转型，提升政府经济职能的地位，将组织经济建设，提高经济效益，促进社会生产力发展作为政府的主要任务，大大促进了广东经济的发展。① 二是坚持治理整顿、深化改革，推动经济建设和各项工作的开展。1987年以后，广东省政府将工作重心放在治理经济环境、整顿经济秩序，稳步发展经济上来。广东省各级政府的经济工作都严格按照省委提出的"十八字方针"（即压基建、调结构、保生产、抓改革、求效

---

① 参见陈瑞莲《广东行政改革研究》，中山大学出版社1998年版，第42页。

益、上水平）进行，努力发展生产、增加有效供给，发展社会各项事业，改善人民生活。同时，政府职能转变主要表现为调整政府与市场、政府与社会的关系，即表现为政企、政事和政社分开。在政企分开方面，主要是扩大企业自主权、落实企业经营权，实现政府向企业放权让利，把属于企业的权力放给企业；在政事分开方面，重点是恢复社会事业，让它们服务于经济建设，并通过放权让利，转换事业单位经营机制；在政社分开方面，该时期主要表现为乡政府与人民公社的"政社分开"，严格控制社会组织发展。

一、放权让利，调整政府与企业的责权利关系

1979年，在中共中央主要讨论经济工作问题的工作会议上，习仲勋和王全国首先提议中央放权给广东，让广东在改革开放中先行一步。当年7月，中央决定放权让广东省试行经济体制改革，同意广东在"对外开放，对内搞活"方面先行一步。在这一背景下，广东省率先进行政企分开改革，大力发展经济。该时期政企分开的主要特点是放权让利，以1984年为分界线分为两个阶段：第一阶段是扩大企业自主权，改变传统的政企关系，把政府不该管、管不了、实际上也管不好的事情下放给企业，打破政企不分的局面；第二阶段是分离企业所有权与经营权，以此落实企业经营权，把企业搞活。

（一）扩大企业自主权

在改革开放前的计划经济体制下，我国实行的是国有国营的企业制度，即由国家或者政府直接经营企业。企业没有经营自主权，只是国家政府机关的一个附属物。改革开放后，为发展经济，增强国有企业的活力，首要的问题是要打破高度集权的国有国营体制，赋予企业一定的自主权。为此，广东紧跟国家步伐，以放权让利为重点，开始调整政府与企业之间的责权利关系，解决政企不分、以党代政、以政代企的问题。其间具有代表性的是"清远经验"，该经验在全国范围内得到推广，促进了广东乃至全国的经济体制改革。1978年10月14日，清远首先在4家工厂（化肥厂、氮肥厂、农机修造厂、水泥厂）试点实行超计划提成奖。主要做法

是：以完成企业计划利润为起点，从超计划利润中提取一定的奖金，奖金比例按照企业的盈利水平、原材料及能源供应情况等因素，分别确定15%、20%、25%的比例，奖励的形式一般是月超、月提、月奖，同时清远还加强了定额管理和考核制度，按照每个月来确定生产定额，并下达到车间、班组、个人，实行"计分计奖"的办法，将多劳多得、少劳少得的按劳分配制度落到了实处。① 这一做法调动了工人的积极性，很快在全县得到迅速推广。1980年7月29日，中共广东省委、省政府下发了《批转清远县国营工业企业超计划利润提成奖和改革工业管理体制的情况报告》（粤发〔1980〕79号），组织全省学习清远经验。

与此同时，广东省推行"利改税"和经济责任制。早在1980年，广东就开始探索利改税，走在全国前列。当年10月1日起，省政府决定在广州缝纫机工业公司、广州自行车工业公司、广州绢麻厂、韶关齿轮厂、佛山棉织二厂、佛山无线电一厂、江门塑料厂、江门南方食品厂等8家国营工业企业以及高州县国营工业企业进行独立核算、国家征税、自负盈亏的试点。为规范试点工作，省政府下发《关于在国营工业企业中进行"自负盈亏"试点的通知》，明确了试点的指导思想和基本办法。此外，广东积极探索多种形式的经营责任制。1981年，中共广东省委提出以"包"字为主要内容的"包、联、通、学、创"方针，明确了企业对国家实行包干和承包等多种形式的经营责任制。各地采用的经营责任制主要有三种形式：一是推广清远经验，实行盈亏包干，上缴利润递增包干，超收分成或留用，一定几年；二是亏损企业以及推广"清远经验"的亏损县，实行亏损递减包干，减亏盈利留用或分成；三是政策性亏损企业实行亏损定额包干。②

（二）分离企业经营权与所有权

1984年10月，党的十二届三中全会确立了社会主义经济是公有制基

---

① 参见黄穗生、杨苗丽、王启军《亲历改革开放》，广州出版社2008年版，第106～107页。
② 参见《广东改革开放纪事》编纂委员会《广东改革开放纪事1978—2008（上）》，南方日报出版社2008年版，第592～593页。

础上有计划的商品经济理论,国有企业改革开始注重企业所有权与经营权的分离,明确企业是相对独立的商品生产者和经营者。这一时期,广东省开始推行厂长(经理)负责制和承包经营责任制,转换企业经营机制。1984年6月6日,中共广东省委、省政府批准的《关于改革企业干部、人事制度的若干暂行规定》(粤发〔1984〕26号)指出,国有企业可逐步实行厂长(经理)负责制;厂长(经理)对企业的生产经营和行政管理工作统一领导、全面负责。同年8月,广东省政府发出《贯彻国务院〈关于进一步扩大国营工业企业自主权的暂行规定〉的意见》,做出补充扩大企业自主权的政策规定。基本内容是:①把经营自主权还给企业;②扩大企业留利比例;③实行厂长、经理负责制,民主选举厂长、经理;④允许企业用集资方式筹集资金;⑤改善劳动用工制度;⑥企业职工奖金在征收奖金税的条件下,实行上不封顶、下不保底;⑦改革分配制度,试行浮动工资、计件工资、超定额计件工资、工资总额同上缴国家税利增长挂钩等多种办法;⑧推行多种形式的承包经营责任制等。这些政策的相继出台,调动了企业自主经营的积极性,推动了工业企业的快速发展。1987年7月,中共广东省委、省人民政府召开全省深化改革会议,决定在全省全面推行各种形式的承包经营责任制。1992年1月至2月邓小平的南方谈话,掀起了广东新一轮改革开放的高潮。1992年7月,国务院制定颁布了《全民所有制工业企业转换经营机制条例》(中华人民共和国国务院令第103号),明确规定赋予企业14个方面的自主权,包括生产经营决策权、产品劳务定价权、产品销售权、物资采购权、进出口权、投资决策权、留用资金支配权、资产处置权、联营兼并权、劳动用工权、人事管理权、工资奖金分配权、内部机构设置权和拒绝摊派权等。据此,广东省加快了转换企业经营机制的步伐,对各试点企业以劳动、人事、分配制度为突破口,带动企业平稳顺利地改革,取得了阶段性的改革成果。①

纵观这一时期政企分开的发展过程,从"清远经验"到"利改税"再到经济责任制,每一步都在逐步扩大企业自主权,激活国有企业的盈利意识和发展意识。虽然改革步骤比较保守,计划经济体制依然占主导地

---

① 参见张中华《图说广东改革开放30年》,广东人民出版社2008年版,第85页。

位,大部分的商品价格和企业生产经营活动仍受指令性计划的控制,但是已经迈出了重要一步。而在扩大企业自主权后,广东又进一步分离企业所有权与经营权,落实企业经营权,目的是使企业真正成为自主经营、自负盈亏、自我发展、自我约束的经济实体。通过一系列放权让利的措施,对政企之间的传统关系进行改革,试图解决计划经济管理体制下存在的权力过于集中的问题,使政府职能的实现方式从指导性计划向计划调节与市场调节并存体制转变,以适应经济建设的需要。

二、恢复社会事业,服务于经济发展

我国的事业单位制度产生于计划经济时代,当时国家百业待兴,事业单位的确立和发展迅速改善了中华人民共和国成立前落后的教育、科学、文化和卫生事业。早期事业单位的举办和运营都由政府统一包办,随着社会和制度环境的变化,传统的事业单位体制弊端日益暴露。为适应经济改革及社会各项事业发展的需要,我国于20世纪80年代拉开了事业单位改革帷幕。1985年,党中央、国务院及中央有关部委相继颁布了《中共中央关于科学技术体制改革的决定》(中发〔1985〕6号)、《中共中央关于教育体制改革的决定》(中发〔1985〕12号)、《关于艺术表演团体的改革的意见》(中办公〔1985〕20号)、《国务院批转卫生部关于卫生工作改革若干政策问题的报告的通知》(国发〔1985〕62号)等文件,对科技、教育、文化、卫生等事业的改革提出了一些原则要求。在此背景下,广东省事业单位改革主要有两个阶段:一是拨乱反正,恢复社会事业;二是放权让利,转换经营机制。

(一)拨乱反正,恢复社会事业

这一阶段主要是恢复各个领域的社会事业(集中在教育、科技、文化和卫生领域),恢复事业单位的人员编制和事业建制,逐渐恢复业务运营。这里着重介绍广东省的教育事业单位改革,其主要表现为恢复高考制度、恢复重点学校制度、整顿和恢复教学秩序等。

党的十一届三中全会以后,广东省在教育领域开始了拨乱反正、正本清源的行动。从1979年开始,平反了历次政治运动中的冤假错案,最终全省约 4 万名教师的冤假错案得到平反昭雪,全社会开始开展尊师重教活动。同时,广东省迅速复办、新办了一大批小学、中学、中专学校和高校;恢复和建立了正常的教学秩序,收回被占的大部分校园校舍,复办了省、地区(市)、县重点中学。自 1977 年全国恢复高等学校统一招生考试以来,到 1979 年年底,全省有普通高校 29 所、在校生 4.2 万人,同"文革"前的 1965 年相比,高校数量增长了 31.8%,在校生数量增长了 45.2%。① 1982 年 9 月,中共广东省委、省政府批转省教育厅《关于进一步贯彻中发〔1980〕84 号文件,实现普及小学教育的意见》,要求大中城市和经济、教育基础较好的 66 个市、县(区),在 1983 年前基本实现普及小学教育,其他 48 个县在 1985 年前分批实现普及小学教育。1982 年年底,广东教育的拨乱反正工作基本完成,教育工作重点从"以阶级斗争为纲"转移到教育教学工作上来,教育事业开始走上健康发展的轨道。

(二)放权让利,转换经营机制

20 世纪 80 年代中期,我国对事业单位实行"放权让利",促使事业单位转换经营机制,面向市场提供服务。② 在该时期,广东省对事业单位实行"简政放权",适当下放各类单位的管理权、自主权,使事业单位具有经营管理权和分配决定权。此外,也开始尝试事业单位人事制度改革,主要体现在聘用制的初步实施。以教育事业单位为例,1983 年 3 月,中共广东省委、省政府做出《关于努力开创我省教育事业新局面的决定》(粤发〔1983〕23 号),要求全面推进教育改革,加快教育事业的发展。1985 年 10 月,中共广东省委、省政府做出《贯彻〈中共中央关于教育体制改革的决定〉的意见》(粤发〔1985〕35 号),1988 年 5 月又制定了《中共广东省委、广东省人民政府关于普通教育体制改革的决定》(粤发〔1988〕8 号)和《中共广东省委、广东省人民政府关于高等教育体制改革的决定》(粤发〔1988〕9 号),这三个重要文件的颁布和贯彻实施,标

---

① 参见罗伟其《广东教育改革发展 30 年纪事》,广东高等教育出版社 2008 年版,第 2 页。
② 参见赵泽洪、武雪洁《公共服务市场化:事业单位改革 30 年焦点问题探讨》,载《学术论坛》2008 年第 12 期。

志着广东以教育体制改革为重点和主线,掀起了教育改革发展热潮。

这一时期广东教育体制改革主要有七个突破:一是改革中小学教育管理体制,实行"分级办学、分级管理",充分发挥地方和社会办学的积极性。二是改革高校管理体制,扩大高校办学自主权,增强学校活力。改革高校招生计划和毕业生分配制度,实行高等教育自学考试制度,拓宽高等教育渠道。三是改革教育经费筹集办法,拓宽教育经费筹集渠道,实行经费包干负责的体制。四是积极推行教师聘任制,努力提高教师待遇,引进竞争激励机制。五是改革中等教育结构,大力发展职业教育。六是努力促进教育与科研、生产相结合,有组织地开展科研开发、有偿服务和勤工俭学活动。七是开展城市和农村的教育综合改革。①

该时期广东教育发展中最瞩目的创新是打破国家包办教育的传统体制,开始进行分级办学的体制改革试验,同时推进教育投资体制改革,如佛山南海市率先设计的三级办学、三级管理的教育发展模式。在政府财政较为困难的情况下,南海市通过改革办学体制,把小学放到村办、初中放在区办、高中由市统筹办理。这样的办学模式,在更好地理顺小学、初中和高中教育的管理体制的同时,还通过下放办学权,施行办学责任制,充分调动了村及区政府和广大民众特别是大批港澳台同胞的办学热潮。此外,南海市还授权各级政府进行适当的教育发展集资办学行动,首次突破教育经费由国家独统拨款的禁区,开启了中国多元教育投资体制发展的新模式。

为适应经济发展,广东省的事业单位改革效仿国有企业改革,采取扩大事业单位的管理自主权、事业经费的来源和渠道的方式,提高"事业"型产品的商品化和社会化程度等,初步打破了传统计划经济体制下的事业管理模式,增强事业单位的自我发展和适应环境能力,缓解各项事业发展的困难。政府对事业单位的管理由"包办"转向放权、由单一计划配置转向由国家、市场和社会共同配置,"全能政府"开始瓦解。

---

① 参见罗伟其《广东教育改革发展30年纪事》,广东高等教育出版社2008年版,第3页。

第三章　转变政府职能：塑造有限政府

三、分离基层政权的行政职能与经济职能，限制社会组织发展

改革开放以前，我国的政府和社会结构具有高度的"总体性"，社会建立在单位制基础上，呈现出"一元化"色彩。1978年以后，经济体制改革打破了以计划经济体制为基础的权力构架和社会整合功能，传统的社会管理体制和方法越来越不适应社会结构的变化。① 在这一阶段，由于国家着重于经济建设，社会管理体制改革进展缓慢，滞后于经济体制改革的步伐，改革的重点是如何调整社会管理以适应经济体制改革。该时期，广东的社会体制改革主要包括两方面：一是乡政府与人民公社的"政社分开"；二是紧跟国家步伐，严格控制社会组织发展。

乡政府与人民公社的"政社分开"体现为基层政权的行政职能与经济职能的分离。② 经济生产经营职能从政府中剥离出来，实现行政职能与社会职能的分开。1983年6月，中共广东省委召开农业书记会议，研究下半年农业生产和政社分开，建立乡政权等问题。同年8月，中共广东省委、省政府发出《关于政社分开，建立乡政权的通知》（粤发〔1983〕55号），对乡的规模、机构设置、人员编制、干部安排和待遇职权范围做了明确的规定。至1984年5月，全省农村政社分开，撤区建乡工作基本结束。③在此基础上，农村以家庭联产承包为代表的生产经营形式出现，一些服务于农业和农村经济发展需要的社会组织率先在农村出现。1984年以后，随着经济体制改革重心由农村转向城市，面向经济、科技、文化、教育、卫生等事业服务的社会组织大量出现。④

随着经济体制改革的渐次展开，社会团体有了发展的机会，社会组织

---

① 参见李莉《关于中国社会管理体制改革的几个基本问题的认识》，载《学习与实践》2011年第5期。
② 参见胡仙芝、孙欢、徐迅《论政社分开和构建政社伙伴合作关系》，载《新视野》2014年第5期。
③ 参见陈弘君、卢荻《广东改革开放大事记：1978.12～1998.12》，广东人民出版社1999年版，第130页。
④ 参见汪玉凯等《中国行政体制改革30年回顾与展望》，人民出版社2008年版，第142页。

的发展进入了以学术性社团为主、部分农村经济组织为辅的恢复发展期,各种学会、研究会、科普协会、农村专业技术研究会等,借助直接或间接的官方支持,以成立社会团体的方式参与到改革早期的主流实践中。①1979 年第一个社会团体——广东省印刷复制业协会登记成立。在这个阶段,广东省依据《关于严格控制成立全国性组织的通知》(中发〔1984〕25 号)、《基金会管理办法》(国务院令〔1988〕18 号)、《外国商会管理暂行规定》(国务院令〔1989〕36 号)和《社会团体登记管理条例》(国务院令〔1989〕43 号)等行政法规和政策文件,落实和制定相应政策,通过登记管理机关和业务主管单位的"双重负责""双重审批"登记管理体制,来控制和规范社会组织的发展。

我们可以看到,这一时期政府与社会的权力格局开始松动,"强政府、弱社会"格局(即政府对社会有着绝对的控制权,社会处于政府的权力体系之下)与市场的发展出现了不协调的状况。广东省开始尝试还权于社会,政府权力从部分社会领域退出,社会力量开始积聚,民间社团兴起并不断发展。

第二节 明确政府经济职能,社会管理职能显现
(1992—2002 年)

1992 年党的十四大确立了社会主义市场经济体制的改革目标,到 2002 年,社会主义市场经济框架初步建立。该时期政府经济职能日益明确,并不断调整。在社会主义市场经济体制逐步建立的情况下,现代化建设突飞猛进,同时社会矛盾也开始凸显。在此背景下,国家开始强调要把政府职能切实转变到宏观调控、社会管理和公共服务方面来。1998 年的国务院机构改革不仅强调要加强宏观经济调控部门,调整和减少专业经济部门,还要适当调整社会服务部门,加强执法监督部门,发展社会中介组

---

① 参见谢菊、马庆钰《中国社会组织发展历程回顾》,载《云南行政学院学报》2015 年第 1 期。

第三章 转变政府职能：塑造有限政府

织。2002年3月，国务院的《政府工作报告》首次明确提出政府职能转变的新定位，即"切实把政府职能转到经济调节、市场监管、社会管理和公共服务上来"。

该时期广东省加快了改革开放和经济发展的步伐，向中共中央、国务院报送了《关于加快发展步伐，力争二十年赶超亚洲"四小龙"的请示》（粤委〔1992〕12号）。1993年12月，中共广东省委召开七届二次全会，审议通过了《中共广东省委关于加快建立社会主义市场经济体制若干问题的实施意见》，对国有企业深化改革、农村股份合作制、政府转变职能、金融体制改革、投资体制改革、价格改革、财税体制改革、建立社会保障制度、扩大开放、市场经济立法等10个重点问题提出了目标要求和具体措施。2000年中共广东省委、广东省人民政府印发《广东省人民政府机构改革方案》（粤发〔2000〕2号），规定省政府在转变职能方面要"积极培育和规范社会中介组织。将政府部门包揽的应由社会自我管理和调节的社会性事务，转给社会中介组织。规范社会中介组织的行为，使社会中介组织与政府主管部门脱钩，向独立的法人实体方向发展"。同时，在调整机构方面，"强化社会管理部门和政务部门的规划、协调、监督和服务职能，着重宏观管理和指导"。

由此可见，该时期广东的政府职能依然以经济职能为主，发挥政府宏观调控职能，同时随着经济的发展和社会矛盾的初显，也开始关注社会管理职能。政府职能转变的主要内容是：一方面，全面推进经济体制改革，在顺利完成治理整顿经济和深化改革任务后，日益明确政府经济职能，推进建立社会主义市场经济新体制。另一方面，经济发展带来的社会矛盾开始凸显，政府开始关注社会管理，社会管理职能初步显现。在政企分开方面，广东先行探索建立现代企业制度，通过探索国有企业市场化改革和战略性改组国有企业，更好地处理政府与企业之间的关系；在政事分开方面，推行政事分开，推进事业单位的社会化；在政社分开方面，在"双重管理体制"框架下，肯定社会组织的作用，开始注重社会管理职能。

一、先行建立现代企业制度，发展社会主义市场经济

在社会主义市场经济体制改革目标的确定下，1993年11月，党的十

四届三中全会通过了《关于建立社会主义市场经济体制若干问题的决定》，明确提出"建立现代企业制度，是发展社会化大生产和市场经济的必然要求，是我国国有企业改革的方向"，现代企业制度的基本特征是"产权清晰、权责明确、政企分开、管理科学"。1994年，国家经贸委组织实施"万千百十，转轨建制"规划。"万"即是在1万户国有大中型企业中不折不扣地落实14项经营自主权，为企业转轨建制打下基础；"千"就是国家通过委派监事会的形式，分期分批对1000户重点骨干企业的国有资产实行监管；"百"即选择100户不同类的国有大中型企业，进行建立现代企业制度的试点；"十"即在10个城市或地区进行减轻企业不合理负担和提高自有流动资金比重的试点，进行配套改革。① 为此，广东省颁布《关于转发广东省现代企业制度试点工作方案的通知》（粤府〔1994〕121号），试点内容包括：理顺产权关系，完善企业法人制度；积极推行公司制；深化企业内部改革，建立企业科学管理制度；调整企业资产负债结构，解决企业的现实问题；等等。该时期广东省国企改革的重点主要包括两个方面：积极探索国有企业市场化改革和战略性改组国有企业。

（一）积极探索国有企业市场化改革

广东率先进行了国有企业市场化改革探索，主要包括产权制度改革、公司制改革和初步探索国有资产管理体制。改革的主要任务是引导国有企业确立与市场经济要求相适应的资本与产权观念，建立现代企业制度。在产权制度改革探索方面，顺德在1992年开始推行以股份制为主要形式的产权制度改革，并逐步向全省推广。顺德的做法可以概括为"转机建制"，即转换企业经营机制，建立企业新机制。主要经验有：在坚持公有制经济占主导地位的原则下，探索实现公有制的具体形式——股份制，把国企、集体企业改造为股份有限公司（包括政府控股、政府参股、部分股权转让给外商和实行承包、租赁形式），形成公有制经济和非公有制经济并存、共同发展的格局。此外，顺德还坚持配套改革、整体推进，不仅与社会保

---

① 参见曹普主编、李庆刚著《点击1978年以来重大事件与决策：中流击水》，湖南人民出版社2009年版，第51页。

第三章 转变政府职能：塑造有限政府

障制度结合起来，还与政府机构改革、转变政府职能、强化政府的社会管理相结合。① 由此，广东以改革企业产权制度为核心内容，调整所有制结构，积极探索公有制有效实现形式，突破了国有经济一统天下的局面，建立了多元化投资主体，发展了以公有制为主体，多种所有制经济共同发展的格局，逐步完善了社会主义基本经济制度。②

在公司制改革方面，广东积极推行公有制的多种有效实现形式，大力促进公司制改革。全省贯彻实施《公司法》，积极推进企业股份制改革，规范已完成股份制改革的企业。为总结股份有限公司改革的经验，1994年5月，省政府召开全省股份制企业试点工作交流会，通过交流和总结经验，研究《公司法》实施后如何规范股份制试点企业。会后，各级体制改革部门组织力量分期分批地对本地股份有限公司和有限责任公司进行跟踪辅导，帮助企业按照《公司法》的要求，切实转换企业经营机制，健全法人治理组织结构，规范经营运作；同时，积极慎重地处理前期股份制改造中的有关遗留问题，与建立现代企业制度相结合加以解决。另外，广东省还加快现代企业制度试点工作，确定了 250 家企业作为全省现代企业制度的试点单位，并制定和颁布了《广东省现代企业制度试点工作方案》（粤府〔1994〕121号）和6个配套文件，有效地保障了现代企业制度试点工作的顺利进行。建立了新的劳动合同用工制度，到1994年年底，全省1/3的国有企业进行了劳动制度等三项改革。③ 通过公司制改革，广东全省国有中小企业进行了转制改制，从工厂制改变为公司制，企业领导体制和内部治理结果也发生了质的变化，突破了企业僵化的旧体制，激活了企业经营机制。1999年，中共广东省委办公厅、广东省人民政府办公厅印发《关于深化国有企业领导人员管理体制改革的实施办法》和《广东省省属国有资产经营公司管理暂行办法》的通知（粤办发〔1999〕25号），对国有企业领导人员管理体制和国有资产经营公司的组建、职权、组织机构及与各方的关系做出了明确规定。

---

① 参见黄穗生、杨苗丽、王启军《亲历改革开放》，广州出版社2008年版，第108～109页。
② 参见黄穗生、杨苗丽、王启军《亲历改革开放》，广州出版社2008年版，第235页。
③ 参见广东年鉴编纂委员会《广东年鉴（1995）》，广东年鉴社1995年版，第156页。

在初步探索国有资产监管体制方面。深圳市从 20 世纪 80 年代开始，就对国资体制进行探索，采取了一次又一次的创新举措，为全省乃至全国提供了可供借鉴的经验。① 1987 年，深圳市率先成立市国有资产管理委员会，下设市国有资产管理办公室，先后成立市投资管理公司、建设投资控股公司、商贸投资控股公司等三家市级资产经营公司，探索国资委、资产经营公司、国有企业三个层次的国有资产管理、监督、营运体系。1989 年省国有资产管理办公室成立，1994 年省国有资产管理局成立，1999 年并入省财政厅。2000 年，《广东省人民政府机构改革方案》的通知（粤发〔2000〕2 号）指出改革的原则是：转变职能，政企分开；划分事权，理顺关系；调整结构，精兵简政；规范行为，依法行政。转变政府职能的主要措施包括改革行政审批制度、政府主管部门与所办经济实体和管理的直属企业彻底脱钩、完善国有企业监管方式等。但这一时期的国资监管体制仍然处于初步探索阶段，前路还比较漫长，仍需进一步的努力。

（二）战略性改组国有企业

随着国有企业大面积进入市场和对外开放的进一步扩大，外部环境发生了重大变化，市场竞争日趋激烈，企业分化日趋明显，一大批优势企业脱颖而出的同时也有不少企业陷入困境。② 1997 年开始，面对日益严重的国有企业亏损问题，为改变国有企业资不抵债的现状，中央开始实施国有企业 3 年脱困的改革攻坚战。1997 年 9 月，党的十五大对国有企业改革做出了重大部署，强调"要从战略上调整国有经济布局。对关系国民经济命脉的重要行业和关键领域，国有经济必须占支配地位。在其他领域，可以通过资产重组和结构调整，以加强重点，提高国有资产的整体质量"，"把国有企业改革同改组、改造、加强管理结合起来。要着眼于搞好整个国有经济，抓好大的，放活小的。对国有企业实施战略性改组"，"实行鼓励兼并、规范破产、下岗分流、减员增效和再就业工程，形成企业优胜劣汰的

---

① 参见黄穗生、杨苗丽、王启军《亲历改革开放》，广州出版社 2008 年版，第 243～244 页。
② 参见游天龙《国有企业改革风雨 30 年：从放权让利到市场化》，见独家网（http://www.dooo.cc/2014/07/30485.shtml）。

第三章 转变政府职能：塑造有限政府

竞争机制"。1999年9月，党的十五届四中全会通过《中共中央关于国有企业改革和发展若干重大问题的决定》（中发〔1999〕16号），提出国企改革的目标是：要适应经济体制与经济增长方式两个根本性转变和扩大对外开放的要求，基本完成战略性调整和改组，形成比较合理的国有经济布局和结构，建立比较完善的现代企业制度。而在广东省，1997年年底至2000年年底，组织实施了国有企业的脱困攻坚战，国有大中型企业脱困工作取得了实质性进展，煤炭、制糖、纺织三大特困行业的脱困攻坚战取得阶段性胜利，国有工业企业脱困任务基本完成。以广州市和深圳市为例。1998年2月，广州市政府召开1998年广州市经济情况介绍会，提出广州国有企业改革的重大举措，计划用3年的时间，通过改革、改组、改造和加强管理，使80%左右的国有集体企业改为有限责任公司或股份有限公司，通过兼并、破产，基本淘汰亏损3年以上资不抵债的企业；产权结构调整向"上下内外"方向努力，使企业产权结构发生根本的改变。① 深圳市则重点关注国有经济战略调整，建立现代企业制度、规范法人治理结构，建立职业经理市场、创新选人用人机制，加强监督和管理、依法监管国有资产，进一步加大配套改革力度，在国有企业改革的系统性、协调性和整体性等方面下功夫并取得成效。②

此阶段的政企分开改革，较好地调动了国有企业的积极性，激活了国有企业，让政府的经济职能得到了调整，更好地为社会主义市场经济建设服务。政府职能转变的方向是将管理国有企业的经济职能与政府的政治、社会职能相分离，主要表现在：一是使国有企业真正拥有自主权，例如，开始产权制度改革、公司制改革和国有资产监管体制创新探索，试图改变国有企业产权模糊、出资人不到位、"九龙治水"的情况，让国企实现自主经营，根据市场的要求去追求最大化利润；二是进行以强化政府宏观调控能力为主的经济职能转型，政府从经营国有企业的具体事务中脱身出来，实现政府的"退出"，还权于企业，同时，实现自己的"归位"，政府

---

① 参见陈弘君、卢荻《广东改革开放大事记：1978.12～1998.12》，广东人民出版社1999年版，第549页。

② 参见广东年鉴编纂委员会《广东年鉴（2000）》，广东年鉴社2000年版，第122页。

职能履行方式实现从直接管理、微观管理向间接管理、宏观管理转变，发挥宏观调控能力。

二、政事分开，推进事业单位的社会化

1992年党的十四大提出建立社会主义市场经济体制的改革目标后，事业单位改革的方向也进一步得以明确，开始探索建立与社会主义市场经济体制相配套的事业单位体制与机制。这一阶段明确提出事业单位的改革方向是实行政事分开，要求政府减少对事业单位的直接管理，提倡社会事业社会办。1993年，中共中央印发《关于党政机构改革的方案》和《关于党政机构改革方案的实施意见》（中发〔1993〕7号），明确提出：事业单位改革的方向是实行政事分开，推进事业单位的社会化。各级党政机关尤其是中央和省级机关要减少对事业单位的直接管理；打破部门所有制和条块分割，拓宽事业单位的服务领域，使事业单位成为面向全社会提供服务的独立法人；促进事业单位与经济建设相结合；鼓励集体、企业、个人和各种社会力量兴办事业单位。事业单位在职能、人事制度、工资制度、管理体制等方面，都要与党政机关区别开来。同年，广东省根据中央印发的《关于党政机构改革的方案》，将事业单位的改革纳入党政机构改革之中。随后，中央编办在1996年颁布的首个关于事业单位改革的专门文件《中央机构编制委员会关于事业单位机构改革若干问题的意见》（中办发〔1996〕17号）中明确提出"建立起适应社会主义市场经济体制需要和符合事业单位自身发展规律、充满生机与活力的管理体制、运行机制和自我约束机制"，并提出改革的基本思路是"确立科学化的总体布局，坚持社会化的发展方向，推行多样化的分类管理，实行制度化的总量控制"。

广东省该时期事业单位改革的特点，主要体现在事业单位的机构改革、机构编制标准建设、人事制度改革（聘用制）和工资制度改革四个方面。在机构改革方面，主要有四个方面的成效：一是事业单位法人的地位逐步确立，解决了事业单位走向市场的"通行证"和"身份证"问题。二是政事分开有了一定进展。已改革的事业单位重新梳理机构，严格定性、定位，使机关、事业的组织机构得以规范管理。结合行政改革进一步将机关辅助性、技术性、服务性职能从机关划出，交给事业单位。三是财

政负担有所减轻。四是社会化程度逐步提高。① 在机构编制标准建设方面，广东先后制定实施了一系列事业单位机构编制管理规范性标准和政策文件，以适应经济社会的快速发展，合理配置政府执政资源，推进机构编制管理的规范化、标准化和科学化，为政府职能转变和社会转型提供有力的体制机制保障。在人事制度方面，广东进一步完善事业单位招收聘用制干部的管理办法。1994年12月，省政府颁布《广东省全民所有制事业单位招收聘用制干部管理规定》（粤府〔1994〕150号），对招聘干部的对象、条件、程序等做了更为详细的规定。广东省人事厅从2001年12月起，组织开展事业单位全面推行聘用制试点的工作，试点期间，按照《广东省人民政府办公厅转发国务院办公厅转发人事部关于在事业单位试行人员聘用制度意见的通知》（粤府办〔2002〕69号）提出的新要求，指导试点单位加快改革步伐。在工资制度改革方面，该时期的事业单位工资制度改革主要是让机关工资制度与事业单位工资制度彻底脱钩，从而建立起符合机关和事业单位各自特点的工资制度。

根据广东省事业单位改革特点，本书主要描述事业单位体制改革和广东科研机构体制改革方面的内容。

（一）事业单位体制改革

从1996年年底至1997年，中共广东省委办公厅、省政府办公厅分别印发了《关于省直事业单位机构改革的实施意见》《关于市县乡镇事业单位机构改革的意见》和《关于积极推进省直事业单位机构改革的通知》等文件，启动了事业单位机构改革。此次改革的主要内容包括：实行政事分开，调整政事合一的机构，合理划分政事职责，规范事业单位的名称和等级规格；推进事业单位社会化，逐步弱化事业单位的部门属性，打破事业单位条块分割，鼓励社会力量创办事业单位；调整结构，精简吃财政饭人员，促进事业单位实现两个过渡和两个转化：事业单位的经费由财政核拨向核补过渡，经费核补向经费自筹过渡，经费自筹向企业化管理转化，

---

① 参见《广东改革开放纪事》编纂委员会《广东改革开放纪事1978—2008（上）》，南方日报出版社2008年版，第360页。

企业化管理向企业转化。① 通过这些措施的施行，广东省在一定程度上改善了事业单位机构膨胀和职责混乱的问题。比如，深圳市1996年就提出了"稳住一头，放开一片"的事业单位机构设置办法，确保稳定那些关系国计民生、在经济建设与社会发展中起基础性和示范性作用的事业单位；积极发展市场经济和社会发展急需而又不需要或者少要国家财政拨款的事业单位，逐步撤并、压缩那些不适应经济和社会发展需要的事业单位。② 1997年，广东首先对5个部门所属事业单位进行改革试点，同时重点推进省直副厅级以上事业单位的体制改革。试点结束后，全面推进省直其他部门的事业单位体制改革，并在深圳市先行试点的基础上，同步推进市县事业单位体制改革。当时深圳市采取分期分批、分步到位的做法：第一批撤销事业单位11个，合并13个，转制为企业10个，划归民政部门管理的社团30个，限期整改的单位4个，并对34个事业单位的经费渠道进行调整。佛山市的事业单位改革也采取分步实施的办法：第一步调整结构布局，撤并规模小、社会效益差、服务对象单一的事业单位8个，有条件推向市场改制为企业的单位35个，保留事业单位性质实行企业化管理的单位18个；第二步调整人员结构和经费供给渠道，完成精简任务。在市直事业单位中，精简财政拨款编制6000多名，减幅46%。③

（二）科研机构体制改革

1993年8月，经广东省政府同意，广东省科学技术委员会（以下简称"省科委"）和广东省经济体制改革委员会（以下简称"省体改委"）联合发布《广东省科研机构综合改革试点方案》（粤科字〔1993〕95号），有选择地在部分科研机构中进行综合改革试点。综合改革试点的内容包括：改革科研机构的现行管理体制；改革科研机构的任务来源；改革现行的人员管理制度；改革分配制度，实行工效挂钩；改革专业技术职务

---

① 参见《广东改革开放纪事》编纂委员会《广东改革开放纪事1978—2008（上）》，南方日报出版社2008年版，第359页。
② 参见李阳宇《我国事业单位改革研究》（学位论文），郑州大学2003年。
③ 参见《广东改革开放纪事》编纂委员会《广东改革开放纪事1978—2008（上）》，南方日报出版社2008年版，第359～360页。

的评聘办法，实行评聘分开；改革技术价格；大力发展科技企业，积极兴办第三产业；建立职工社会保险制度；进行股份制试点和逐步改革财务制度等10项。1999年3月，科技部批准将广东省列为深化科技体制改革的试点省。

1999年6月，广东省政府颁布《广东省深化科技体制改革实施方案》（粤府〔1999〕51号），按照"稳住一头，放开一片"的原则，以放为主，调整结构、分流人才、转换机制，对科研机构进行重新分类和定位，深化科技拨款方式改革，并对科学事业费的使用方向进行调整。其主要目标是：在政府的大力支持下，在3~5年时间内，建立起以大企业为主体，以科研机构、高等学校为科技依托，以市场配置资源为基本途径，以提高整体素质和综合竞争为目的，适应社会主义市场经济，符合科技发展规律的科技创新机制，走出一条科技与经济结合的新路子。为此，省科委会同有关部门制定系列配套政策：1999年7月，省科委、省财政厅联合发布《广东省科学事业费管理改革办法（试行）》（粤科财字〔1999〕131号）；1999年7月，省政府办公厅发布《广东省建立区域性农业试验中心实施方案》（粤府办〔1999〕67号）；1999年11月，省科委、省财政厅、省地税局联合发布《广东省科研机构及其所创办的科技型企业享受税收优惠政策试行办法》（粤科政字〔1999〕232号）；2000年11月，省科技厅、省财政厅、省工商行政管理局联合颁发《关于技术开发型和咨询服务型科研机构抓紧办理企业登记注册手续的通知》（粤科政字〔2000〕247号）等具体操作性文件。这次的科研机构体制改革，是对现行科技体制，尤其是科研机构的变革，亦是对科技资源配置的一次重大调整，标志着广东省的科技体制进入一个新的阶段，对广东省科技事业的发展影响深远。

该时期广东的事业单位改革，开始探索与社会主义市场经济体制相适应的管理体制、运行机制和自我约束机制。通过调整清理事业单位，将能推向市场的事业单位推向市场，以减少政府财政负担，本质上仍然是政府放权的一个过程。这些改革已不再是依附其他改革和停留在对经济改革的借鉴层次，而是开启了自身改革价值的梳理，开始了政事分开与社会化目标的改革。① 通过政事分开,广东省的教育、科技、文化和卫生等各个领域的事业繁荣发展,共同为社会经济发展服务。

三、政社分开,尝试探索社会管理职能

随着改革的不断推进,中国社会快速转型,单位制逐渐解体,社会管理的载体和方式逐步从"单位"向"社区"转变。同时伴随着经济体制转轨,外部环境逐渐宽松,中国社会组织也活跃起来。1993年《关于建立社会主义市场经济体制若干问题的决定》指出"政府经济管理部门要转变职能,专业经济部门要逐步减少",要"发挥行业协会、商会等组织的作用",标志着国家开始意识到发挥社会组织作用的重要性。1998年,国务院颁布《社会团体登记管理条例》(修订)和《民办非企业单位登记管理暂行条例》,进一步加强了双重管理体制;同时中共中央办公厅、国务院办公厅印发《关于党政机关领导干部不兼任社会团体领导职务的通知》(中办发〔1998〕17号),要求"党政机关领导干部不兼任社会团体领导职务",着力推进政府职能转变,实行政社分开,发挥社会团体应有的社会中介组织作用。而这时广东经济快速发展的同时也带来了一系列的社会问题,单靠政府的力量难以有效应对解决这些问题。因此,广东开始注重社会管理职能,发挥社会组织的作用。总的来说,这一时期政社分开主要可以分为两个阶段:第一是2000年以前的限制阶段,主要表现为归口登记、双重管理;第二是2000年以后肯定社会组织作用的阶段。

2000年以前,广东仍然较严格限制社会组织的发展,对社会组织的登记严格管理。1993年,广东省人民政府颁布的《广东省社会团体登记管理实施细则》(粤府〔1993〕105号)规定,"筹备成立社会团体,须先经业务主管部门许可。申请成立社会团体,应由业务主管部门审查同意后,向登记管理机关申请登记",在民办非企业单位、基金会登记管理上同样实行双重登记管理体制。1998年5月,《中共广东省委宣传部、广东省民政厅关于重新明确省属社会科学、文化艺术社会团体的业务主管部门职责分工及委托管理的通知》(粤民社〔1998〕11号)规定:被委托单位

---

① 参见许铭桂《我国事业单位改革历程回顾与分析》,载《人事天地》2013年第2期。

第三章 转变政府职能：塑造有限政府

对社会团体履行业务主管部门的职责和权力，对社会团体的申请登记、思想政治工作、党的建设、财务活动、人事管理、召开研讨会和对外交往等重要活动安排、接受资助等事项负有领导责任。同时，对社会团体、民办非企业单位和基金会的设立、业务主管单位、管理办法做出了一系列规定。例如，共青团广东省委、广东省民政厅转发《关于全国性青年社会团体有关问题的通知》的通知（团粤字〔1998〕57号）、《广东省民办社会福利机构管理办法》（广东省人民政府令第37号）、广东省民政厅转发民政部关于《印发社会团体设立专项基金管理机构暂行规定》的通知（粤民社〔1999〕137号）等。

进入21世纪以后，广东省逐步肯定社会组织的积极作用，并积极探索发挥其作用的途径，政社分开有了较大的进展：

首先，广东省政府对社会组织进行了整顿规范工作。2000年2月，省政府转发省体改委《关于整顿规范我省中介机构的意见》（粤府办〔2000〕3号），开始推进整顿规范中介机构的工作。整顿规范的范围主要是对社会主义市场经济构建和发展有重大影响的中介机构，包括会计（审计）师事务所、资产评估机构、土地估价机构、房地产评估机构、房地产经纪咨询机构、税务代理机构、专利代表机构、律师事务所、职业（人才、劳动力）介绍机构和质量认证咨询机构。此次改革的内容包括五大部分：一是清理整顿，清理、取缔非法中介机构，对中介机构的准入条件进行重新审定，对其执业人员进行清理，并对中介机构及其执业人员的行为、中介机构的财务收支和会计账目进行清理整顿；二是脱钩，凡是挂靠政府部门和事业单位或由其兴办的中介机构，必须在编制、人员、财务、职能、名称、场所等方面与挂办单位彻底脱钩；三是改制，凡列入脱钩范围的中介机构同时实行改制，通过改制积极推动中介机构联合与重组；四是加强政府监管、规范政府行为，切断政府部门与中介机构的行政隶属关系和经济纽带关系；五是加强行业协会自律管理，使中介机构逐步走上法制化、规范化道路。

其次，积极探索发挥社会组织作用的方法，并规范社会组织的运作。引导和鼓励社会力量参与社会事业的发展，如教育、文化、卫生、体育和社区服务等。广州部分社会服务机构开始社会工作实践探索，如广州市荔湾区逢源街道为满足居民对社区服务的需求,与邻舍辅导会合作开展社工服务;广州市老人院与香港圣公会合作,引入专业社工推行院舍老年人社工服务;部分公益服务类社会组织如广州基督教青年会(广州YMCA)等也尝试引入社工积累实践经验。① 此外,广东制定和出台了规范社会组织管理的规定。如广东省民政厅《关于重新确认我省社会团体业务主管单位的通知》(粤民民〔2001〕3号)明确了社会团体业务主管单位的职能涵盖范围和管理职责,规定:社会团体业务主管单位的职能应能涵盖所属社会团体的业务范围,并能够对主管的社会团体进行业务指导;各业务主管单位必须对其所主管社会团体负责,按照中共中央、国务院文件和有关法规的规定切实履行管理职责;各业务主管单位应建立相应的管理机构,选派政治强、作风正、素质好的同志具体从事社团管理工作;原业务主管单位对其所主管社会团体在未与新的业务主管单位办理交接之前,必须负责到底,决不能撒手不管;社会团体业务主管单位的六项管理职责之一是监督、指导社会团体遵守宪法、法律、法规和国家政策,依据其章程开展活动。2002年4月,广东省民政厅转发民政部《关于全国性社会团体异地设立分支(代表)机构问题的通知》(粤民民〔2002〕28号),规定社会团体申请设立分支(代表)机构时,分支(代表)机构住所与社会团体住所不在一地的,需提交拟设在地社团登记管理机关意见。

　　这一时期,政府与社会已经开始分离。20世纪90年代后的社会主义市场经济体制改革和与之相适应的政府机构改革等,促使政府从许多直接管理领域(如经济领域和基层乡村领域)中退出,加速转变政府职能。但政府退出后,不能留下管理真空,这些领域也必须有公共秩序和必要的社会治理。② 这时候政府的社会管理职能开始显现,开始探索社会管理体制创新。因此,广东省在经济快速发展的情况下,对社会组织的管理从原先的单一限制策略转变为肯定社会组织的作用,规范、引导和鼓励社会组织的发展。

---

① 参见广东省民政厅《广东省社会工作十年发展报告》,见民政部网站(http://mzzt.mca.gov.cn/article/sggzzsn/jlcl/201611/20161100887284.shtml)。
② 参见李莉《关于中国社会管理体制改革的几个基本问题的认识》,载《学习与实践》2011年第5期。

第三章 转变政府职能：塑造有限政府

第三节 强化公共服务和社会管理职能，建设责任政府（2003—2012年）

21世纪初，中国对市场经济体制下政府职能的认识趋于明朗，明确提出政府的四项基本职能是"经济调节、市场监管、社会管理和公共服务"。一方面，在中国加入世贸组织的情况下，与国际接轨，政府加强了宏观调控，在市场监管方面亦有所突破。另一方面，政府更加注重强化公共服务和社会管理职能，"建设服务型政府"成为这一阶段政府职能转变的重要目标。党的十七大以后的5年里，以保障和改善民生为重点的社会建设和社会管理创新，与以公共服务为政府主要职能的服务型政府建设相互呼应，使政府职能转变进入了崭新的历史时期。广东作为改革的试验田，在进一步转变政府职能，建设有限型、责任型、服务型政府方面展开了新一轮的探索。该时期，广东省政府职能履行的重心开始由经济职能逐步转到经济职能与社会职能并重上来，而且更加突出和强化政府社会管理和公共服务职能的履行。具体而言，一方面，继续调整政府与市场、政府与社会的关系，通过进一步推进政企分开、政社分开和政事分开，将政府不该管的事情放手给市场与社会，以更多精力来管政府应该管好的事情。另一方面，完善社会管理和公共服务，保障和发展民生，创新公共服务和社会管理方式，促进惠及全民的基本公共服务体系，建设服务型政府。

一、国有资产管理体制改革，构建科学发展的宏观调控体系

2001年12月11日，中国正式加入WTO（世界贸易组织），成为第143个世贸组织成员，中国的对外开放由此进入新阶段，也对透明性、法制化的政府提出了更高的要求。为进一步理顺政府与企业的关系，实现政企分开，我国的国有企业改革由过去的让利放权、扩大企业自主权阶段转变为进一步建立并完善国有资产管理体制的新阶段。2009年5月，《中华人民共和国企业国有资产法》（主席令第11届第5号）开始施行，此法标志着出资人主导下国有资产管理体制的建立。由国资委、国有控股公司和

国有企业组成的国有资产管理体制，充分体现了实现政府、资产、企业三分开的目标：将政府的国有资产所有者与社会管理者的职能分开，将国有资产的运作职能与政府对国有企业行使的行政管理职能分开，将国有资产运营职能与国有企业生产经营职能分开。同时也体现了由"国家统一所有，地方分级管理"转向"由国家统一所有，但由地方分级履行产权"的国有资产监管模式。在这一阶段，转变政府职能就是要通过进一步建立并完善国有资产管理体制，使政府各部门不再以行政命令等手段直接干预企业的经营活动。

为适应加入世贸新形势，加快转变政府职能，正确处理政府与市场的关系，广东省人民政府坚持以科学发展为指导、以深化国有企业改革为主线，进一步推进政企分开，加强政府经济调节和市场监管的职能。

一方面，在国有资产管理体制改革方面，广东成为理论与实践并行的领头羊，不仅出台了在当时被认为最完整、最成熟、政策操作性最强的指导广东新一轮国企改革的纲领性文件，成为国企改革的先导，而且还探索出以深圳为代表的新的国资管理体制改革实践。

2003年，广东省下发了一系列促进国有资产管理体制改革的文件，包括《转发省经贸委关于分离省属国有企业办社会职能的意见的通知》（粤府办〔2003〕52号）、《转发省经贸委关于推进省属国有企业改制的意见的通知》（粤府办〔2003〕67号）、《关于国有集体资产进入产权交易市场规范交易行为的通知》（粤府〔2003〕75号），促进了国企改革的提速，例如，健全了省级国有资产监督管理机构；省属企业集团二次重组实施，实行对授权经营公司、二级公司和三级企业联动改革，发展龙头企业取得实效；一批国有劣势企业平稳退出市场，放开搞活国有中小企业步伐加快。2004年，广东省国资委正式挂牌成立，对监管企业实行"权利、义务和责任相统一，管资产和管人、管事相结合"。2005年10月，发布《中共广东省委广东省人民政府关于深化国有企业改革的决定》（粤发〔2005〕15号），全文分为四大方面、八个部分共28条，也被称为广东国企改革"28条"，受到国务院国资委有关高层高度评价。该决定指出，广东省的国企改革还存在国有经济布局不合理、产权制度改革不深入、法人治理结构不完善、国有资产管理体制不健全等问题，并从改革思路、改革

第三章　转变政府职能：塑造有限政府

目标、改革重点、改革配套政策等方面，清晰勾勒出新一轮国企改革和发展的体系：要深化国有企业改革的指导思想、原则和主要目标，加快推进国有经济结构的战略性调整，进一步深化产权多元化改革，以保障出资人合法权益为目标，完善公司法人治理结构，以完善企业激励机制为重点加强企业管理，加大国有企业改革的政策支持力度，加强对深化国有企业改造工作的领导。在实践方面，深圳市在全国率先按照三个层次的框架建立起新的国资管理体制。党的十六大之后，深圳在2004年建立了深圳市国有资产监督管理委员会。一是将原市国有资产监督管理办公室（以下简称"国资办"）、经济体制改革办公室（以下简称"体改办"）、企业改革与发展办公室（以下简称"企改办"）、市委组织部、劳动局、财政局、集体办和农林局涉及国有资产监管和集体经济宏观管理的职能统一纳入新的国资委，其特点是实现了从单纯行使监管职能的行政机构向以出资人职能为核心的政府特设机构的转变，做到管资产与管人、管事相结合，权利、义务和责任相统一；二是对经营性国有资产和行政事业性国有资产实行统一管理，把行政事业性国有资产也交给国资委监管，这在全国是一个全新的尝试；三是撤销了三家市属资产经营公司，由市国资委统一行使出资人职能，实现从三个层次向两个层次的体制转变。新的国资监管机构成立后，一手狠抓制度建设，强化监督力度，努力提高国有资产监管水平；一手抓国有企业深化改革，特别是产权制度改革，坚决排除阻力和干扰，各项改革措施得到了继续推进。

另一方面，卓有成效的国有资产管理体制改革将政府对整个国民经济的宏观调控职能与国有资产具体的经营活动分离开来，构建了科学的宏观调控体系。2008年6月，《广东省人民政府办公厅转发省发展改革委关于2008年经济体制改革意见的通知》（粤府办〔2008〕32号）指出要进一步转变政府职能，深化国有企业改革，促进多种经济成分融合发展。而转变政府职能，从政府本身看，就是要以经济手段和法律手段为主，对整个国民经济进行间接的宏观调控。① 广东通过加强立法、行政审批改革、优

---

① 参见游联璞《转变政府职能，实行以间接手段为主的宏观经济调控》，载《理论与改革》1994年第1期。

化投资环境等一系列措施来为社会主义市场经济的加快发展完善提供有力保障。一是全面推进依法行政，规范行政行为，落实行政执法责任制，提高政府的行政效率和服务水平。早在 2002 年广东省政府的工作报告就提出，要建立与世贸组织规则相适应的地方性法规规章体系。按照世贸组织规则和我国的承诺，加快地方性法规规章的清理、修订和政策调整，制定和完善规范、公平、公开、公正的市场规则。2012 年 6 月，省政府办公厅转发省发展改革委《2012 年全省经济体制改革工作要点》，提出深化投资体制改革、推进财政体制改革、加快金融改革创新、健全现代市场体系、加强市场监管体系建设、推动社会信用体系建设、深化国企改革等 20 项经济体制改革工作。① 同年 12 月，广东省机构编制委员会办公室（以下简称"省编委"）出台《关于推进公共资源交易体制改革的指导意见》（粤机编〔2012〕27 号），构建"政府引导、市场运作、规范透明、监管有力"的公共资源交易平台。二是深入开展行政审批制度改革，进一步精简审批事项，简化审批程序，做到依法、公开、规范。2012 年，国务院批复同意广东"十二五"时期行政审批制度改革先行先试，经全国人大常委会审议通过及国务院批准，在广东行政区域内调整中央设定的 125 项行政审批事项。2012 年 7 月至 11 月，省委、省政府先后出台《关于加快转变政府职能深化行政审批制度改革的意见》（粤办发〔2012〕24 号）、《广东省"十二五"时期深化行政审批制度改革先行先试方案》（粤府办〔2012〕118 号）、《广东省行政审批事项目录管理办法》（粤府令〔2012〕第 176 号），省编委出台《关于加强对行政审批制度改革调整事项监管的意见》（粤机编〔2012〕23 号）和《政府向社会转移职能工作方案》（粤机编〔2012〕22 号）等一批整体规划和进一步规范审批及加强后续监管的制度文件。2012 年年底，全省各地级以上市及顺德区、91 个县（市、区）出台了相应的改革方案。深圳、珠海、东莞、惠州、肇庆、清远、揭阳、顺德等地率先开展商事登记（企业登记审批）制度改革试点，缩短出证时间，新登记市场主体出现较大增长，成效明显。②

---

① 参见广东年鉴编纂委员会《广东年鉴（2013）》，广东年鉴社 2013 年版，第 138 页。
② 参见广东年鉴编纂委员会《广东年鉴（2013）》，广东年鉴社 2013 年版，第 128 页。

二、事业单位分类改革试点,加强政府宏观管理和行业管理

这一阶段改革的重点是逐步强化事业单位公益性,推进事业单位分类改革。党的十六大报告提出,要坚持按照政事分开的原则,对事业单位管理体制进行改革,加快对事业单位的分类改革。2004年党的十六届四中全会、2005年党的十六届五中全会进一步提出"加快推进事业单位分类改革"。2006年,中央机构编制委员会办公室制定了《关于事业单位分类及相关改革的试点方案(征求意见稿)》,提出事业单位分类及分类改革意见并选择浙江、山西、广东、重庆等省市开展改革试点工作,此后事业单位分类改革渐次推进,但总的来看进展缓慢。2007年党的十七届二中全会《关于深化行政管理体制改革的意见》明确提出:"按照政事分开、事企分开和管办分离的原则,对现有事业单位分三类进行改革。"2008年8月中央编办印发《关于事业单位分类试点的意见》(中央编办函〔2008〕第45号)。2011年,中共中央、国务院下发《关于分类推进事业单位改革的指导意见》(中发〔2011〕5号),对事业单位分类改革进行总体部署。至此,事业单位改革的顶层设计已基本完成,分类推进事业单位改革工作全面展开。

广东省作为开展事业单位改革试点最早的省份之一,在推进事业单位社会化和分类改革方面的经验,对于全国来说有前沿意义和示范作用。在此期间,在中央政策的指导下,广东省根据自身情况在一些领域和地区拟订相关分类的事业单位改革方案,将改革的路径转到了先对事业单位进行功能定位再进行结构化改革上来,即以是否生产公共物品(服务)或准公共物品(服务)这一功能定位来划分现有事业单位类型,并进而针对不同类型的事业单位采取不同的管理模式。通过事业单位分类改革和事业单位法人治理结构改革,可以进一步厘清政府机关与事业单位之间的职能边界,将政府职能中对于事业单位微观管理的职能还给事业单位,将事业单位承担的政策制定和监管的职能还给政府,按照各自职能定位履职尽责。[①]

---

① 参见柳学智《事业单位改革与社会事业发展》,载《光明日报》2015年1月26日,第11版。

2006年，国家确定广东省为事业单位改革试点省，中共广东省委第九届第九次全会要求积极稳妥推进事业单位改革试点工作。结合国家的工作部署，广东省在政策层面上发布了一系列规范文件，具体见表3-1。

表3-1 广东省事业单位分类改革重要文件

颁发时间	文件名称	标志意义
2007年	《广东省事业单位分类改革试点指导意见》（粤机编〔2007〕5号）和《广东省省直事业单位模拟分类目录》（粤机编〔2007〕1104号）	改革提出合理界定事业单位的范围和类别，加强政府对社会参与公益事业的引导，强化政府对事业单位的监督管理
2008年	《广东省事业单位分类改革实施意见（征求意见稿）》	初步提出分类改革的实施方案，并就该方案向政府各部门和社会征求意见
2010年	《广东省事业单位分类改革的意见》（粤发〔2010〕6号）、《关于推进我省事业单位法人治理结构试点工作的指导意见》（粤机编〔2011〕16号）	对事业单位分类改革以及事业单位法人治理结构改革做出了规定

资料来源：笔者根据政府网站和新闻报道整理而成。

在改革实践中，广东根据事业单位的社会功能，将事业单位分为行政类、经营服务类和公益类，其中公益类事业单位又进一步细分为公益一类、公益二类和公益三类三个类别（见表3-2）。公益一类不得从事经营活动，由财政全额拨款；公益二类的部分经费由政府资助，部分通过依法经营获得；公益三类则基本由市场配置资源，政府采取购买服务的方式给予相应支持。值得一提的是，广东把公益事业单位分成三类，比国家指导意见多出一项"公益三类"，这是在遵循国家部署的同时又有所创新。

第三章 转变政府职能：塑造有限政府

表 3-2 广东省事业单位分类改革中划分的类别

分类		职 责	改革方向
行政类		承担行政职能的事业单位，有法律法规授权	职能归位，调整机构
经营服务类		完全由市场进行资源配置，如招待所、一些报纸杂志等	原则上逐步转为企业
公益类	公益一类	公益一类是以义务教育机构、公共卫生机构为代表的从事关系国家安全、公共安全、公共教育、公共文化、公共卫生、经济社会秩序和公民基本社会权利的公益服务，不能或不宜由市场配置资源的事业单位。不开展经营活动，不收取服务费用	原则上只有这类单位继续保留在事业单位序列中
	公益二类	公益二类是以非营利医疗机构等为代表的事业单位，这类单位所需经费由财政给予不同程度补助，同时鼓励社会力量投入	
	公益三类	公益三类是提供的服务具有一定公益属性，可基本实现由市场配置资源的事业单位。这类单位实行经费自理，自主开展公益服务活动和相关经营活动	

资料来源：笔者根据政府网站和新闻报道整理而成。

同时，广东开始探索在事业单位管理中建立法人治理结构。事业单位法人治理结构，是指提供公益服务的事业单位，以依法独立运作、自我管理和承担职责，实现事业单位宗旨和职责为目标，各利益相关方共同参与治理的组织架构与运行机制等相关制度安排。2010年，广东省出台《关于推进我省事业单位法人治理结构试点工作的指导意见》（粤机编〔2011〕16号），对事业单位法人治理结构改革做出了规定："坚持试点先行，取得经验后逐步推开。省直和广州、深圳、珠海、佛山等市要加大试点范围和力度，2010年确定的17家试点单位应在2012年3月底前完成有关试点工作。"法人治理结构突破了传统事业单位的管理方式和运作模式，是转变政府职能、创新体制机制的重要内容和实现管办分离的重要途径。一方面，通过淡化事业单位与政府部门的行政隶属关系来逐步打破事业单位的体制束缚；另一方面，以吸纳社会精英和服务对象组成理事会的方式对事业单位进行有效监管。

以深圳市为例，2005年10月，深圳市成立事业单位改革领导小组。2006年7月，深圳市委、市政府全面启动事业单位分类改革。改革按照政事分开、事企分开的原则和立足现状、着眼规范的要求，将市属事业单位划分为经营服务类、监督管理类和公益类。按照不同类别的特点，采取不同的改革和管理方式，原则上监督管理类和经营服务类从事业单位中分离出去，分别转归行政管理序列和改制为企业，公益类予以保留，并将改革后的事业单位定位为从事公共服务并相对独立于政府和企业之外的非营利组织。通过改革，深圳市517家市属事业单位中有28家纳入行政管理序列，涉及编制625名，实有在编654人；124家事业单位转为企业和264家党政机关事业单位所办企业划转国资委管理，涉及编制7253名；27家市属事业单位被撤销，涉及编制338名；只有338家事业单位被保留，占原有事业单位数量的65%，实际在编22671人，比原有的编制人数减少了21%。① 为确保事业单位转企平稳过渡，并使转企后政府管理和公共服务工作不受影响，改革政策明确转企单位在3年过渡期内三个"基本不变"：一是除了社会管理职能，原由主管部门委托承担的业务继续保留；二是原使用的办公用房继续免费或按原租赁价格使用；三是原属财政拨款的事业单位，财政按3年逐年递减的方式继续给予补贴。继续实施财政对公益事业的扶持政策，原有公共设施管理、社团组织等公益性事业，在转企或收回编制后，政府主要采取购买服务的方式加以支持。在慎重考虑与国家政策及深圳原有政策相衔接的基础上，明确转企和分流人员的有关政策保障，确保转企单位职工不下岗，对事业单位撤销、整合或编制核减涉及的在编人员进行了妥善安置。此外，市纪委、市委组织部、市财政局等部门

---

① 参见查竞春《深圳市全面深化事业单位改革的做法与启示》，载《宏观经济研究》2006年第12期。

第三章 转变政府职能：塑造有限政府

也加强了对改革的组织保障和监督检查工作。①

深圳市在 2006 年开始推进事业单位分类改革，并于 2007 年基本完成，紧接着就出台了《建立和完善事业单位法人治理结构实施意见》，开展了事业单位法人治理试点工作。作为广东省乃至全国推进事业单位法人治理结构的重要试点城市，深圳市于 2007 年选取了首批 10 家"适宜组建理事会的事业单位"进行建立法人治理结构试点，包括：深圳实验学校、北京大学深圳医院、深圳市公园管理中心（筹）、深圳市救助管理站、深圳市高技能人才公共实训管理服务中心、深圳市建设工程交易服务中心、深圳市规划国土房产信息中心、深圳市西丽水库管理处、深圳图书馆、深圳市标准技术研究院。直到 2009 年 3 月 27 日，深圳市高技能人才公共实训管理服务中心（以下简称"深圳市高训中心"）理事会成立，成为首家试点法人治理结构的事业单位；2010 年 9 月 2 日，深圳市西丽水库管理处理事会挂牌成立，成为深圳市第二家正式成立理事会的事业单位；随后，深圳图书馆于 2010 年 12 月组建理事会，深圳市标准技术研究院于 2011 年 9 月组建理事会。至 2012 年 8 月，深圳市共有 4 家事业单位组建了理事会，初步建立起法人治理结构。然而，这 4 家事业单位法人治理结构在运作中却形态各异，有政事明显分开的，也有政事依然界分不清的。②

从深圳市改革过程可知，深圳市作为最早进行事业单位改革试点的城市之一，其理性化阶段的改革路径是先通过分类改革进行事业单位功能调整，然后探索改革后保留下来的事业单位如何建立权责明晰的组织管理体制并逐渐集中到法人治理结构这一制度安排上，在某种程度上，广东省甚至国家层面的改革路径参照了深圳市的实践。

三、双重管理体制改革，提高政府社会管理和公共服务效能

进入 21 世纪后，随着市场经济的发展、公众公共服务需求的大幅度

---

① 参见《广东改革开放纪事》编纂委员会《广东改革开放纪事 1978—2008（上）》，南方日报出版社 2008 年版，第 361 页。

② 参见吴海燕《政事分开的法人治理结构研究：交易费用理论的视角》（学位论文），中山大学 2012 年。

提升以及科学发展观与建设和谐社会的提出,"政社分开"有了进一步的发展,如何发挥社会组织在社会治理和公共服务中的作用被再次提了出来,政府目标及运作方式也由此发生了变化。从目标上讲,政府更加注重提高社会管理和公共服务的效能,这导致了政府运作方式的转变,即利用市场机制和社会化(例如购买公共服务)的方式来提供服务。2004年,党的十六届四中全会最早提出"构建社会主义和谐社会""社会建设"和"社会管理"等提法。早期的社会管理体制改革只涉及社会组织中的行业协会组织,直到2007年才正式涉及社会团体的改革,标志着社会组织的"政社分离"真正步入实质性和全方位的改革阶段。[①] 2011年发布的"十二五"规划指出,要加强社会组织建设,坚持培育发展和管理监督并重,推动社会组织健康有序发展,发挥其提供服务、反映诉求、规范行为的作用。可见,党和国家日益重视社会组织在参与社会管理、提供公共服务方面的作用,这为社会组织发展提供了相对宽松的政治空间和更为广泛的社会基础。

作为全国最早实行改革开放的地区,广东省的各类行业协会、商会成立得早、发展得快。为了适应社会经济的发展,促进行业协会的发展,进一步发挥行业协会、商会的作用,广东省以行业协会的管理体制改革为出发点,探索社会组织管理体制的综合改革,为社会组织发展创造制度空间。这一时期政府职能转变的特点主要体现在给社会组织松绑、转移政府职能并建立购买服务机制和开始实现公共服务均等化三个方面。

首先,是登记制度中的"松绑政策",广东省率先全面突破双重管理体制的束缚。在深圳市、广州市社会组织管理探索的基础上,广东省对双重管理体制进行了突破性改革。以行业协会管理为例,从2006年开始,率先取消了业务主管单位,统一由民政部门行使对行业协会的登记和管理。广东在协会组织管理改革中实行的五自(自愿发起、自选会长、自筹资金、自聘人员、自主会务)和四无(无行政级别、无官方编制、无业务主管部门、无现职国家工作人员兼职),实现了与民间组织性质的真正对接。2012年4月,《关于进一步培育发展和规范社会组织的方案》(粤发

---

① 参见王栋《政社分开:善制与善治的双重进路》,载《行政论坛》2016年第3期。

〔2012〕7号）明确提出，除法律法规规定需要前置审批的以外，从2012年7月1日起，社会组织的业务主管单位均改为业务指导单位，社会组织可以直接到民政部门申请登记成立。"业务主管单位"改为"业务指导单位"，弱化了业务主管单位对行业协会的控制，意味着广东将逐步由双重管理体制转变为"准一元"管理模式，解决了原来因找不到业务主管单位而无法登记的问题。

其次，积极转移政府职能和建立购买服务机制。2008年9月28日，中共广东省委办公厅、广东省人民政府办公厅发布《关于发展和规范我省社会组织的意见》（粤办发〔2008〕13号），将社会组织进行了分类，明确要求政府各部门将社会组织能够承担的3大类17项职能转移出去，强调建立政府购买服务制度。2009年，广东省民政厅颁布了《广东省民政厅关于社会组织评估管理的暂行办法》（粤民民〔2009〕12号），对于社会组织做了等级规定，政府向社会组织转移职能是有条件的，3A及以上的社会组织才具有接受政府职能转移、承接政府购买服务和享受公益性捐赠税前扣除优惠政策，以及开展评比、达标、表彰活动的资格。2011年7月1日，中共广东省委、广东省人民政府发布《关于加强社会建设的决定》（粤发〔2011〕17号），指出要"推进政社分开、管办分离，鼓励各种社会组织参与公共服务；围绕城乡居民基本生活服务需求，引导社会组织提供多层次、多样化社会公益服务；推行政府向社会组织购买公益服务项目，支持社会组织为居民提供养老助残、慈善帮困、就业援助、教育培训、科技文体和法律咨询等服务"。与社会建设的要求和政治体制改革的要求相比，社会组织发挥作用的空间需要加大，社会组织的数量还需增加，为此，广东制定发布了《关于加强社会组织管理的实施意见》（粤办发〔2011〕22号）、《关于深化社会组织体制改革工作方案》等文件，扶持社会组织发展，推动社会组织改革，促进社会组织的功能发挥。2012年5月24日，广东省人民政府办公厅《印发政府向社会组织购买服务暂行办法的通知》（粤府办〔2012〕48号）指出："通过开展政府向社会组织购买服务，培育和发展社会组织，支持社会组织承接政府职能转移，进一步推进转变政府职能和提高行政效能，为加快转型升级、建设幸福广东做出贡献"，提出了政府向社会组织购买服务的权责明确、竞争择优和注重绩效原则。2012年11月6日,广东省机构编制委员会发布了《广东省机构编制委员会印发政府向社会转移职能工作方案的通知》(粤机编〔2012〕22号),对政府职能转移内容和分类做了说明,对于承接政府职能转移的社会组织条件也提出了要求。

同时,广东省努力将以民生为重点的社会建设,特别是推进基本公共服务均等化,与基层的社会管理体制转型协调推进,创造了不少基层治理机制创新的新经验。2010年起,广东省对各级地级市以上人民政府每年度的基本公共服务均等化工作的完成情况进行绩效考评。2011年惠州市制定了基本公共服务均等化绩效考评工作方案,通过加强对履行公共服务职责的检测、评价和问责机制,将基本公共服务均等化指标纳入政府部门工作目标责任制考核,纳入领导干部政绩考核体系,通过监管、考核、评估,促使基本公共服务的制度和政策落实。[①] 在社区治理方面,针对经济主体多元、利益诉求多样、社会矛盾增多、管理难度加大和群体事件时有发生的情况,广东省许多基层单位和社区都努力以实现维护和发展群众的根本利益为着眼点,构筑新的社区治理模式。如深圳宝安西郊的"桃源居模式",通过培育社会资本,将发展社区公益组织的公益服务与企业的商业融为一体,构建了完善的社区服务体系,形成了社区党委、社区居委会、社区工作站、业主委员会、社区公益中心、物业公司"六位一体"的共建共享机制。

第四节 推进政府治理现代化,构建科学的职能体系(2013年至今)

2012年年底至2013年年初,中央领导层实现了新老交替,以习近平同志为核心的党中央统筹推进"五位一体"总体布局,协调推进"四个全面"战略布局,以完善和发展中国特色社会主义制度,推进国家治理体

---

① 参见南方日报社编著《治理创新:广东的实践与探索》,南方日报出版社2012年版,第62~63页。

第三章 转变政府职能：塑造有限政府

系和治理能力现代化为总体目标，全面深化改革。在此背景下，党中央和国务院对政府职能转变做出了全局性、系统性、科学性、综合性和整体性的部署。2013年3月公布的《国务院机构改革和职能转变方案》打出机构改革与职能转变同步进行的"组合拳"，全面深化服务型政府建设。紧接着，在全国范围内大力推进"放管服"改革，即简政放权，放管结合，优化服务，减少政府对市场和社会的不必要干预，发挥市场在资源配置中的决定性作用和更好发挥政府的作用，同时还权于社会，健全社会治理体制。2018年3月，《中共中央关于深化党和国家机构改革的决定》公布，提出"转变政府职能，加强和完善政府经济调节、市场监管、社会管理、公共服务、生态环境保护职能，调整优化政府机构职能，全面提高政府效能"，可见，本轮政府机构改革更加突出转变政府职能，构建适应国家治理体系和治理能力现代化的科学的政府职能体系。

此阶段，广东加快简政放权，制定权责清单，调整政府部门职能，并且建立专门的政府转变协调小组，以便更好地推进政府职能转变。同时，注重公共服务提供质量，深入推进基本公共服务均等化，推进商事制度改革、收费清理改革、科教文卫体改革等，使政府职能不断优化，深入"放管服"改革，竭力打造有限政府、有效政府。

一、混合所有制改革，加强政府市场监管职能

改革开放以来，国有企业不断深化改革，在扩大企业自主权、建立现代企业制度、改革国有资产管理体制等方面取得了较大的成效，国有企业在总体上已经同市场经济相融合，运行质量和效益明显提升。但改革中还存在一些亟待解决的问题，如政府职能转变仍然滞后，政企、政资关系仍未完全理顺，大多数国有企业只是在形式上进行了公司制改造，建立了法人治理结构，但并不完善，企业内部机制能否真正转换、完善法人治理结构能否形成，关键还在于政府改革的深化。[①] 2013年11月12日，党的十八届三中全会审议通过的《中共中央关于全面深化改革若干重大问题的决定》指出，要进一步深化国有企业改革，进一步破除各种形式的行政垄

---

① 参见黄挺《改革思行录》，红旗出版社2008年版，第243页。

断。完善国有资产管理体制,改革国有资本授权经营体制,组建若干国有资本运营公司,支持有条件的国有企业改组为国有资本投资公司,并发展混合所有制经济。新一轮国企改革的重点在于实现以国企功能为导向的混合所有制改革。

在全面深化改革的大背景下,广东省根据党的十八届三中全会精神,在推进国企改革和政府职能转变上先行一步。一方面,通过发展混合所有制经济、国企分类改革和建立清单管理监管机制等措施来进一步深化国有企业改革;另一方面,探索"三单管理模式",科学划定政府与企业的权责边界,进一步界定了政府的职能边界,确定政府该做什么不该做什么,其中顺德、南海等地的"三个清单"制度最具有代表性。

在深化国有企业改革方面,广东省的改革重点体现在以下三个方面:

第一,以推动混合所有制经济的发展为重点。2014年8月18日,《中共广东省委广东省人民政府关于全面深化国有企业改革的意见》(粤发〔2014〕15号)颁布,内容涵盖了积极发展混合所有制经济、推动国有资产优化配置、加快建设现代企业制度、完善国有资产监管体制和加强组织领导五个方面。其中,积极发展混合所有制经济是此轮广东国企改革、提升国有资本控制力和影响力的重要抓手。为此,广东省国资委出台了《关于规范省属企业发展混合所有制经济的意见》(粤国资函〔2014〕445号),提出进一步深化省属企业改革,开展国资与民资对接,规范产权流转,加快发展混合所有制经济。在新一轮国资改革浪潮中,广东国资改革的表现可圈可点,赢得了市场的关注和认同。广东省国资在混合所有制改革方面,挂牌交易总数也列全国第一,交易量则为全国第二。

第二,分类改革走在前面,先于国务院国资委提出分类改革的概念。2015年,中共中央、国务院印发了《关于深化国有企业改革的指导意见》(中发〔2015〕22号),国资委、财政部、发改委三部委联合对外发布《关于国有企业功能界定与分类的指导意见》(国资发研究〔2015〕170号),两份文件都为国有企业的分类改革指明了方向。而早在2014年,广东省便明确国企分类改革与发展,将国有企业分成"竞争性"和"准公共性"两大类进行分类发展和监管,并在省委、省政府的文件中予以明确(见表3-3),在全国引起了较大反响。按照广东的思路,对属于竞争性的国有企业,将其转变为完全的市场主体,与其他类型企业公平参与市场竞争,同时推动竞争类国有资本的证券化、市场化和公众化。对于准公共性的国有企业,重点强化其公共服务功能,提升服务效率和质量,实现持续发展与服务社会的双重目标。

表3-3 广东省国企分类改革与发展历程

颁布时间	文件名称	改革内容
2014年6月13日	《广东省人民政府转发国务院批转发展改革委关于2014年深化经济体制改革重点任务意见的通知》(粤府〔2014〕33号)	深化国有企业改革,深入研究和准确定位国有企业的功能性质,区分提供公益性产品或服务、自然垄断环节、一般竞争性行业等类型,完善国有企业分类考核办法
2014年8月18日	《中共广东省委广东省人民政府关于全面深化国有企业改革的意见》(粤发〔2014〕15号)	将国有企业分为商业类和公益类,并实行分类改革、分类发展、分类监管、分类定责、分类考核,推动国有企业同市场经济深入融合
2014年11月7日	《关于深化省属国有企业改革的实施方案》(粤府办〔2014〕60号)	确立了按企业管理级次和功能定位,分类推进改革的总体思路

资料来源:笔者根据政府门户网站资料及新闻报道整理而成。

第三,建立清单管理监管机制,推进国有资产监管机构的职能转变。《中共广东省委广东省人民政府关于全面深化国有企业改革的意见》(粤发〔2014〕15号)指出,国有资产监管机构要准确把握依法履行出资人职责的定位,科学界定国有资产出资人监管的边界,建立监管权力清单和责任清单,实现从以管企业为主向以管资本为主的转变。广东省创新国有资产监管机制,制定了"监管、报备、奖惩"三个清单,科学划定了国资监管机构与国有企业权责边界，既有利于加强政府监管，又有利于增强企业活力。

在探索"三单管理模式"方面，广东省实行准入负面清单、行政审批清单、政府监管清单"三张清单"管理企业投资项目，实现了由"事前审批"向"事中事后监管"的重要转变。例如，佛山市顺德区从2013年起，陆续对外公布了权力清单、责任清单和服务清单，通过梳理政府的行政审批权力、明确政府各部门分工和整合各级政府、职能部门在产业指导方面的政策三种方式，明确了政府的权责，不断提升行政效能和效率，转变政府职能（见表3-4）。

表3-4 顺德区的三单管理模式

三个清单	文件名称	公布时间	主要内容
权力清单	《企业经营审批事项目录汇编》（顺府发〔2013〕30号）	2013年11月14日	这份文件包含了18类行业、248项企业经营许可审批事项，一次性告知企业，进入市场取得相关行业经营资格需要办理的审批许可事项，在哪一级什么部门办、电话等信息一应俱全。是政府的权力清单，也是企业的负面清单
责任清单	《顺德区企业经营行业监管分工目录》	2014年2月19日	这份与"审批"相对应的目录，明确了各类企业的监管部门和行业主管部门，成为企业生产经营明确的"监管清单"，也是政府各部门的"责任清单"
服务清单	《企业投资经营指导目录汇编》	2014年10月	整合各级政府、职能部门在产业指导方面的政策，"指导目录"解决了明明白白的问题，持续推进的注册登记改革，则瞄准了让创业者轻松"入场"

资料来源：笔者根据政府门户网站资料及新闻报道整理而成。

第三章 转变政府职能：塑造有限政府

南海区的"三单"改革经验更加引人关注，央视《新闻联播》专门做了报道。2013年12月10日，佛山市南海区发布了全省首份行政审批负面清单、准许清单和监管清单（见表3-5）。南海区的"三单"管理较好地理顺了政府与市场的关系：准许清单列明了政府职能部门的审批权限，使审批标准化、规范化，杜绝了审批自由裁量过大、审批依据不清、标准不公开等现象的发生，限定了政府权力；负面清单明确列出禁止和限制企业投资经营的行业、领域、项目等，清单以外则充分开放，减少了政府的直接管制；监管清单列明政府职能部门制定或执行的各种审批后续监管措施，加强了政府的市场监管职能。负面清单、准许清单、监管清单分别对应行政审批的事前、事中、事后，实际上实现了对权力全链条的监督。"三单"管理实质上是厘清政府、市场和企业的边界，为产业转型升级打造一个与国际接轨的法治社会和营商环境。行政权力标准化运行和全程公开监管结合，倒逼政府更加为民、务实、清廉，也倒逼政府、企业和群众改变过去"打擦边球"的现象，合力建立公平有序的市场经济体系。

表3-5 南海区的"三单"管理模式

清单 事项	负面清单	准许清单	监管清单
管理范畴	投资准入管理范畴	政府审批服务范畴	市场监管体系范畴
主要内容	明确列出禁止和限制企业投资经营的行业、领域、项目等，清单以外则充分开放	列明政府职能部门准予个人、企业或其他组织从事特定活动的项目，包括行政许可、非行政许可审批、社会服务事项以及鼓励性投资项目	列明政府职能部门各种审批后续监管措施，包括分级分类管理措施、黑名单管理措施、行政执法职权目录等

资料来源：笔者根据政府门户网站资料及新闻报道整理而成。

二、深化事业单位分类改革，重塑公共服务供给模式

经过前三个阶段的改革，事业单位改革取得了一定成效，分类改革思路已经明晰，事业单位公共服务能力与水平有较大提升。但事业单位改革与发展仍然滞后于公共服务发展的客观要求，仍然没有实现改革的既定目标。新阶段的改革目标是在清理规范基础上完成事业单位改革，构建政府主导、社会力量广泛参与的公益服务新格局，同时探索改革后保留下来的事业单位如何建立权责明晰的组织管理体制并逐渐关注于法人治理结构这一制度安排。2012年4月16日颁布的《中共中央、国务院关于分类推进事业单位改革的指导意见》（中发〔2011〕5号），对改革的重要意义、指导思想、基本原则、总体目标与主要内容等进行整体部署，强调以科学分类作为改革基础，按照社会功能将现有事业单位划分为承担行政职能、从事生产经营活动和从事公益服务三个类别（以下简称行政类、经营类、公益类），其中，公益类事业单位根据职责任务、服务对象和资源配置方式等情况细分为公益一类、公益二类。党的十八届三中全会通过了《中共中央关于全面深化改革若干重大问题的决定》，提出加快事业单位分类改革，理顺事业单位与主管部门关系、建立事业单位法人治理结构、加大政府购买公共服务力度、建立各类事业单位统一登记管理制度；同时，在教育、卫生、文化、社会保障改革与人才队伍建设等方面提出了具体要求。事业单位改革将在全面深化改革的背景下向纵深推进。

中共广东省委第十一次代表大会提出，全省要加快转变政府职能，要按照"放权、简政、服务"的要求，着力建设精简、高效、廉洁的服务型政府。因此，广东省在这一阶段推进事业单位改革时不是对事业单位简单分类、"贴标签"，而是将事业单位改革纳入行政体制改革大局中统筹谋划，与转变政府职能工作结合考虑、协调推进，有力促进政事分开和政府职能的转移。突出的做法主要有增强事业单位公益属性和创新体制机制。

首先是增强事业单位的公益属性。广东省此次推进的事业单位改革，目的在于激发事业单位活力，着力强化政府公共服务职能，从而建立更为高效的公共服务体系，以卫生、教育、文化、社会保障为突破口推进公共服务均等化。2015年7月，广东省人民政府印发《2015年推进简政放权

放管结合转变政府职能工作方案》(粤府〔2015〕69号),提出深入推进教科文卫体领域相关改革。随后,各个领域都出台了相应的改革文件或提出改革目标。2017年5月,广东省人民政府印发《广东省"十三五"深化医药卫生体制改革规划》(粤府〔2017〕55号),提出到2020年要全面完成基层医疗卫生补短板任务,覆盖城乡居民的基本医疗卫生制度进一步完善,实现人人享有基本医疗卫生服务,基本适应人民群众多层次的医疗卫生需求。

其次是创新体制机制,激发事业单位活力。一是进一步推进法人治理结构的建立和完善。2012年,广东除省直17个试点单位外,还在每个市选择2~3家、每个县选择1~2家事业单位进行试点。试点单位重点从三个方面探索增强理事会独立运作的能力:①推行理事会"三三制"构成模式,倡导理事会构成由政府方、事业单位、社会方各占1/3;②探索公开招募理事;③建立分工明确的理事工作机构。2014年,根据党的十八届三中全会精神,广东省新增市县公共图书馆、博物馆、文化馆、科技馆进行试点。截至2015年,全省选择了近350家事业单位进行试点,覆盖教育、科技、文化、卫生、就业等领域,营造了全省上下谋划、参与、推动改革的良好氛围。二是推行法定机构试点工作。法定机构试点是广东省在中国香港、新加坡经验的基础上,从深层次上解决制约事业单位发展体制机制问题而做出的有益探索。法定机构的特点是政府把部分的公共服务职能和社会管理职能通过法律授予法定机构,其按照市场化、企业化的原则进行运作,不断提高效率和服务水准。① 2011年7月2日,广东省编办出台了《关于在部分省属事业单位和广州、深圳、珠海开展法定机构试点工作的指导意见》(粤机编〔2011〕20号),法定机构试点工作便在广东省全面展开。从2012年到2013年,顺德区政府根据广东省改革指导意见和自身发展的实际需要,先后成立了五家法定机构(见表3-6),成为全国县区一级行政区域的首创。顺德区的法定机构是根据区人大常委会审议通过的规范性文件设立,依法履行公共管理和服务职能,参照事业单位登

---

① 参见易丽丽《我国事业单位分类改革的困境与建议——基于广东省事业单位改革创新做法的思考》,载《行政管理改革》2012年第2期。

记取得独立法人资格,不列入行政机构序列的一种公共机构。据此,顺德区设立的这五个法定机构成为承接政府职能转移的重要平台,承担着更多的政府执行职能,有利于使政府的角色向引导者与监督者转变。其作用具体表现在三个方面:①更加高效、更为有力地执行政府的决策,推动公共服务扩面提质,服务全区的经济社会发展;②透过法人治理吸纳社会精英和各方力量参与社会治理,带动更多的社会资源投入公共服务;③运用市场化的运作机制有序地开展市场运营反哺公共服务,在节约行政投入的基础上,提高政府施政的效益。同时,区的层面也成立了由区长牵头的法定机构事务委员会,在区委组织部加挂委员会办公室牌子,主要负责统筹协调改革的具体事务。

表3-6 顺德五家法定机构

法定机构名称	成立时间	主要职能
顺德区文化艺术发展中心	2012年9月	整合了顺德区文体旅游局部分政府公共文化服务职能(行政职能),以及区文化馆(事业单位)、区文联(社会团体)和顺德演艺中心(公用文化设施)等机构职能。致力于策划、推广及支持本地文化艺术发展,打造文艺精品,培养文艺人才,倡导文艺教育,提升市民的生活素质和艺术欣赏能力
顺德区社会创新中心	2012年7月	通过研究倡议、对接资源(资金)、孵化组织、培育人才、发展项目,推动公益慈善和社会(社区)工作的整体发展和系统提升,致力于成为顺德社会创新的智库和支持平台、区域社会创新生态圈和价值观的构建者,携手政府、社会、企业、市民等各界力量,共同为建设幸福顺德、和谐社会而努力奋斗
顺德区人才发展服务中心	2012年9月	承接区人才服务管理办公室的全部职能
顺德区产业服务创新中心	2012年9月	划入区经科局部分服务企业职责。在政府主导、市场导向、企业化运作、实现可持续发展的定位上,打造中小微企业服务新模式,成为中小企业服务的枢纽平台

第三章 转变政府职能：塑造有限政府

续表 3-6

法定机构名称	成立时间	主要职能
顺德区城市更新发展中心	2013年3月	承担着推动全区城市更新（含"三旧"改造）工作，在区政府主要政策部门的引领下探索顺德城市更新发展新路径。主要职能是作为顺德城市更新工作中链接政府与企业的主要枢纽，成为专业领域中整合资源的综合服务平台

资料来源：笔者根据政府网站资料和新闻报道整理而成。

三、建设现代社会组织管理体制，加强扶持与适当监管

党的十八届三中全会通过的《中共中央关于全面深化改革若干重大问题的决定》提出"激发社会组织活力。正确处理政府和社会关系，加快实施政社分开，推进社会组织明确权责、依法自治、发挥作用"。现阶段，我国社会治理创新的关键在于进一步推进政府职能转变，加快并下大决心落实政社分开，努力实现向社会放权和释放更多的公共空间；同时积极扶植和支持社会组织开展能力建设，努力培育健康开放的社会组织良性生态，推动社会组织激发自身活力，广泛参与各个层面的社会治理创新实践活动。

这一阶段，广东省政府进一步推进和落实政社分开，厘清政府职能边界，向社会放权以激发社会活力，在改革中建构政府与社会合作共治的社会治理格局，同时进一步完善现代社会组织管理体制，提高社会组织的自治能力。

第一，健全社会组织内部治理机制。2015年，广东省民政厅发布了关于印发《广东省民政厅关于社会组织法人治理的指导意见》以及《广东省社会团体法人治理结构与治理规则》《广东省基金会法人治理结构与治理规则》《广东省民办非企业单位法人治理结构与治理规则》等四个文件的通知（粤民发〔2015〕70号）。四个文件在建立健全社会组织法人治理结构、建立健全社会组织法人治理制度和建立健全社会组织法人治理机制等方面做出了具体规定。这些政策措施的出台，有助于进一步完善社会

组织法人治理结构、内部民主机制和服务行为规范，为全省社会组织的健康发展提供了政策保障。

第二，建立综合监管体系。2015年6月，广东省民政厅转发《民政部关于探索建立社会组织第三方评估机制的指导意见的通知》（民发〔2015〕89号），指出要"积极培育和规定社会组织第三方评估机构，坚持政社分开，管评分离，由独立的社会机构进行专业化评价；坚持分级管理，分类评估，由各级登记管理机关指导和监督"。2016年9月，广东省颁布了《社会组织登记管理机关受理投诉举报办法（试行）》（粤民发〔2016〕123号）和关于印发《行业协会商会综合监管办法》（发改经体〔2016〕2657号）的通知。2017年，《国务院国有资产监督管理委员会规范行业协会运作暂行办法》规定："国资委负责联系的行业协会，包括联合会、协会、学会、研究会、促进会等（以下统称协会），适用本办法"，"行业协会的重要事项应当及时向国资委报告，重要事项主要包括：党中央、国务院领导同志对协会工作的重要批示；协会重大业务活动；重大违规违纪问题；协会年度工作总结和年度工作安排等"。这一系列文件表明政府对社会组织的监管在不断完善和发展。广东省政府根据中央政策要求，建立了社会组织自律、社会监督、政府监管、法律监督相结合的综合监管体系，让其更好地为社会治理服务。监管体系从单纯的业务主管部门监管转变为业务指导再到加入第三方评估的多元化监管，呈现出了多元化、科学系统化的特点。

第三，加大培育扶持力度，为社会组织的进一步发展提供良好的服务，打造良好的环境。2013年1月，科学技术部、民政部、财政部、海关总署、国家税务总局颁布了《关于印发科技类民办非企业单位进口科学研究和教学用品免税资格审核认定管理办法的通知》（国科发政〔2013〕52号）。2014年1月，《财政部国家税务总局关于非营利组织免税资格认定管理有关问题的通知》（财税〔2014〕13号）颁布。2017年，广东省委、省政府《关于改革社会组织管理制度促进社会组织健康有序发展的实施意见》（粤办发〔2017〕14号）提出大力培育发展社区社会组织——建立社会组织与社区建设、社会工作联动机制，实现全省"三社联动"机制建设全覆盖；完善扶持社会组织发展政策措施——拓宽社会组织提供公共服务

第三章 转变政府职能：塑造有限政府

渠道、完善财政税收支持政策、加强人才建设、建立社会组织依法参政议政机制、优化社会组织资源配置、发挥社会组织积极作用。这些政策的出台将有力促进社会组织的更快更好发展，使社会协同治理格局跃上新台阶。

小　　结

纵观40年来广东的政府职能转变，我们可以总结出以下几条经验。

（一）前提：解放思想，创新观念

解放思想、创新观念是所有行动的前提。解放思想是改革开放成功的法宝，也是广东改革发展的法宝。没有思想的解放和观念的创新，一切政府职能转变的行动无从谈起。第一波思想解放是在20世纪70年代末和80年代，其焦点是冲破"两个凡是"的精神枷锁。由此广东省开启改革开放，大力发展经济，采取了一系列先行政策，率先改革流通体制、对外开放、兴办特区、发展外商投资企业和对外贸易等，也因此大大加强了政府的经济职能。第二波思想解放发生于20世纪80年代末90年代初，其焦点是理清"姓资姓社"的意识形态之争。此时，中共广东省委书记谢非以"三个敢于"为广东的思想解放定调，即敢于从实际出发，以促进生产力发展为标准，摆脱不符合形势发展要求的旧观念和理论束缚；敢于借鉴和吸收人类社会创造的一切文明成果为我所用，不去人为地给它贴上"姓"什么的标记；敢于从经济发展差距看到思想认识的差距。[①] 这一波思潮过后，党中央提出了建设社会主义市场经济体制的改革目标，广东更大胆放开步伐，积极转变政府职能，让政府的经济职能得到调整和完善，为社会主义市场经济体制的建立提供坚强的后盾。第三波思想解放在2007年汪洋主政广东后启动，其核心内容在于强调"科学发展"。此时广东延续改

---

① 参见陈建华《谢非与广东改革开放思想研究》，广东人民出版社2004年版，第3～4页。

革开放初期"杀开一条血路"的精神和气魄,争当解放思想的"排头兵",以新一轮的思想大解放推动新一轮大发展。在这次思想解放的指导下,广东引领创新,大胆先行先试,政府职能开始强调经济职能和社会职能并重,大力推进社会建设,改革公共服务供给模式,以及进行了其他一系列的治理创新,使广东再次站在改革开放大潮的最前端。

(二)着眼点:探索和完善社会主义市场经济体制下科学的政府经济职能

广东省政府职能转变历经计划经济体制向社会主义市场经济体制转轨这一特定历史时期,因此,转变政府职能的着眼点必须始终放在适应社会主义市场经济体制的需要上。转变政府职能,从根本上说是通过规范政府行为、充分发挥市场在资源配置中的作用,使政府"有形之手"与市场"无形之手"紧密结合起来。在政府职能转变的第一阶段,广东省解放思想,率先进行经济体制改革,打破计划经济体制下的僵硬局面,通过扩大企业自主权、恢复社会事业、探索基层政权的行政职能和经济职能分离,此时政府着重加强经济管理职能。从第二阶段开始,致力于探索社会主义市场经济体制下如何建立和完善政府经济调节和市场监管的职能,通过国有企业改革、投资体制改革、财政体制改革、金融体制改革和行政审批制度改革等一系列改革,减少不必要的行政干预,充分发挥市场主体的作用,逐步建立和形成宏观调控体系和机制,在市场环境和市场体系建设上取得了显著效果。随着经济发展,政府职能实现方式不断从微观管理、直接管理向宏观管理、间接管理转变,政府的角色也从直接管理企业转变为通过非行政手段调节经济发展,同时加强对市场的监管,使政府从过去单纯促进经济发展的角色变为促进和监管并重,有多种手段遏制市场的"外部性",监管型政府走上舞台。例如,惠州市在2012年9月成为广东省社会信用体系建设试点市,按照"互联网+大数据+机构+制度"的理念,坚持以用促建、市县同步、奖惩联动的建设模式,通过建机构、建制度、建系统、促应用、促合作的三建两促措施,率先在全省建成一库一网两平台的市公共信用信息管理系统,率先成立市级信用中心、制定"1+4+N"的社会信用管理制度,并运用信用手段创新市场监管方式方法,推动

第三章 转变政府职能：塑造有限政府

信用在政府管理各个领域的广泛应用。① 又如，广东构建运行化妆品安全风险监管新模式也体现了政府角色的转变。广东省食品药品监督管理局引入风险管理国际标准，构建了以政府实施风险监管、市场落实主体责任、社会理论共同治理为核心的化妆品安全风险监管新模式，推动监管重心从事前走向事中、事后。②

（三）主线：调整政府与市场、社会的关系

习近平总书记在党的十八届二中全会上明确指出："转变政府职能是深化行政体制改革的核心，实质上要解决的是政府应该做什么、不应该做什么，重点是政府、市场、社会的关系，即哪些事该由市场、社会、政府各自分担，哪些事应该由三者共同承担。"政府职能转变的总原则是"市场能做的就让市场去做，社会可以做好的就让社会去做，政府管好自己应该管的事情"③。政府是要掌舵，而不是划桨。

在 40 年行政管理体制改革的历程中，广东政府职能转变的主线始终是调整政府与市场、社会的关系，努力实现政企分开、政事分开和政社分开，政府不断转变自身职能，以更好地适应经济和社会发展、变迁的需要。

在政企分开方面，大体经历了这样一个过程：放权让利—经济责任制—利改税—厂长（经理）负责制—承包经营责任制—现代企业制度试点—公司制改革—战略性改组—国有资产管理体制改革—混合所有制改革。广东积极发挥政府的主导作用，持续推进国有企业改革，让国企摆脱了长期以来形成的政府"附属物"的地位，成为相对独立的法人实体和市场主体。政府对企业由以直接管理为主转变为间接管理，也由此推进了政府自身的变革，克服了政府臃肿、层次过多、效率低下的弊端，建立起高

---

① 参见何增科、曹轲、蓝云《粤治撷英——治理现代化的广东探索》，南方日报出版社 2017 年版，第 249 页。
② 参见何增科、曹轲、蓝云《粤治撷英——治理现代化的广东探索》，南方日报出版社 2017 年版，第 256 页。
③ 国务院总理李克强在大连会见出席 2013 年夏季达沃斯论坛的企业家代表时的讲话，2013 年 9 月 10 日。

效且能适应社会主义市场经济体制要求的现代政府。

在政事分开方面,广东省经历了从整顿恢复社会事业、下放管理权到以政事分开和事业单位社会化为主要内容的体制改革再到事业单位分类改革这一过程。同时,政府对事业单位的管理方式由"包办"转向放权,由单一计划配置转向由国家、市场、社会三大机制共同配置,由笼统控制转向分类管理。通过调整政府与事业单位的关系,改变了过去的"全能型政府"模式,减少了对事业单位的微观管理和直接管理,加强了政策法规制定、行业规范和监管指导等职责,将一部分自主权交还给事业单位,从而让政府职能逐步回归到监督、管理上来,更好地发挥公共服务职能,创新公共服务供给模式。

在政社分开方面,广东省经历了从一开始的乡政府与人民公社的"政社分开"到21世纪以来的积极发展和培育社会组织的过程。在改革开放取得卓越成就后,广东省的社会矛盾也不断涌现,特别是2003年的"非典"疫情暴发,让广东省政府开始重视社会组织的作用,加强政府的社会管理和公共服务职能。21世纪以来,广东省政府制定了一系列规范社会组织的政策文件,一方面加强了对社会组织的监督管理;另一方面积极鼓励社会组织发展,向社会组织购买公共服务,并开始把政府的部分职能转移给社会组织。该时期各地方政府也推出一系列政府治理创新,比如,广州市于2014年5月正式启动首届社会组织公益创投活动,申报项目多达238个,涵盖了救助、帮困、为老、助残、青少年服务、异地务工人员及其子女关爱等服务领域。项目全部由市级财政部门从市级福利彩票公益金立项拨付,总资助额达1500万元。该项目从正式实施以来,取得了良好成效,全面实现了"花小钱办大事"、激发社会组织活力的目标。[1] 可见,广东省的各级地方政府加大了对社会组织的培育力度,加强了对社会组织的引导和监督,让社会组织承担了更多的社会治理责任和事务。

---

[1] 参见何增科、曹轲、蓝云《粤治撷英——治理现代化的广东探索》,南方日报出版社2017年版,第182～183页。

（四）方向：从管制型政府向服务型政府转变

40年以来，广东省政府职能转变的方向是从管制型政府向服务型政府转变。在传统的计划经济体制时期，政府充当的是大包大揽、以行政或政治控制一切的角色，这样的行政模式会使企业、市场、社会失去活力。随着经济的快速发展和社会转型，进入20世纪90年代以后，中国的国家治理面临着许多新的挑战，群体性事件增多，拷问着中国的国家治理能力。如何进一步转变政府职能，强化公共服务供给，以更好地回应社会现实，有效化解社会矛盾，便成为政府必须勇敢面对的重大课题。进入21世纪以来，广东在公共服务领域投入了大量的人力、物力、财力，促进教育优先发展，加快建立覆盖城乡居民的社会保障体系，扩大就业和促进创业，完善公共就业服务体系，发展和谐劳动关系，建立突发公共卫生事件应急机制，发展和完善社会救助体系，改善人居环境，提高人民群众的生活质量和幸福感，提高居民收入，注意扭转城乡居民收入增长落后于经济增长趋势等。可见，社会管理和公共服务职能在政府职能中的地位不断上升，改变了政府部门"重管理、轻服务"的现象。

行政审批制度改革是构建服务型政府的重要保障。近年来，广东省各级地方政府摸索出了各式各样的服务创新。例如，从2011年开始，顺德区推动以"简政放权，转变职能"为原则的新一轮行政审批制度改革工作，提高了政府服务效率。具体做法是：①梳理出县（区）级政府最完整的"权力清单"，让权力在阳光下运行。通过对审批事项的全面梳理，共清理和公示出审批事项1500多项，300多项审批权被取消。②大幅优化整合审批流程，实现审批效率大提速。该轮改革实现了压缩审批法定时限50%的要求，审批要件和审批环节上也均实现了大幅度的减压，极大地提高了行政审批效率。③推行相对集中的行政审批权的改革，实现审批运作高度集约化。事权集中后，实现了"一窗式"受理及"一站式"服务。④大力推进事权下放改革，实现审批服务下基层。为进一步简政放权，大力推进行政服务下基层，按区宏观决策、镇（街道）侧重服务管理的思路，顺德共向镇（街道）下放审批事项600余项，村（社区）行政服务站对外开展行政便民服务80多项，极大地方便了群众就近办事。⑤建立健全三级服务体系，实现"一站式"审批服务全覆盖。按"一（镇、村）一中心（站）"的模式，共建镇级行政服务中心10个、村（社区）行政服务站203个。①

总体来说，40年以来广东省政府职能转变硕果累累。政府职能转变不断深化，从"全能型"政府向"服务型"政府转变，以协调政府与市场、政府与社会之间的关系为主线，塑造有限政府。在不断推进政府治理现代化的今天，广东省未来还需要在以下四个方面进行突破：①继续明晰政府与市场、政府与社会之间的职能边界，增强权责清单的可操作性和标准化建设，真正实现三者各司其职、各尽其责。②继续推进服务型政府建设，使市场监管、社会管理和公共服务职能转变赶上经济职能转变的步伐，增强社会事务管理类、市场监管类的机构设置和职能配置，从根本上补齐政府职能转变的短板。③打破"职责同构"的限制。一方面政府职能转变与机构改革要有效结合，机构改革不再停留在"精简"的水平；另一方面要解决"条块矛盾"的问题，协调各级地方政府的部门权责关系。④提供稳定性的制度支持。通过进行公务员制度、社会保障制度等一系列改革来为地方政府机构设置和职能转变提供稳定可持续性的制度支持。

---

① 参见何增科、曹轲、蓝云《粤治撷英——治理现代化的广东探索》，南方日报出版社2017年版，第92～93页。

第四章　革新行政审批制度：建设服务型政府

中华人民共和国成立初期，各项资源比较匮乏，政府通过国家计划来实行对经济、社会的管制，实现有限资源的合理分配。在这一背景下，我国各地形成了以政府大包大揽为主要特征，以计划指令、行政管制为主要手段的管制型政府模式。随着改革开放政策的实施，计划的权威开始回落，计划的范围开始收缩，社会逐渐有了自主活动的空间，政府体系也经历了一个理性化的重构过程。① 1979 年 7 月，党中央、国务院批准广东在对外经济活动中实行"特殊政策、灵活措施"，拉开了广东在改革开放中先行一步的序幕，从管制型政府走向服务型政府成了改革开放 40 年来广东政府范式理性化重构的重要体现。

管制型政府又称为干预型政府，有如下几个明显的特征：在出发点上，管制型政府更强调政府的权力和社会的纪律；在政府工作的实现过程方面，管制型政府的管理是一种给予而非服务；在工作对象的选择权利方面，管制型政府面前的被服务者也是其管制对象。② 简单地说，政府对公民采取一种不信任的严密防范态度，为维持社会秩序的稳定，政府一方面对公民活动的几乎所有领域进行管理和控制，另一方面通过行政手段对民营企业的建立和市场准入进行层层审核。公民结婚需要审批，生育需要审批，上学需要审批，申请个体经营、办企业等都需要审批。因此，管制型

---

① 参见刘先江《政府管理社会化改革研究：基于"国家与社会关系"的视角》，湖南师范大学出版社 2007 年版，第 245 页。

② 参见丁茂战《我国政府投资治理制度改革研究》，中国经济出版社 2006 年版，第 256 页。

政府较少考虑社会公众的愿望和多样化需求，政府与公众是一种"命令—服从"式的单向关系，公众被动地接受政府的"恩赐"。而服务型政府则不同，它要求政府的施政目标必须首先征得服务对象，即民众的同意。另外，还必须经过一定的民主法定程序，从公民需要出发，让公民参与到决策的过程中，由民众和政府通过双向的交流互动来达成一致的决定。由此来看，提供公共服务应是服务型政府的核心职能，而削减行政审批、减少政府行政干预中的随意性、落实行政审批制度的改革则是切实提供公共服务与建设服务型政府的基础工作。

行政审批，又称为"行政管制"或"行政许可"，是行政管理的一种方式和手段。广义的行政审批是指国家行政机关对行政管理相对人申请的任意事项进行审查批准的行政活动。狭义的行政审批专指行政许可，是指国家行政机关（包括有行政审批权的其他组织）根据自然人、法人或者其他组织依法提出的申请，经依法审查，准予其从事特定活动，认可其资格，确认特定民事关系或者特定民事权利能力和行为能力的行为。① 行政审批制度是行政审批中有关审批程序、范围、形式、主客体权力等各项办事规则和行为准则的总和，是根据国家法律法规推行政务的一项组织活动。中华人民共和国成立之初，为了实现有计划、按比例、高速度的发展，政府主要通过行政命令和行政指导的方式参与到经济活动和社会管制中，只有在少数的领域、部门和事务上，才运用行政审批的手段，而且随意性也很大，很难说计划经济条件下有着一整套行政审批制度。20世纪七八十年代，随着我国改革开放的实施和工作重心的转移，直接的行政命令、行政指导等手段开始弱化，代之而起的是行政审批行为的大量出现，我国庞大的行政审批制度逐渐形成。② 20世纪八九十年代，市场经济建设开始后，我国的市场化程度和商品流通与日俱增，传统行政审批制度中政府的"管家"心态让市场失去了活力，行政审批制度越来越不适应社会主

---

① 参见福建行政学院《转型期地方政府效能建设》，海潮摄影艺术出版社2005年版，第29页。
② 参见张康之《行政审批制度改革：政府从管制走向服务》，载《改革与发展》2003年第6期。

义市场经济的发展。①

20世纪90年代，我国的行政审批制度改革工作正式启动，并取得了阶段性的成果。到2012年，国务院共分六批取消和调整了2497项行政审批项目，占原有总数的69.3%。②党的十八大以后，2013年至2017年间，国务院又分九批取消和下放了行政审批事项共618项，持续向市场和社会放权，极大地激发了市场活力和社会创造力。③

广东省是较早进行行政审批制度改革的省份，其改革的基本思路是，按照建立社会主义市场经济体制的要求，充分发挥市场在资源配置中的基础性作用，理顺政府与市场、政府与企业、政府与社会的关系，推动政府部门依法行政，提高政府的行政效率。④1979年7月，在改革开放的春风下，中央给予广东省特殊政策和灵活措施，允许广东省建立深圳、珠海和汕头经济特区。这一政策显著提高了广东省发展经济、招商引资的积极性，为其成为中央各项改革的试点奠定了基础。20世纪90年代，邓小平同志南方谈话后，广东各地全面积极推进市场经济体制建设。进入21世纪，我国的社会主义市场经济体制逐步建立，市场机制开始发挥主要作用，全面改革行政审批制度被提上了各级政府体制改革的议事日程。40年来，广东省的行政审批改革取得了显著的成果，并形成了以佛山市、深圳市、广州市等为代表的一批典型地区成功的改革方式，为全国各地政府进行行政审批制度创新、创建服务型政府贡献了宝贵的经验。

广东省行政审批制度的发展和改革可分为四个阶段：一是行政审批制度的形成与调整阶段，从1978年党的十一届三中全会召开到1992年国家确立市场经济体制的改革目标，这一阶段国家和地方将重点放在经济建设上，系统的行政审批制度逐渐形成，其变化也主要是遇到什么问题就解决

---

① 参见肖滨等《为中国政治转型探路：广东政治发展30年》，广东人民出版社2008年版，第191页。

② 参见中国法学年会《中国法治建设年度报告（2012）》，载《法制日报》2013年6月26日，第9版。

③ 参见罗争光《推动行政审批制度改革向深处发力——国务院第三次大督查发现典型经验做法之三十一》，见中央人民政府网站（http：//www.gov.cn/xinwen/2017-02/15/content_5168108.htm）。

④ 参见张思平主编《体制转轨：广东90年代的改革》，广东人民出版社2003年版，第125页。

什么问题，尚未形成完善的可总结的改革方式。二是改革的初始阶段，从1992年党的十四大的召开到1999年广东省成立政府审批改革领导小组和办公室，政府的各项改革与经济体制改革相呼应，政府逐渐认识到政企分离和政社分离的重要性，行政审批制度改革逐渐走向幕前，改革内容集中在减少政府对微观事务的管理上。三是改革的深化阶段，从1999年广东省政府审批改革小组成立到2011年广东省系统地完成四轮次审批制度改革，是行政审批制度改革的重要时期，广东省对行政执法主体、行政执法依据和行政执法行为进行了全面梳理，各项行政审批事项清理力度大，取得了显著的成效。四是改革的现代化发展阶段，从2012年国务院批准广东省行政审批制度改革先行先试至今，广东省行政审批制度改革进入了新阶段，政府对行政审批、备案事项进行了全面清理和严格审查，适时引入了"互联网＋政务服务"模式，用信息化手段对各级行政审批备案系统实行了统一编码和规范管理，为我国行政审批制度改革贡献了宝贵的实践经验。

第一节　行政审批制度的形成与调整阶段（1978—1991年）：减少经济发展的政治束缚

20世纪70年代末80年代初，从全国来看，一方面，"文化大革命"虽然已经结束，但"两个凡是"影响下的思想禁锢仍旧存在，人民群众的思想处于"僵化和半僵化的状态"，改革开放面临着不少阻力；另一方面，"实践是检验真理的唯一标准"吹响了思想解放的号角，尤其是1978年年底召开的党的十一届三中全会，拉开了经济建设和改革开放的序幕。在这一背景下，广东省一方面面临思想解放的繁重任务和改革开放的重重阻力；另一方面又享有中央给予的特殊政策和灵活措施，在改革开放中拥有先行一步的自主权和发展优势。[①] 1980年8月，《广东省经济特区条例》

---

① 参见肖滨等《为中国政治转型探路：广东政治发展30年》，广东人民出版社2008年版，第3页。

第四章 革新行政审批制度：建设服务型政府

（第五届全国人民代表大会常务委员会第十五次会议通过）为发展对外经济合作和技术交流，促进社会主义现代化建设，在广东省深圳、珠海、汕头三市分别划出一定区域，设置经济特区（以下简称"特区"）。自此，广东省率先开始了经济体制改革的探索。在任仲夷等同志的带领下，广东省大力培育各类市场经济主体，在引进和发展外资、促进国有企业经营方式转变、发展非公有制经济、改善广东用工环境等方面大胆开拓创新，为广东的市场化改革和率先实现经济起飞打下了坚实的基础。与此同时，为适应经济体制改革需要，省政府成立了广东省人民政府体制改革办公室，在实践中逐步改革与经济体制配套的政府管理方式。总的来看，这一阶段广东省政府的政治建设与经济发展具有不可分割的联系，其前进的主体基调是破除经济发展的政治束缚和重建政治秩序，行政审批制度的发展以适应经济发展的需求而展开。

1980年9月30日，广东省人民政府同意并批转了广东省财贸办公室指定的《关于疏通商品流通渠道，促进商品生产，搞活市场的12项措施》，并主要围绕以下四点制定了一系列开放市场、搞活流通的政策和办法：① ①打破三级批发市场和按性质区域纵向调拨产品的旧体制，与专业公司合并；允许批发和零售企业批发兼营；允许生产企业自购自销、代购代销，以减少流通环节。②坚持国家、集体、个体一齐上的方针，扩大商品流通渠道。③大中城市向省内外和农村集体、个体经济单位敞开。④按照社会主义商品经济发展的要求，逐步开放资金市场、技术市场、劳务市场。政府虽然在打破计划经济体制、推动市场发育方面起了非常重要的作用，但很大程度上仍然习惯用传统计划经济的方式和手段来管理市场经济，因此，行政审批作为最直接的政府管理方式在各个行业得到了广泛的运用。政府运用行政审批行为的本意是让社会经济活动更加规范，让政府部门形成更为良好的事权管理章程，但在广东省实行特殊政策、灵活措施后，行政审批行为反而因为其冗杂性、重复性等特点，给经济社会发展带来了诸多不便。在未全面进行政治体制改革前，广东省政府已经逐步意识到了行政审批带来的这些负面影响，并较早地开始了一些审批权限变革的

---

① 参见当代广东研究会《岭南纪事》，广东人民出版社2004年版，第377页。

尝试，采用取消部分审批权和下放审批事权的方式，试图破除经济腾飞面临的政治束缚，这些尝试取得的经验也为20世纪90年代开始的行政审批制度改革奠定了基础。总的来看，这些具有开拓意义的实践主要来自以下两个方面。

一、下放外资项目审批权限，引外资"活水"入广东

改革开放初期，我国经济结构仍以第一产业为主，广东与全国各地一样，土地和劳动力虽然很丰富，资金却相当匮乏。要推动经济发展，能否解决资金的投入便成为关键。在市场经济条件下，资金筹集可以倚靠市场机制，但计划经济体制下几乎没有市场筹资渠道。这时，包括资金在内的主要经济资源都集中掌握在中央政府手中，由于中央财政本身已经相当困难，要争取中央政府对广东增加资金投入几乎没有希望。中共广东省委、广东省政府决定通过吸引外资来解决这一难题。只是，在计划经济体制下，中国实行严格的外汇管理制度，外资进出中国受到严格的管制，引入外资必须通过各级政府的严格审批。因此，改革政府对外资的审批制度就成了必然要求。1979年，全国人大和国务院先后颁布了《中华人民共和国中外合资经营企业法》（一九七九年全国人民代表大会常务委员会委员长令第七号）和《关于大力发展对外贸易增加外汇收入若干问题的规定》，标志着外资进入国内合法化。随后，广东省把原属于省政府的外资项目审批权按资金额度不同分级下放到各级地方政府，鼓励地方政府大力吸引外资，外资引进工作迅速在全省推开。1981年11月，广东省政府下发《广东省利用外资审批权限和分工的规定》，将300万美元以下且不涉及全省综合平衡和生产性合作经营的中小项目审批权下放到地市和省属厅局，将50万美元以下的对外加工装配项目下放到县和县级市。1984年，再次下放利用外资审批权限，省政府下发了《关于放宽利用外资、技改和地方自筹基建项目审批权限的若干规定》（粤府〔1984〕143号），进一步放宽了深圳、珠海、汕头三个经济特区以及广州市、湛江经济技术开发区的审批权限，同时相应地放宽了其他市、县的审批权限。各地在权限范围内可做出自主安排，简化手续，讲求效益，从而调动了市（地）、县的积极性，引进外资出现了良好的势头。这一阶段，部分市（地）、县对引进

外资的规定及其具体变化情况可参见表 4-1。

表 4-1 广东省引进外资审批权限变化情况

时间	审批权规定
1980 年	加工装配项目、引进设备在 30 万美元以下，3 年内可用工缴费偿还的，各县和肇庆市、惠州市、梅州市、潮州市外经委有权审批；引进设备在 30 万美元以上，50 万美元以下，各地行政公署和韶关市、佛山市、江门市、湛江市、茂名市外经委有权审批；引进设备在 50 万美元以上，100 万美元以下，一律报省主管厅、局审批；引进设备在 100 万美元以上的项目，报省外经委审批
1981 年	对外加工装配、补偿贸易和生产性合作经营项目，利用外资在 300 万美元以下，原材料、燃料、电力、运输、配套资金、产品销售，不涉及全省综合平衡和不属综合补偿的中、小型项目，各地、市可根据中央和省市利用外资方针、政策的规定，自行审批。同时，规定利用外资在 50 万美元以下的对外加工装配项目，由县和县级市审批
1984 年	湛江市、佛山市、江门市、汕头市、珠海市有 500 万美元以下的审批权，韶关、茂名、肇庆、惠阳、梅县等市有 300 万美元以下的审批权，县级市有 150 万美元以下的审批权，县有 100 万美元的审批权

资料来源：笔者根据广东省地方史志办公室《广东省志·粤港澳关系志》2004 年版，第二编第八章第一节整理而成。①

以珠海市为例，1978 年，珠海县革命委员会开始设置经济技术引进办公室，成为珠海第一个外资审批的职能机构。珠海第一家承接外商来料加工补偿贸易企业香洲毛纺厂就是经该办公室审批获准成立的。经济技术引进办公室在当时全国尚无先例的情况下审批了这个项目，首开珠海引进外资之先河。1979 年，国务院批准珠海撤县设市，原珠海县革命委员会经济技术引进办公室更名为珠海市革命委员会经济技术引进办公室。随着

---

① 参见广东省地方史志办公室《广东省志·粤港澳关系志》，见广东省情网（http://www.gd-info.gov.cn/books/100021/930.html）。

珠海市对外经济技术引进工作的不断拓展，1980年12月，在原经济技术引进办公室的基础上成立了珠海市对外经济工作委员会（简称"外经委"），承接珠海市区利用外资项目的审批工作。同时，广东省在珠海市成立了广东省经济特区管理委员会珠海办事处，负责珠海经济特区利用外资项目的审批工作。①随后的几年，珠海市不断调整外资审批程序，并根据国务院的授权范围，实行"开放式"的审批办法，授予特管会、市外经委利用外资项目的审批权，减少了办公行文层层批的中间环节。1988年4月，珠海市政府制定了《珠海市引进外资审批工作的若干规定（试行）》（珠府字〔1988〕20号），明确要求减少引进外资项目报批层次，简化了外资引进审批手续。

中共广东省委、广东省政府对引进外资审批制度的改革适应了外资引进工作的需要，外资开始如潮水般进入南粤大地。1985年，广东省签订的外商投资项目比1979年增长了8.3倍，其中外商直接投资签订项目增长了23.4倍；合同外资额增长了11.2倍，其中外商直接投资增长了13.7倍；实际利用外资增长了10倍，其中外商直接投资增长了16.8倍。通过下放引进外资审批权，减少审批环节，加快外资引进速度，广东省经济获得了急需的资金，率先走上了经济发展的快车道。②

二、下放经济事项相关审批权，带动经济领域改革

1981年7月，中共广东省委通过了《中国共产党广东省第四届委员会第四次全体（扩大）会议关于贯彻党的十一届六中全会精神的决议》，要求进一步贯彻特殊政策，灵活措施，实行"对外开放，对内放宽，对下放权"。此后，广东省政府开始尝试下放行政审批权，以调动下级政府招商引资、发展经济的积极性；同时，一部分与经济相关的审批权被直接取消，大大减少了经济发展面临的政治束缚，相关审批权变更的情况可参见表4-2。这些经济事项的审批权与当时社会的物价改革、流通体制改革、

---

① 参见珠海市对外经济贸易委员会编纂小组、珠海市对外贸易总公司《珠海市对外经济贸易志》，广东人民出版社1995年版，第20页。

② 参见蔡兵《改革开放先行区》，广东人民出版社2016年版，第44页。

第四章 革新行政审批制度：建设服务型政府

金融体制改革、财政体制改革、计划体制改革、企业产权制度改革和外贸体制改革等一系列经济领域变革相互呼应，成为广东省转变政府职能、建立社会主义市场经济体制十分重要的一项内容。

表4-2 20世纪80年代初广东省经济发展相关审批权的变化情况

时间	经济发展相关审批权的变化情况
1983年3月	省政府发出《关于放宽农副产品的购销政策，畅通上品流通渠道若干问题的通知》，规定生产者可自行处理完成国家统购任务后的部分，可上市出售，也可以加工，等等，减少了农副产品自由买卖的审批流程
1984年6月	省政府发出通知，决定进一步放宽地方小煤矿生产的煤炭运销审批政策
1984年8月	省政府连续发出多项通知，进行城市商业批发改革，放宽农副产品购销的审批政策，缩小统购派购产品的管理，改革统购包销的购销体制，放开议价销售；要求各地制止多头向个体工商户收费，对各种收费进行一次全面清理
1984年9月	省政府发出通知，改革物资流通体制，包括扩大市场调节范围、物资流通价格、外资企业物资供应和物资市场管理等
1984年10月	放宽日用工业品供销审批管理范围，除食盐、粮食等22种商品外，其他日用工业品均作为非计划管理商品，工业部门可以自行销售

资料来源：笔者根据当代广东研究会《岭南纪事》，广东人民出版社2004年版，第375～422页内容整理而成。

在经历了上述一系列的成功尝试后，1984年7月，广东省政府发出《关于在广州、湛江、佛山、江门4个市进行城市经济体制改革试点的通知》，要求试点城市要在八个方面进行改革，其中第一点便是扩大试点城市的经济管理和审批权限。随后，全省开始着手大面积的综合体制改革试验。1987年9月，中共广东省委、广东省政府转发了《全省县级综合体制改革座谈会纪要》，强调县级综合体制改革的重点是：扩大基层和企业自主权，建立和完善市场体系，以服务为中心转变政府机构职能。1988年9月，中共广东省委印发《广东省政治体制改革指导原则和基本要求》（中共广东省第六次代表大会制定），文件就党政分开、政企分开、下放权力、转变职能、精简机构、改革干部人事制度及加强社会主义民主、法制建设等方面提出了基本原则和要求。全省的政治体制改革提上日程，而行政审批制度作为政治体制中不可缺少的部分，也于20世纪90年代初走向幕前。

第二节 改革的初步探索阶段（1992—1998年）：下放经济发展事权，减少微观事务管理

20世纪90年代是广东乃至中国改革开放和发展史上具有重要意义的年代。1992年召开了中国共产党第十四次全国代表大会，首次明确指出，中国经济体制改革的目标是建立社会主义市场经济体制。自此，中国社会主义现代化建设进入了一个"抓住机遇，深化改革，扩大开放，加快发展"的新阶段。广东省继续发扬改革开放"先行一步"的精神，改革重点突出体制创新，从过去破除旧体制、"摸着石头过河"的单项改革转向攻坚创新、全面建立新体制的整体配套改革。

在传统计划经济体制向市场经济体制转轨的过程中，随着市场在资源配置中的基础性作用增加，政府所扮演的角色也处于不断地调整和转换之中。虽然20世纪80年代广东省的改革开放具有了"先走一步"的优势，但由于传统体制的惯性，政府在资源配置中仍然充当重要的角色，行政审批行为仍然大量介入经济社会的发展之中，政企不分、政事不分、政社不分的问题比较突出，政治改革成为广东乃至全国亟须解决的问题。1992年9月，广东省政府批准顺德市成为综合改革的试点市。1994年，中共广东省委、广东省政府发出了《关于印发〈广东省党政机构改革方案〉和〈广东省党政机构改革实施意见〉的通知》（粤发〔1994〕11号），以政府机构改革为契机，积极推动政府职能转变，着重进行了理顺关系、精兵简政、提高效率的尝试。这一阶段行政审批制度转变的主要特点是配合政府机构改革的需要。

第四章 革新行政审批制度：建设服务型政府

具体来说，1992年至1994年间，变革主要关注政企之间的行政审批权限问题，进一步推进落实企业自主权，加快经营机制转换的步伐。1994年后，广东省逐渐将下放审批事权的趋势扩展到社会发展领域，从放松农村土地流转权和审批程序上推动农村地区的发展，用放宽民办资本对教育行业的审批流程来缓解义务教育普及率低的问题。其中，以深圳市为代表的改革先行地区，则通过自上而下系统地清理行政审批事项，拉开了全国行政审批制度改革的序幕。

一、下放行政审批权力，扩大企业自主性

政企不分是传统体制下形成、制约市场经济发展的重要障碍。20世纪90年代，国有企业改革进入深层次的产权制度改革，触及了政企不分这一问题的实质。之前，政府将管理之手过多地伸入企业，直接干预企业的经营活动及市场竞争，在一定程度上制约了企业的市场化发展。1994年进行的政府机构改革将政府与企业的管理纳入了其中，开始了从直接审批管理转为间接指导管理的实践。具体来看，这一转变主要体现在两个方面：一是修改和完善产业政策、行业规划和政策规章等，给予企业更多的自主权；二是加强和完善经济信息的发布，着力培育市场要素，维护市场秩序等，为企业提供良好的投资和经营环境。广东省非公有制经济发展较快，政府的经济管理方式改革不能仅针对国有企业，更应该面向全社会、全行业，并且按照建立社会主义市场经济体制的需要，不断强化社会管理职能，减少具体审批事务和对企业的直接管理，把属于企业的权力放给企业，减少政府对微观事务的管理。在这个阶段，许多投资项目由审批制改为了备案制，成为减少政府对微观经济活动过度干预的重要举措。

1992年7月，国务院发布了《全民所有制工业企业转换经营机制条例》（国务院令〔1992〕103号），提出企业转换经营机制的目标是：使企业适应市场的要求，成为依法自主经营、自负盈亏、自我发展、自我约束的商品生产和经营单位，成为独立享有民事权利和承担民事义务的企业法人，确立了企业独立的法人地位，赋予了企业生产经营自主权。1993年12月又颁布了《公司法》（主席令〔1994〕16号），大多数国有企业逐步改组为有限责任公司，着手界定国有企业法人财产使用权与国家所有者权

益的关系，政府对企业的行政审批已经不再是所有者对其财产的直接控制，而是公共事务管理者对市场主体的宏观管理活动。有学者将政府对企业过多的干预比作一只"笼子"，国企则是"笼中之鸟"，因此，改革必须将这个笼子打开，让鸟儿自由飞翔。

以深圳市为例，深圳市虽然在20世纪80年代就已经进行了5次机构改革，撤销了部分行政主管局，也建立了各种行业协会，减少了不少审批程序，但并没有从根本上下放企业自主权。1993年，在机构改革的背景下，深圳市取消了市属国企行政级别，实施了新的分类定级方案，采用国际通行的资产、利润、销售三大指标，把企业划分为三类九级，经营者和职工的工资福利等与企业类级挂钩。而在具体的行政审批制度上，提出"企业无行政主管部门"的改革，取消了企业办事所填表格中"主管部门签字"一栏，真正给予了企业这一"笼中之鸟"自由竞争、走向市场的自由。在这之后，广东省逐渐在各市县落实《全民所有制工业企业转换经营机制条例》（1992年7月23日国务院令第103号）中赋予企业的14项自主权。其中，企业经营决策权、产品定价权、物资采购权、产品销售权、留用资金支配权、工资奖金分配权等落实得较好。与此同时，全省218家综合改革试点企业进一步深化劳动用工、人事管理和分配制度改革，对推动全省企业经营机制的转换，起到了很好的示范作用。在外贸企业发展问题上，广东省政府积极落实《国务院关于进一步深化对外贸易体制改革的决定》（国发〔1994〕4号），其中重点关注了关于审批权改革的两个方面：一是国家不再给各省、自治区、直辖市及计划单列市和进出口企业下达外贸承包指令计划指标，对进出口总额、出口收汇和进口用汇实行指导性计划管理，对企业的经营目标进行引导，切实扩大了部分企业在外贸经营中的自主权。二是加快授予具备条件的国有生产企业、科研单位、商业物资企业外贸经营权，进一步贯彻落实了国务院关于促进生产企业自营进出口工作的有关规定，鼓励和扶持这些获得进出口自营权的企业积极从事出口经营，增加出口创汇。

二、正视行政审批弊端，拉开行政审批改革序幕

改革开放以来，广东省的行政审批制度形成了以下主要特点：

第四章 革新行政审批制度：建设服务型政府

第一，行政审批事项多，审批范围广。以广东省政府为例，20世纪90年代末，省政府直属单位中有行政审批权限的单位共64个，审批、核准事项共1972项，平均每个单位达30多项，多的单位达上百项。各市的情况也类似。①

第二，行政审批事项的内容和条件没有严格、明确的规范。行政审批部门和审批人员的自由裁量权过大，使审批难以进行规范运作。

第三，行政审批环节多、时间长。一些审批项目涉及部门多，存在重复审批现象。有不少项目从报批到最后获得批准，前后要盖十多个甚至几十个章，花费几个月的时间，耗费了大量的人力、财力和时间。

第四，行政审批部门普遍存在重审批、轻监管现象。监督机制不健全使得行政审批行为缺乏严格的监督和有效的约束；同时，各部门在审批之后，对执行情况未进行详细跟踪，缺乏必要的后续监管。

从改革开放到20世纪90年代的20年间，深圳经济特区一直将"小政府、大社会、充分发挥市场机制的作用"作为历届市政府的基本理念，但烦琐的行政审批制度严重制约着行政效率的提高，使得深圳市在高速发展中束手束脚。到1997年，除中国人民银行深圳中心支行和深圳证券管理办公室外，深圳市政府各部门和单位实行许可审批的事项共有723项，实行核准的有368项，实行备案的有121项。其中，审批最多的前五名是，公安局98项、文化局93项、国土局49项、教育局44项、人事局40项。深圳市经济体制改革办公室在对深圳市政府各部门的许可审批情况调研中发现，一个高科技项目从提出可行性报告到竣工投产，中间需要经过13个部门的审批、递交15个报告、收取30多项费用、盖50个公章，时间至少需要6个月。其中有5个部门要先后进行2次以上审批。② 这大大阻碍了深圳经济的发展，审批制度改革势在必行。

1998年2月，深圳市审批制度改革正式拉开序幕。改革分两步走：各部门自查，自报保留和取消的审批事项和核准事项；各部门上报方案后，由深圳市政府审批制度改革领导小组（1997年年底，深圳市委、市政府

---

① 参见张思平主编《体制转轨：广东90年代的改革》，广东人民出版社2003年版，第123页。
② 参见杨旸《我国地方政府行政改革的内部阻力研究》（学位论文），电子科技大学2008年。

牵头成立，由时任深圳市市长担任组长）审核，报市政府审定发布。1998年8月25日，深圳市政府第111次常务会议通过了《深圳市审批制度改革若干规定》（市政府83号令）和《拟保留的审批核准、备案事项目录》。次年年初，深圳市政府召开了深圳市审批制度改革新闻发布会，宣布：市政府部门原有审批事项723项减少为305项，比原来减少418项；原有核准事项368项减少为323项，比原来减少45项。原有审批与核准事项合计1091项，拟保留628项。[①] 深圳市拉开了广东省行政审批制度系统性改革的序幕，成了其他地区争先效仿的对象。

第三节 改革的全面推进阶段（1999—2011年）：大力清理审批事项，创新审批方式

在行政审批制度改革试点工作结束后，1999年2月，深圳市颁布了《深圳市审批制度改革若干规定》（市政府第83号令），巩固了初次改革的实践成果，并为广东省乃至全国的行政审批制度改革提供了经验。2001年，国务院办公厅下发《关于成立国务院行政审批制度改革工作领导小组的通知》（国办发〔2001〕71号），成立了国务院行政审批制度改革工作领导小组，积极、稳妥地推进行政审批制度改革，改革工作全面启动。而在这之前的2000年7月，广东省政府就颁发了《关于省人民政府审批制度改革及各部门审批核准事项清理审核有关问题的通知》（粤府〔2000〕39号），将深圳经验运用到了广州、珠海、佛山等地，广东省可以称作地方行政审批制度改革的先驱。此后到党的十八大的召开，广东省共进行了四轮次的行政审批制度改革，不断向纵深推进，重点在以下三个方面进行突破：一是大力清理行政审批事项，二是创新"一站式"行政审批方式，三是建立行政审批电子监察系统。

---

① 参见周永生等《社会主义市场经济理论问题研究》，中共中央党校出版社2005年版，第176页。

第四章　革新行政审批制度：建设服务型政府

一、四轮次改革助力清理行政审批事项

1999年，广东省开展了第一轮次行政审批制度改革。经过改革，广东省政府原有的1972项审批核准事项减少至1205项，减幅达39%。其中，原有审批事项1392项，改革后减少了876项（部分改为核准制），减幅达63%。①

2001年10月，为适应我国加入WTO的需要，广东省政府在总结第一轮改革经验的基础上，开始第二轮次的行政审批制度改革。在这轮改革中，经过清理审查，省政府决定保留行政审批事项中的1102项，占64.6%；取消或调整603项，占35.4%，其中取消318项，下放市、县级管理132项，转移54项，不列为行政审批事项、转为正常管理99项。② 在取消一大批行政审批事项的同时，省政府把许多省级管理权限下放，达到了简政放权的目的。如2001年，省政府向广州市下放了41项管理权限，部分下放了3项；2002年，省政府向深圳市下放了67项管理权限，部分下放了5项。③

2004年，广东省根据即将实施的《中华人民共和国行政许可法》（以下简称《行政许可法》）（主席令第7号）和国务院的相关要求，在两轮次行政审批制度改革共取消和调整1404项行政审批事项的基础上，在全省开展了第三轮次的行政审批制度改革。本次清理和审核的行政审批事项共254项，涉及省直单位43个。其中，对依据地方法规、省政府规章和省政府及其工作部门规范性文件设定的201项行政审批事项，保留行政许可58项，取消26项，委托下放14项，转移到其他部门10项，列为非行政许可事项，按一般业务管理93项；对依据国家法律、行政法规、国务院部门规章及规范性文件设定的53项行政审批事项，根据国务院的决定

---

① 参见张思平主编《体制转轨：广东90年代的改革》，广东人民出版社2003年版，第126页。
② 参见段功伟《广东省行政审批制度改革有成果，精简幅度达35.4%》，载《南方日报》2003年5月27日。
③ 参见段功伟《广东：构建现代法治政府，扩大市县管理权限》，载《南方日报》2004年11月3日。

取消38项，移交给相应的行业组织或中介机构15项。①

2009年，广东省开始了第四轮次的行政审批制度改革，除继续清理和减少审批事项外，将改变行政审批管理方式作为此次改革的重点。此后，行政审批服务中心等"一站式"政务服务模式得到了广泛的运用。

上述四轮次的行政审批制度改革的具体改革成效及其依据的文件可参见表4-3。

表4-3 广东省开展的四轮行政审批制度改革阶段性成果

改革轮次	时间	具体成果	政策指导文件
第一轮	2000年7月13日	取消审批、核准事项331项，下放80项	广东省人民政府《关于省人民政府审批制度改革及各部门审批核准事项清理审核有关问题的通知》（粤府〔2000〕39号）
第二轮	2003年4月1日	取消审批、审核、核准事项318项；下放132项；转移54项；不列为行政审批，转为正常管理事项99项；保留1102项	《广东省人民政府关于印发行政审批制度改革调整项目目录的通知》（粤府〔2003〕30号）
第二轮	2003年7月25日	取消或部分取消行政审批事项20项，改变管理方式13项，恢复核准事项2项，下放1项	《关于调整一批行政审批项目的通知》（粤府〔2003〕60号）

---

① 参见《广东省人民政府第三轮行政审批事项调整目录（第一批）》，载《广东省人民政府公报》2004年第19期。

第四章 革新行政审批制度：建设服务型政府

续表 4-3

改革轮次	时间	具体成果	政策指导文件
第三轮	2004年6月29日	保留但不列为行政许可，按一般业务管理的事项100项；取消63项	《广东省人民政府第三轮行政审批事项调整目录（第一批）》（粤府令第87号）
	2006年4月20日	保留但不列为行政许可，按一般业务管理的事项397项；取消143项；改变管理方式31项	《广东省人民政府第三轮行政审批事项调整目录（第二批）》（粤府令第106号）
	2008年10月7日	予以确认和调整55项，委托市县管理32项，下放49项，委托广州、深圳市管理9项，下放广州、深圳市按一般业务管理12项	《广东省人民政府第三轮行政审批事项调整目录（第三批）》（粤府令第125号）
第四轮	2009年11月17日	取消行政审批153项，改变管理方式114项	《广东省人民政府第四轮行政审批事项调整目录》（粤府令第142号）

资料来源：魏礼群《行政改革蓝皮书：中国行政体制改革报告（2013）No.3》，社会科学文献出版社2014年版，第86～96页。

二、创新行政审批方式：建设线上线下"一站式"政务服务模式

除了精简和取消行政审批事项，广东省还通过整合审批机关内设机构的审批职能，达到归并非法定审批环节、减少内设机构间职能交叉或重复审批的效果，促进审批服务与监督职能分离。这一阶段，较有效的内部整

合方式主要是"一站式"政务服务。这种"一站式"政务服务模式最早是在广东省沿海地区的经济开发区展开的,比其他地方政府的实践早了10余年。①

20世纪80年代,广东开始发展外向型经济、发挥对外开放的"窗口"作用。为了更好地引进外资,各开发区普遍实行了"一站式"服务,建立了集工商、海关、税收、商检、金融、保险、储运、外贸、外轮代理、能源、电信、供水、供气等办事机构于一体的管理服务中心,外商投资项目可以在管理服务中心以较短的时间办好一切手续。后来,这种"一站式"服务模式延伸到了其他政务领域。进入21世纪后,广东省内的"一站式"服务机构得到了迅猛发展,各地纷纷建立了各种办证大厅、政务服务中心、行政审批服务中心等"一站式"服务机构,并逐渐成为改革行政审批制度、完善公共服务模式和推进行政体制创新的前沿阵地和试验场所。

广东省的"一站式"审批方式包括了线下"一站式"和线上"一站式"两种,不同地区根据改革进度的需要,有的先进行线下"一站式"改革,再推进线上"一站式"服务;有的地区则双管齐下,两者同时并举。线下"一站式"囊括了各种办证大厅、政务服务中心、行政审批服务中心等,因各地叫法不同而呈现出不同的表现形式,但其本质都是各级政府设立的一个综合性服务平台,将相关职能部门的行政审批业务、行政审批权限集中到这个平台,采取部门间会审、窗口式办公等审批方式达到缩短群众办事时间,提高政府办事效率的目的。总的来看,广东全省的线下"一站式"审批形式普遍比较成熟。而线上"一站式"以电子政务为基础,借鉴线下"一站式"积累的经验,利用互联网的技术优势,更加有效地提高了审批效率,缓解了办事居民因交通、时间不便带来的办事时间长等问题。

2002年,佛山、南海和顺德先后成立了行政服务中心,开始为民众提供"一站式""一条龙"的审批服务。同年,因行政区划调整,顺德、南海、三水、高明成为佛山的市辖区,并另设了禅城区。经过一系列简政

---

① 参见魏礼群《行政改革蓝皮书:中国行政体制改革报告(2013)No.3》,社会科学文献出版社2014年版,第86~96页。

第四章 革新行政审批制度：建设服务型政府

放权和委托放权尝试，佛山市一市五区于2005年全部建成行政服务中心。2008年5月，佛山市开展了"两横两纵"行政审批流程改革，有序推行"一窗式"集约服务模式。将所有事项按简单、一般和复杂三类程序重新梳理审批流程，向科员、科长、分管领导及窗口充分授权；建立了"牵头受理、抄告相关、并联审批、限时办结"的工作机制，配套并联审批操作系统，在这一模式下，审批时限大大压缩，审批材料更加简化，审批服务也更加便捷通畅。

2008年开始，佛山市政府以"提升效能、改善服务"为原则着手构建市、区、镇（街）三级政府统一、高效、便民的行政服务体系，健全各部门行政审批内部工作制度，统一各区办事标准，推进"一站式"网上审批服务。之后，全市持续完善行政服务中心网点，将原来的三级服务网络延伸到四级服务网络，着力打造"15分钟行政服务圈"。截至2011年11月，根据佛山市行政审批制度改革领导小组办公室提供的资料，佛山市已建成市级行政服务中心1个，建成区级行政服务中心6个，33个镇（街）建成镇（街）级行政服务中心36个，767个村（居）建成村（居）行政服务中心638个。佛山市已基本形成覆盖市、区、镇（街）、村（居）的行政服务网络，与企业、群众密切相关的审批事项基本进驻各级行政服务中心或服务大厅，切实做到为市民提供"一站式""一条龙"的行政服务。

在推动实体有形服务载体建设的基础上，佛山市也做出了加快发展网上办理业务的努力，不断推动行政服务体系化建设，将政务服务向呼叫平台、电子网络、自助终端等平台延伸。早在2006年，佛山市就组建了"12345"政府咨询投诉热线，并将全市政务服务咨询投诉电话统一整合集中到"12345"热线，统一非紧急呼叫专线。此后，随着技术的日益成熟，在各级政府的不断努力下，逐步建成服务座席150多个，整合服务热线19条，初步形成了7×24小时全天候热线服务模式和政务服务呼叫指挥中心。2009年，佛山市开通启用了佛山市行政审批网上服务大厅，为申请人提供网上申办服务。

除佛山市外，珠三角地区其他市县的行政审批制度改革也各具特色，并逐渐造就了珠三角行政审批制度改革范本在全国的影响力。从1999年起，中山市将行政审批制度创新作为本市行政体制改革的重要突破口，通过四轮次改革，全市审批事项从原有的 1404 项削减为 463 项，减幅近七成，市一级设定的审批事项全面取消。同时，中山市着力建立和完善行政服务在线系统，实现了全市 53 个部门、634 项事项的办事指南全面上网，41 个部门、512 项审批事项实现网上流转办理。① 为推动行政审批制度改革，中山市政府相继出台了《中山市行政服务在线系统建设管理办法》《关于第一批行政审批事项上网的实施意见》《中山市行政服务在线系统审批事项上网规范》《中山市行政服务在线系统共享数据库管理规范》《中山市行政服务在线系统培训规范》《关于进一步加快推进行政服务在线系统建设的若干意见》《关于进一步深化行政审批制度改革的意见》《中山市行政服务在线系统电子钥匙使用管理规范》《中山市人民政府第四轮行政审批事项调整目录》《中山市行政审批管理暂行办法》《中山市行政审批绩效测评电子监察暂行办法》等一系列政策性文件，用以加强引导、规范和管理行政审批。为确保行政服务在线系统项目按计划稳步推进，专责组实行周例会制度，项目组实施日例会制度，并形成周报和月报制度。根据项目建设需要，实行项目现场会制度，对前一阶段的项目管理、系统开发情况进行总结，并部署下一阶段工作安排。②

2002 年，中山市开始研究建立跨部门的"一网式"审批服务平台。建立"一站式"行政服务体系，在方便群众、提高效率、防止腐败等方面的优势明显。但政府逐渐意识到简单的合并并不能满足群众对办事效率的要求：一是集中建设审批服务办公楼需要较大投资，二是各部门的领导审批和盖章仍然要回原单位办理等。因此，市政府提出了要建设一个虚拟的行政总汇，即启动网上审批系统建设，这样做既可以节省投资成本，又可以达到提高审批效率的目的。

2004 年，覆盖全市的行政服务在线统一平台建成，并于当年 3 月开始运行，将保留的行政审批事项实行网上审批。随着该项工程的完成，中山

---

① 参见李今永《〈珠江三角洲地区改革发展规划纲要（2008—2020 年）〉学习丛书：中山篇》，广东经济出版社 2009 年版，第 55 页。

② 参见李今永《〈珠江三角洲地区改革发展规划纲要（2008—2020 年）〉学习丛书：中山篇》，广东经济出版社 2009 年版，第 58 页。

第四章 革新行政审批制度：建设服务型政府

市成了全国第一个全部审批项目上网的地级市。"一网式"审批改革使中山市的政务环境更透明、行政效率更加高效，增强了企业对中山市投资环境的信心。另外，"一网式"审批改革推进了公务员队伍的廉政建设，从源头上缩小了权力寻租的空间，使"批"出来的腐败得到有效遏制。自"一网式"审批改革以来，群众对行政审批中腐败问题的投诉明显减少，政府公信力不断提高。安坐家中轻点鼠标，大部分审批程序均能在网上完成，至 2004 年 6 月 28 日，有 15 个部门共 71 项（含子项）审批事项上网运行，网上受理办结 2292 宗。2007 年 5 月 28 日，中山市行政服务在线日办件量首次突破 1000 宗后，中山市行政服务在线的日处理量保持在每天 1000 宗以上。①

肇庆市在"一站式"行政审批建设方面也令人瞩目。肇庆市于 2002 年 6 月 28 日成立了肇庆市行政服务中心。② 该行政服务中心是一个旨在优化本市投资软环境，加强勤政廉政建设，转变机关作风，改革行政审批制度，强化"收支两条线"工作和对行政审批事务实施综合协调管理的政府直属事业单位。中心运作架构由 21 个政府部门、5 个有形要素市场服务机构和中心管理科组成，以"一座楼办事，一个口子受理，一个窗口收费，一条龙服务"的方式，为市民和投资者提供"集中、便捷、优质、高效"的审批和交易服务。随后，为了使肇庆市政府更快、更好地为市场、企业和公众个人服务，肇庆市启动了"一站式"电子政务建设项目。该平台的建设改变了以往电子政务项目中"重建设，轻应用"的弊端，通过应用推广，使平台在短期内达到较好的应用效果，切实提高了政府部门的办事效率。平台的逻辑结构可参见图 4-1。肇庆市"一站式"行政服务中首先规范了肇庆市所有窗口部门网上信息发布的政务公开标准，即"八公开"制度（公开行政许可事项、行政许可部门、行政许可程序、需要提交的资料和文件、行政许可的法律依据、法定和承诺时限、收费标准、下载资料

---

① 参见王文杰、陈晓华、许美烁《中山行政审批改革 15 年"瘦身"路》，载《南方都市报》2014 年 7 月 21 日。
② 参见刘渊《政府门户网站建设与管理：理论、方法与实践》，浙江大学出版社 2007 年版，第 146 页。

八项内容),同时对于应用的语言和文本格式也制定了统一的标准;其次,对所有网上办理事项实行"五件"管理制度,也就是即办件、答复件、承诺件、联办件、补办件的分类管理制度;最后,对所有业务流程实行"六制"办理,即"直接办理制""承诺办理制""联合办理制""申报办理制""明确答复制"和"扎口收费制"。一站式服务平台一期建设完成后,肇庆市行政服务中心有计划、有步骤地进一步推进了平台的使用。肇庆市"一站式"平台的应用改进了政府部门的工作方式,提高了政府工作效率和社会公共服务能力,大大缩短了公民办事的周期。此平台在建立后被认为是与北京、大连模式并列的三种"一站式"电子政务建设模式之一。①

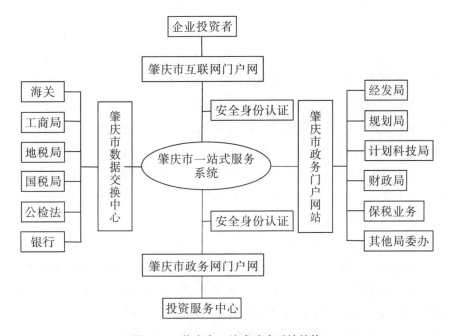

图4-1 肇庆市一站式政府系统结构

资料来源:刘渊《政府门户网站建设与管理:理论、方法与实践》,浙江大学出版社2007年版,第147页。

---

① 2004年,肇庆市"一站式"电子政务平台通过了以国家行政学院教授、国家电子政务总体组专家汪玉凯为组长的专家组验收,并举行了"一站式"行政审批业务网的试运行仪式。

第四章 革新行政审批制度：建设服务型政府

为了进一步加强"一站式"平台成果的应用，肇庆市开始了"一站式"电子政务平台二期工程的探索。2005年12月和2006年6月，肇庆市政府分别与中山大学签署了《肇庆市"一站式"电子政务网上行政许可服务系统二期工程项目合作协议书》和《肇庆市"一站式"电子政务网上许可服务系统第二期工程项目合作补充协议书》，共同组成项目推广应用建设小组，开展"一站式"电子政务行政审批系统的二期建设。市政府在电子行政审批系统建设上采用分期进行、"摸着石头过河"的理念，经过一年多的实践，网上审批事项已达到6000多件。

之后几年，肇庆市继续发展电子审批系统，并充分利用电子审批系统的公开、透明性，并行发展电子审批监察系统，在整个行政审批制度改革中大力推进"减少事项、下放权限、转变方式"，到2011年已步入广东省行政审批发展前列。

三、实现"阳光审批"，全省大力推进行政审批监察系统建设

在行政审批改革不断深化的背景下，仅实现网上审批或审批提速是远远不够的，"透明办公""阳光审批"等词成了行政审批制度前进的新目标。因此，对行政审批的监督逐渐成为各省市深化行政审批制度改革、建设服务型政府的新要求。在这方面，深圳市走在了全国的前列，其建设的行政审批电子监察系统，充分体现了《行政许可法》中对监管方面的有关规定。

深圳市行政审批电子监察系统于2005年1月1日正式运行，是全国首个尝试电子监察的试点地区。该系统利用现代信息手段，全程监督全市31个部门239项行政许可项目受理、承办、批准和办结出证等各个环节，实现了信息技术与行政监察业务的有机结合，对规范行政许可行为、提高行政效率、预防腐败起到了积极作用。深圳市行政审批电子监察系统由软件核心、视频监控系统和行政许可外网三大部分组成，具有实时监控、预

警纠错、绩效评估、信息服务四大功能。① 实时监控功能包括两个方面，一是与各部门连接的开发软件系统，用来采集行政许可事项办理过程的详细信息；二是在行政服务中心和工商局、建设局、交通局、国土局、公安局等9个办公现场设置的视频监控点，实现对公务员工作作风、服务态度和办事效率的有效监督。预警纠错功能是行政审批电子监察系统根据《深圳市实施行政许可若干规定》（深府令第131号）的要求，预先设置每一行政许可事项的内容、法律依据、条件、程序、收费、时限等14个规范化要素，参照制定的《深圳市行政许可电子监察预警纠错办法》（深府〔2007〕32号），对于违反预先设置的行为给予黄牌和红牌警告。绩效评估职能是指根据指定的"行政许可绩效评估量化标准"，通过设置的行政许可绩效评估子系统，分9个大项、70个小项来考核部门工作人员绩效的功能。信息服务职能主要用来为群众、各级领导和监察机关自身提供多种信息。在随后几年，深圳市又进一步启动了行政学科电子监察系统，并增设了审批电子监察系统市重点项目。2007年、2008年市政府颁布了《深圳市行政审批电子监察办法》（深府〔2007〕32号）及《关于加快电子政务构建阳光政府的实施意见》（深发〔2008〕7号），实现了审批流程再造，有效地改进了深圳市的投资环境。2005年和2006年，中央有关各部委先后两次在深圳召开全国性会议，着重推广电子监察系统，对深圳市在行政审批电子监察系统建设中取得的成果给予了高度肯定。

在深圳市行政审批电子监察系统已取得阶段性成效之时，2006年6月，广东省行政审批电子监察系统建设工作协调小组办公室成立并出台了全面建设电子监察系统的方案，明确提到运用网络技术建立电子监察系统是《中共广东省委关于印发〈广东省建立健全教育、制度、监督并重的惩治和预防腐败体系实施意见〉的通知》（粤发〔2005〕7号）中的一项明确任务。根据粤发〔2005〕7号文件精神，广东省政府办公厅转发了广东省信息产业厅、编办、发改委、监察厅《关于加快电子政务建设提高行政效能和公共服务能力的实施意见》（粤府办〔2005〕8号，以下简称《实

---

① 参见黄树贤《遏制腐败　促进公平与发展——亚太地区反腐败行动计划第七次指导小组会议暨第五次亚太地区反腐败会议专辑》，中国方正出版社2006年版，第303页。

第四章 革新行政审批制度：建设服务型政府

施意见》），对广东省运用信息网络技术，加强行政监管做出了具体部署和要求。其中，明确要求广东省省直部门和珠三角地级以上市要在2006年建成行政审批电子监察系统，珠三角以外的地级以上市要在2007年建成行政审批电子监察系统。当时，广东省共有行政许可审批权限的省直部门44个，涉及行政许可审批事项529项。其中，省科技厅、公安厅、民政厅、财政厅、劳动保障厅、国土资源厅、建设厅、交通厅、外经贸厅、文化厅、卫生厅、地税局、工商局、新闻出版局、林业局、质监局、食品药品监管局等部门已经利用网络技术，对审批流程进行了整合和优化，有效地提高了办事效率，并利用政府公众网站为社会提供了更为便利的服务。这也使得广东省在实施行政审批电子监察时具备了较好的基础。

在《实施意见》公布时，深圳、珠海、江门、中山、肇庆等市，已建成网上行政许可审批系统，也具备了实施行政审批电子监察的条件。2006年，中山市启动了电子监察系统建设，取代了以往"人工监管"的传统监察模式，加强了对行政机关及其工作人员实施行政许可的监督。电子监察系统投入运行后，可以对行政服务在线系统每一笔审批业务的受理、承办、审核、审批、出证五个环节进行实时监控，并以闪烁绿灯、灰灯、黄灯、红灯四种指示灯表示办件正在正常办理、提示办理、延时或出错警告和追究责任四种状态，最大限度地减少行政机关工作人员办事的随意性。截至2011年11月底，中山市电子监察系统累计对全市172万个在线审批件、5.6万宗在线咨询投诉件进行实时监察，办结率达97.4%。2009年年初，中山市被《珠江三角洲地区改革发展规划纲要（2008—2020年）》（粤府办〔2011〕63号）列为创新审批方式改革的试点。2009年11月，全省深化行政审批制度改革工作现场会在中山召开，中山市的行政审批制度改革经验得到了省委领导的肯定。时任广东省省长黄华华在提到全省9个城市建立政府行政审批网站时说："特别是中山，网上审批制度创造了很好的经验，向便民、高效迈出了一大步。"[1]

行政审批监察系统的建立实现了监控方式从事后监控为主向事前、事

---

[1] 王文杰、陈晓华、许美烁：《中山行政审批改革15年"瘦身"路》，载《南方都市报》2014年7月21日。

中、事后相结合监控的转变，实现了监控内容由个人行为监控向个人行为监控与行政程序监控并重的转变，还实现了监控手段由软约束向硬约束的转变，是行政审批制度改革的一项重要创新。① 从广东省省直机构和各市运行结果可以看到，行政审批电子监察系统投入后的运行效果佳，结构设计合理，较好地实现了行政监管的功能要求，达到了预期效果。在随后的几年，广东省省直和其他市县在建设行政审批电子监察系统时，不仅充分地利用了深圳等市电子监察系统取得的经验，还针对省直和各市的部门行政审批实际情况，对软件进行了功能移植和改造，较快、较好地实现了各级电子监察系统的不断发展，走在了全国的前列。

第四节 改革的现代化阶段（2012—2017年）：数据平台全面助力，社会主体地位凸显

广东省借着改革开放的优势，进行了多轮次行政审批改革，取得了显著的成效，对全国其他地区也产生了较好的示范意义。2012年8月，国务院常务会议正式批准广东省"十二五"期间在行政审批制度改革方面先行先试，按照应减必减、该放就放的原则，继续进行行政审批制度改革的探索。

在这一阶段，广东省实行了最严格的行政审批"准入制"，行政审批事项由法律、法规、规章或国务院决定设定，其他规范性文件不得设定行政审批。2012年11月印发的《广东省"十二五"时期深化行政审批制度改革先行先试方案》（国函〔2012〕177号，以下简称《先行先试方案》）要求不得以政府"红头文件"等形式做出影响公民、法人和其他组织合法权益以及增加公民、企业和其他社会组织义务的决定。设定与社会公众切身利益密切相关的行政审批事项，必须广泛听取各方面尤其是审批对象的意见，严格按程序进行合法性、必要性、合理性审查论证。对经济社会发展有重大影响的，要依法进行公开听证、论证、咨询，完善行政审批决定

---

① 参见刘晓倩、郑娥《诠释行政监控新概念——以深圳市行政审批电子监察系统为例》，载《法制与社会》2008年第6期。

第四章 革新行政审批制度：建设服务型政府

公示制度。而对已公布取消、转移、下放或委托管理的行政审批项目，《先行先试方案》要求，应认真做好落实和衔接工作，不得以任何名义实施变相审批和权力上收。对行政审批收费项目，要进一步减少，对已不适应经济社会发展要求的收费项目，要予以调整或取消。对保留的收费项目要规范收费标准，由省级价格主管部门会同财政部门审核并向社会公布。审批机关应当公示收费项目和标准，未按规定公示的，申请人有权拒绝缴费。审批机关不得擅自将行政审批过程中的具体审查工作委托其他机构负责并据此直接或由受委托机构向申请人收取审查费用。对与审批相关，涉及收费的技术审查、评估、鉴定等事宜，审批机关不得指定承担机构。禁止变相收费、搭车收费。争取尽快实现珠三角地区行政审批零收费并逐步向全省推行，降低市场准入门槛和企业运作成本，优化营商环境。

因此，本次改革更加注重政府履行社会管理和公共服务的职能，把深化行政审批制度改革与投资体制、财税金融体制、社会体制和行政管理体制改革紧密结合起来，进一步优化政府机构设置和职能配置，提高行政效能和公共管理服务质量。此前，广东省已经为先行先试的试点工作做好了充足的准备，中共广东省委、省政府于2012年7月就正式印发了《关于加快转变政府职能深化行政审批制度改革的意见》（粤办发〔2012〕24号），并公布了《广东省人民政府2012年行政审批制度改革事项目录（第一批）》（粤府令169号）。在第一批目录中，明确取消的行政审批事项达179项、转移事项55项目、下放事项115项、委托事项5项，全部354个调整事项占广东省政府现有实际审批项目额的1/3以上。在正式获批为先行先试的试点后，2012年9月10日，《广东省人民政府2012年行政审批制度改革事项目录（第二批）》（粤府令〔2012〕第172号）又公布实施。至此，广东省共调整审批事项383项，其中取消197项，向社会组织转移职能56项，下放下级政府和委托实施130项。这两次行政审批目录的调整充分释放了市场和社会主体的积极性、主动性和创造性，做到了两个凡是，即：凡是社会组织接得住、管得好的，应尽可能转移给社会组织；凡是下级政府能够实施的，应尽可能下放给下级政府。近年来，全球经济下行压力给外贸依存度高的广东带来了严重的冲击，很多企业生存发展面临严峻考验，行政审批制度改革在广东先行先试恰逢其时。

此次在广东省开展的行政审批制度改革试点,力求最大限度减少政府对微观经济活动的直接干预,达到激发市场主体活力的目的。其中,最具有代表性意义的改革措施有:推进商事登记制度等专项改革、建立健全权责清单制度、推进行政审批标准化建设和深化"互联网＋政务"发展优势四个领域。

一、推进商事登记制度等专项改革

2012年3月19日,国家工商行政管理总局局务会议审议通过《关于支持广东加快转型升级、建设幸福广东的意见》(工商办字〔2012〕38号,以下简称《建设幸福广东意见》),明确支持广东省在深圳经济特区、珠海经济特区和横琴新区开展商事登记制度改革试点。准许广东省根据"加快转型升级、建设幸福广东"的实际需要,在法律法规和职责权限范围内,坚持改革创新、先行先试、注重实效的原则,支持实行宽松登记管理、创新登记管理机制等政策,以促进各类市场主体的快速发展。2012年3月28日,广东媒体报道东莞市"一家外企注册一年未成功"一事引起轩然大波,① 时任中共广东省委书记汪洋就此事做出了多次批示,并根据《建设幸福广东意见》,拉开了广东省对工商登记制度、企业投资管理体制等改革的序幕。同年10月,广东省工商局根据广东省推进商事登记改革的需要,专文呈报了《关于进一步支持广东省商事登记改革有关问题的请示》,并得到了国家工商总局的批复支持。

广东省的商事登记制度改革主要包括以顺德、东莞为代表的"非特区模式"和以深圳、珠海特区为代表的"特区模式"两种模式。这两种模式在本质上没有区别,唯一的不同是在改革中,深圳和珠海横琴新区特区享有特区立法权。

顺德在改革过程中,主要采取了递进式改革方式,按照先易后难、稳中求进、逐步完善的步骤,逐步展开商事登记制度的改革。2009年,中共广东省委、省政府批复了《佛山市顺德区党政机构改革方案》(粤机编〔2009〕21号),顺德大部制改革方案正式出台。此后几年,顺德区不断

---

① 参见杨大正《广东东莞一家外企注册一年未成功》,载《南方日报》2012年3月28日。

第四章 革新行政审批制度：建设服务型政府

推进行政体制综合改革，向下放权，简政强镇，加快事权改革，同时逐步向社会组织放权。但是，由于各个大部门的内部职能和管理流程尚未有机结合，部门间的物理阻隔未被打破，大部门内部还存在小部门，大部制应有的效力没有完全发挥出来。另外，鉴于顺德区公务员总人数没有增加，管理体制也没有经历深刻变革，政府管理越来越缺乏引领性。如何解决大部制改革中公务员队伍疲于奔命的状态成为后续改革的核心问题。时任佛山市委常委、顺德区委书记梁维东表示："通过深化行政审批制度改革来解决大部制改革面临的困难和发挥大部制改革成效已经势在必行。"[1]

顺德区经过深入调查发现，部分企业强烈反映企业登记与前置审批相互冲突，企业为此往返奔走，浪费了大量的人力物力，贻误了商机。事实上，这一点也是各级政府管理上的"通病"。经过认真研究，顺德区决定以解决行政审批制度中的深层次矛盾为突破口，探索解决"以审代管"的管理方式问题，争取试行商事登记制度，解决行政审批制度不完善、"重审批、轻监管"的弊端。2012年4月，中共广东省委、广东省政府批复了《顺德区商事登记制度改革实施方案（试行）》（顺府发〔2012〕11号），同意顺德区率先开展商事登记制度改革试点工作，以"简政放权、转移职能"为核心内容，在构建服务型政府的基础上促进协同治理。通过"留、优、免、转"等多种形式全方面改进行政审批管理模式，构建职权合理、共管共治、标准统一、便民高效、公开顺畅、监督到位的行政审批服务体系。

顺德区商事登记制度改革主要有9项举措：①商事主体资格与经营资格相对分离，将营业执照和经营许可分开，这是本次改革最大的创新亮点。②优化商事主体登记事项。放开住所（经营场所）条件，允许"一址多照"和"一照多址"；实行有限公司注册资本认缴登记与实缴备案，降低成立公司的资金成本。从整体上解放场地资源，帮助经营者降低场地成本，激发创业热情。③大幅度减压特殊许可经营项目事项。④对特殊许

---

[1] 蔡兵：《改革开放先行区》，广东人民出版社2016年版，第173页。

可经营项目实行标准化审批和并联审批,从核准注册转为登记公示制。①
⑤同步推进外商投资审批制度改革,取消和优化外商投资企业审批。⑥系统构建全新的市场安全监管体系。⑦配套联网审批和信息通报机制。⑧加强商事主体信用体系建设。⑨加强专业中介机构的建设和管理。

此后,顺德区不断清理部门审批事项,为后续先行先试下的深化改革奠定基础。2013年,总共梳理出行政审批事项1597项,其中向广东省政府提出建议取消和优化的事项达548项,约占1/3。同时,顺德区将这些事项在政府网等媒体上公开,让群众监督,从而避免被取消优化的审批事项再恢复。另外,整合优化行政审批流程,逐步实现跨部门协同审批,通过高效化、标准化、集中化、社会化和信息化机制与手段,对审批流程进行全面优化,对审批运行机制进行全面再造。2013年9月,顺德区又率先开展了真正意义上的企业登记并联审批制度改革,实行"一表登记,三证同发"。

东莞模式的商事登记制度改革则具有"微创性",这种"微创性"是针对深圳和珠海所具备的特区立法权而言的,具体指改革并未超出原来的法律框架和模式,主要是优化了一些制度。东莞仍然将工商登记与经营项目审批相分离作为改革的基础工作,主要在处理好市场主体与经营资格审批的关系上做出了突破,实行了一种"三链合一"的创新,即创建一个监管平台,将不同职能部门的监管情况进行汇总,达到一种数据链、监管链和责任链的有机融合,形成协同监管。所谓"数据链",主要是以政务信息资源共享平台为依托,构建信息上传推送、提取、分发、现场核查、检查信息反馈、交叉比对的数据链。通过数据链的汇集推送,将需办理经营项目许可的市场主体信息及时发布给后续监管部门;"监管链"是要求各后续监管部门全程参与信息推送,并自动生成或依规上传相关工作数据;"责任链"则是实施商事登记制度改革后续市场监管督查考核,重点考察各后续监管部门信息上传推送等系列工作响应速度是否及时、现场核查的

---

① 改革后,一般经营项目完全放开,商事主体在领取营业执照后即可自由经营;特殊许可经营项目,领取营业执照后,还需凭有关许可部门的批准文件或许可证方可经营,但无须再向登记机关办理具体经营范围的登记。从核准注册转为登记公示制,将登记职责与监管职责较好地分离,使登记机关的登记行为权责一致、审核简捷,符合国际通行商事登记制度的发展趋势。

第四章 革新行政审批制度：建设服务型政府

跟进情况是否到位、交叉比对的复核情况是否遗漏等。实行了这项改革一年后，各部门审批时限得到缩减，缩减幅度超过20%的部门占部门总数的59%，全市基本实现了排队取号不超过5分钟，等候不超过1小时，执照一般在1个工作日内发出，最长不超过5个工作日的审批目标。改革自2012年12月在东莞市启动以来，截至2013年3月底，半年时间全市新增市场主体30595户，同比增长40.88%。2013年1—2月，全市合同和实际利用外资金额、协议利用内资金额、税收总额、来源于东莞的财政收入、固定资产投资、工业投资等均出现明显增长。

深圳市和珠海市在商事登记制度改革中采取的措施基本类似。2012年5月，中共深圳市委、深圳市人民政府发布了《关于加快推进商事登记制度改革的意见》（深发〔2012〕7号），开始了商事登记制度的改革。深圳市在实际改革中，将原来的"先证后照"改为"先照后证"，确立了"谁审批，谁监管"的原则，实现审批与监管的权责统一，倒逼其他职能部门行政审批制度改革和商事主体的后续监管制度建设。在具体实施过程中，不再将经营范围作为登记事项，赋予了企业充分的经营自主权；同时，实行场所自行申报，不再要求提交场地证明材料，允许"一址多照""一照多址"，释放了更多的场地资源。

珠海市除了实施深圳市改革中的主要措施，还将"宽进严管"作为商事登记制度改革的核心。其中，"宽进"就是从体制机制的层面最大限度地降低市场准入门槛，具体体现在以下三个部分：①实行企业主体资格登记与经营项目许可相分离的登记制度。属于一般经营项目的，由工商部门直接登记商事主体。属于许可经营项目的，凭审批许可部门审批文件或者许可证件经营。②实行方便商事主体经营的住所与经营场所登记制度。商事主体的住所与经营场所可以不一致，可以"一照多址"，也可以"一址多照"。③实行有限责任公司注册资本认缴制度。实收资本不作为登记事项，无须提交验资证明。"严管"则主要表现在审批后的一些事项上，基本做法就是注重"宽进"后的多部门协同监管和社会监管责任，实行商事主体年度报告制度、载入经营异常名录和剔除名称制度、经营项目监管认领制度、加强信息公示制度、公司秘书制度和抽查制度等"六大监管制度体系"。珠海市的商事制度改革从立法层面上进一步厘清了部门职责，将对行业的监管和是否取得许可证及营业执照脱离,让监管部门承担监管不到位的后果,从而确保市场主体"进得来,管得住,管得好"。珠海市商事登记制度改革对其原有的工商制度做出了重大突破,具体详情可参见表4-4。

表4-4 珠海市商事登记制度改革与原有登记制度的对比

项目	现行登记制度	商事登记制度	备注
1. 办照时间	7个工作日	资料齐全、1个工作日	—
2. 提交资料	须提交验资报告、许可经营项目的许可审批文件及其他登记材料	无须提交验资报告和经营项目的审批许可文件,但法律、行政法规、国务院规定设立登记前应报经审批的,申请登记时应当提交相关批准文件	—
3. 审查方式	形式审查与实质审查相结合	形式审查	—
4. 经营资格与主体资格	合一,核定经营范围	分离,不再核定经营范围	—
5. 注册资本	实缴制	认缴制。商事登记机关不登记有限责任公司的实收资本,不收取验资证明文件	有限责任公司可以向商事登记机关申请实收资本备案
6. 一照多址	不可以	可以	—
7. 一址多照	不可以	可以	—
8. 名称预先核准	必须预先核准	可以不预先核准	—
9. 年度审查	接受年度检验	提交年度报告	连续2年不提交年度报告,将会被除名,记入除名名录

续表 4-4

项目	现行登记制度	商事登记制度	备注
10. 公司秘书制度	除股份有限公司设董事会秘书外，其他类型企业没有该制度	公司需要设立秘书，设立的公司秘书需要备案	公司秘书负责公司文件保管、向社会披露公司信息、接受政府行政部门查询公司的相关情况，以增加公司透明度
11. 营业执照	纸质	纸质、电子	—
12. 公示方式	工商部门主动公示企业登记事项基本情况	工商部门公示企业登记事项的同时，企业应当将其章程、出资情况、经营范围等信息向社会公示	在珠海市商事主体登记许可及信用信息公示平台上予以公示
13. 各许可审批部门的监督管理	除各许可审批部门按职责进行监督管理外，工商部门在营业执照的经营范围审查上，增设一监管关口	按照"谁许可，谁监管"的原则	—

资料来源：珠海市商事主体登记许可及信用信息公示平台——商事制度改革法律法规文件及相关制度，《珠海经济特区商事登记制度改革的基本情况和突破》，可参见 http://ssgs.zhuhai.gov.cn/。

总体来说，商事登记制度改革中的这些创举，打破了先前的注册资本"闭门"，降低了创业门槛；拆除了住所登记的"铁栅栏"，解决了中小微企业创业办证难问题，激发了民间创业热情。根据广东省"两建"工作发布平台公布的数据来看，试点地区商事登记制度改革所取得的成效主要表现在以下三个方面：

一是市场主体活力显著激发。2013年1—9月，开展改革试点的深圳、珠海、东莞、顺德，新登记市场主体增幅分别达到96.3%、41.5%、16.4%。同期非试点地区同比增幅为0.5%。①

二是市场准入效率显著提升。试点地区营业执照一般能在1个工作日内发出，最长不超过5个工作日。通过商事登记制度改革的倒逼机制，关联审批明显提速。东莞59%的部门审批提速超过20%，顺德区属部门基本实现审批时限比法定时限缩短50%。

三是信用约束机制不断健全。试点地区积极推进商事主体信用信息公示平台建设，汇集商事主体的登记备案信息、许可审批信息、监管处罚信息及其他信用相关信息，实现政府部门间信息的定向推送以及面向社会的信息公示。东莞汇总来自56个部门442类信息的1200多万条数据；顺德汇总商事主体各类信息47万条，信息网访问量达到24万人次；深圳征集190多万户市场主体信用信息2.6亿条，信用网月均访问量超过240万人次；珠海录入商事主体登记信息12.6万条，实现了对23个部门130类许可审批信息的共享，系统月均访问量4200次。逐步形成商事主体"一处失信、处处受限"的"严管"机制，促进了企业诚信建设。②

2013年，改革试点地区很快就从珠三角地区向整个广东铺开。根据2014年广东省政府工作报告信息，2013年，全省新登记企业增长50.4%、注册资本同比增长1.8倍。广东省的行政审批制度改革对推动全国的行政体制改革发挥了一定的引领作用。2013年年初的"两会"期间，顺德的商事登记制度改革成为"两会"热议话题。2013年10月召开的国务院常务会议，着重提到了广东的部分试点经验，并以此部署推进了公司注册资本登记制度改革。同年11月7日，国务院新闻办公室指出，广东省的商

---

① 参见《广东省商事登记制度改革试点成效显著》，见广东省"两建办"主办，南方新闻网承办，广东省"两建"工作发布平台（http://lj.southcn.com/l/2013-11/13/content_84484806.htm）。

② 参见《广东省商事登记制度改革试点成效显著》，见广东省"两建办"主办，南方新闻网承办，广东省"两建"工作发布平台（http://lj.southcn.com/l/2013-11/13/content_84484806.htm）。

第四章 革新行政审批制度：建设服务型政府

事登记制度改革结果是成功的，可以在修改法律的前提下复制、推广。随后，2014年2月18日，国务院批准发布了《注册资本登记制度改革方案》（国发〔2014〕7号），提出将通过改革公司注册资本及其他登记事项，进一步放松对市场主体准入的管制，降低准入"门槛"，优化营商环境。①

二、建立健全权责清单制度

2014年10月，中国共产党十八届四中全会审议通过的《中共中央关于全面推进依法治国若干重大问题的决定》将"推行政府权力清单制度，坚决消除权力设租寻租空间"作为实现全面履行政府职能，加快建设法治政府和服务型政府的重要内容。2015年3月，中共中央办公厅、国务院办公厅印发了《关于推行地方各级政府工作部门权力清单制度的指导意见》（中办发〔2015〕21号），明确指出：省级政府2015年年底前、市县两级政府2016年年底前要基本完成政府工作部门、依法承担行政职能的事业单位权力清单的公布工作，乡镇政府推行权力清单制度工作由各省（自治区、直辖市）结合实际研究确定。

广东省按照中办发〔2015〕21号文精神和中央编办要求，在建立权力清单的同时，还逐一厘清与行政职权相对应的责任事项，明确相应的监督方式，建立责任清单，实现"一表三单"，即广东省的权责清单既是权力清单，也是职责义务清单，还是责任清单。广东省权责清单制度与行政审批制度改革的配合从内容上说可体现在两个方面：一是行政审批的事项及其审核所需时限、材料等作为政府各部门权力清单"9+N类"分类的重要内容，即权责清单公布的第一类清单为行政许可类。② 二是行政审批工作进行时和完成后的问责、监察工作纳入各部门责任清单的一部分。广东省将权责清单中行政职权的网上运行与网上办事大厅、电子监察系统、社会信用系统等结合起来，大力推动直接面向公民、法人和其他组织的职

---

① 参见蔡兵《改革开放先行区》，广东人民出版社2016年版，第176～177页。
② 9+N类包括：行政许可、行政处罚、行政强制、行政征收、行政给付、行政检查、行政确认、行政奖励、行政裁决，以及其他类别。

权进驻网上办事大厅,以此实现行政审批、社会服务类职权网上运行办理,达到了资源共享和业务协同的目标,这种方式不仅提高了政府部门的办事效率,也扩大了群众监督的范围。

从形式上来说,广东省权责清单制度与行政审批制度改革的配合是通过省直部门的"自我革命"向下级市、县展开的。2014年5月21日,广东省率先召开了"广东省贯彻党的十八届三中全会精神全面深化改革"新闻发布会,向社会公布了广东省各部门行政审批事项目录,以及工商登记前置审批事项目录、前置改后置审批事项目录。其中的各部门行政审批事项目录涉及46个省直部门的694项行政审批事项。[①] 2014年年底,广东省人民政府发布了《广东省人民政府关于公布省直部门权责清单(第一批)的决定》(粤府〔2014〕72号),公布了省直部门各类权责事项1790项。2015年年初,广东省人民政府又通过《广东省人民政府关于公布省直部门权责清单(第二批)的决定》(粤府〔2015〕24号)文件,再次公布了相关省直部门各类权责事项5181项。2017年1月,根据中共广东省委、广东省政府有关工作部署,广东省编办组织省发改委等51个省直部门对广东省政府之前公布的两批省直部门权责清单进行了梳理完善,更新了权责清单内容,并逐一明确了职权事项运行各环节对应的责任事项、问责依据和监督方式。调整后的行政职权共有5567项,包含了行政许可相关的494项。2014年以来广东省省直部门权责清单公布的具体部门和事项类别可参见表4-5。

---

① 参见辛均庆《广东省政府晒各部门权力清单》,见人民网(http://gd.people.com.cn/n/2014/0522/c123932-21259451.html)。

表4-5 广东省省直部门权责清单公布情况

时间	文件	具体部门和事项类别
2014年12月	《广东省人民政府关于公布省直部门权责清单（第一批）的决定》（粤府〔2014〕72号）	省发改委226项，省经济和信息化委261项，省人力资源和社会保障厅239项，省国土资源厅89项，省环境保护厅115项，省住房城乡建设厅152项，省交通运输厅154项，省商务厅166项，省文化厅127项，省新闻出版广电局（省版权局）218项，省国资委43项
2015年2月	《广东省人民政府关于公布省直部门权责清单（第二批）的决定》（粤府〔2015〕24号）	省教育厅375项、科技厅45项、民族宗教委97项、公安厅362项、安全厅34项、监察厅37项、民政厅139项、司法厅160项、财政厅278项、水利厅199项、农业厅201项、林业厅286项、卫生计生委158项、审计厅40项、地税局84项、工商局550项、质监局641项、体育局31项、安全监管局346项、食品药品监管局97项、统计局27项、海洋渔业局277项、知识产权局77项、旅游局57项、侨办20项、法制办40项、金融办31项、粮食局54项、监狱局20项、戒毒局55项、外专局14项、中医药局69项、人防办66项、海防打私办18项、保密局61项、信访局11项、密码局9项、档案局86项、地方志办12项、盐务局17项

续表 4-5

时间	文件	具体部门和事项类别
2017年1月	《广东省人民政府关于重新公布省直部门权责清单的通知》（粤府函〔2017〕15号）	调整后的权责清单共包含行政职权5567项，其中行政许可494项、行政处罚2028项、行政强制108项、行政征收31项、行政给付38项、行政检查465项、行政确认121项、行政奖励34项、行政裁决4项、其他2244项

资料来源：根据广东省粤府〔2014〕72号、粤府〔2015〕24号、粤府函〔2017〕15号政府文件整理而成。

在市、县权力清单制度的建设上，广东省通过在珠三角、粤东、粤西、粤北地区选择了若干市开展纵向权责清单试点，探索编制了省、市、县三级政府部门的权责清单，同时也选择了部分部门作为首批单位，明确各级政府部门的职权范围。2015年7月，广东省人民政府发出《广东省人民政府批转省发展改革委关于2015年广东省深化经济体制改革重点工作实施意见的通知》（粤府〔2015〕72号），选取发展改革、经济和信息化、民政、财政、交通运输、农业、林业、商务、国资等9个部门，以及汕头市及濠江区、惠州市及惠东县、韶关市及南雄市、揭阳市及普宁市、茂名市及化州市为省市县三级纵向权责清单试点部门和市县，开展编制纵向权责清单工作。根据《广东省人民政府办公厅关于公布试点部门和地区纵向权责清单的通知》（粤府办〔2016〕15号），本次试点成效显著，共公布各类权责事项2866项，其中行政许可类占230项。

总之，权力清单制度的建设实施对行政审批制度改革的深入进行起到了助推的作用。以往，政府审批部门该干什么、干了没有、干得怎么样等，有时连政府部门自己都不清楚，办事群众更是难以准确把握。通过编制和公开权责清单，不仅为政府部门履职尽责提供了清晰的依据，而且为人民群众办事提供了明确的指南。同时，清单还为社会及有关监督机关监督政府部门提供了一本"总台账"，这对从根本上解决政府部门不作为、乱作为等问题，提高行政效能，建设服务型政府具有不可低估的重要意义。

三、推进行政审批标准化建设

党的十八大以后，根据《先行先试方案》，广东省继续创新了行政审批服务方式，并逐渐意识到行政审批标准化、规范化的重要性。根据党的十八届三中全会、四中全会和广东省委第十一届第三次全会精神，广东省人民政府在 2015 年 1 月发布了《广东省人民政府办公厅关于开展行政审批标准化工作的通知》（粤办函〔2015〕62 号），提出对所有行政审批事项进行程序优化和流程再造，细化工作标准，提高服务效能。广东省行政审批标准化建设的重点主要表现在以下几个方面：

第一，严格实施行政审批事项的目录管理。具体包括三个方面：①规范实施行政审批事项目录管理。各级政府对照《广东省行政审批事项通用目录》（以下简称《通用目录》），认真修订本级公布保留的行政审批事项目录，统一主项、子项的设置及名称。严格规范行政审批事项的实施依据、审批对象、审批类别等基本要素，实现省、市、县同一审批事项名称、类别相同，同一层级的同一审批事项的子项设置、实施依据、审批对象、审批类别相同。②规范行政审批事项的子项设置。明确规定省直各有关部门要对照《通用目录》，牵头组织对本系统通用审批事项进行细化，按照网上办事的实际需求，将行政审批事项进一步细分为具体的独立子项目。全省各级不得保留和实施通用审批事项及其子项以外的行政审批项目。③加强对行政审批事项目录的动态管理。在本级的行政审批事项的主项、子项以及实施依据、审批对象、审批类型等基本要素发生变化，需要更新行政审批事项目录时，应及时做出改变。

第二，建立行政审批标准。各地、各部门要根据《行政审批事项办事指南编写规范》（DB44/T 1147—2013）、《行政审批事项业务手册编写规范》（DB44/T 1148—2013）和有关编写要求，结合本单位工作实际，为行政审批事项编写办事指南和业务手册。要将优化重组行政审批要素、梳理再造行政审批流程和细化量化裁量标准贯穿编写行政审批办事指南和业务手册的全过程。

第三，做好行政审批标准实施工作。行政审批标准化的实施要与信息化相结合，主要从优化行政审批事项目录管理系统、继续推进行政审批网上办理和完善行政审批标准制度配套三个方面来落实。

在实际操作过程中，广东省直部门和各市积极响应广东省政府号召，以佛山市为代表的珠三角地区以原有行政审批"一站式"电子服务标准为基础，较快地完成了标准化工作的建设。2015 年，为响应广东省政府发出的行政审批标准化建设通知，佛山市印发了《佛山市行政审批标准化建设试点推广工作实施方案》（佛审改办〔2015〕11 号），在全市推广 2013 年开始的以顺德区、南海区为试点的行政审批标准化建设成果。① 至 2016 年 5 月，佛山市已经完成市级 916 项、区级 747 项审批和公共服务事项的办事指南和业务手册的编制工作。

佛山市在推进行政审批标准化建设的时候为其他地区提供了很好的范本，其主要工作和成效围绕以下几个方面展开：①量大面广，全市 1930 个事项全覆盖。佛山市以市、区两级政府部门权责清单为基础，按照企业和群众办事全覆盖的原则，将标准化管理范畴从行政许可拓展到行政确认、行政给付、行政救助、其他服务等公共服务事项。随后编制公布《佛山市政务服务体系审批服务事项通用指导目录》，明确全市审批服务标准化的事项清单。按照事项目录、审批要素、审批流程、审批服务、监督检查等 5 大类编制形成对外公开为企业群众办事提供指引的办事指南和对内规范部门工作程序及量裁标准的业务手册。据统计，市、区两级共涉及 58 个部门 1930 个行政审批和公共服务事项，其中，行政审批事项 851 项，公共服务事项 1079 项。②要素明晰，每个事项 356 个标准件具体化。佛山市将实施机关、审批条件、申请材料、审批流程、审批时限 5 个中类标准作为量权限权的重点内容。然后按照事项目录、审批要素、审批流程、审批服务、监督检查等 5 大类、14 中类、356 小类来编制审批服务事项标准，并对审批流程中 6 个环节、21 个具体节点的"办理要求"进行统一规范。每个节点统一具体操作程序，将"模糊条款"明细到具体事项，并

---

① 2013 年，省委、省政府提出全面推进行政审批标准化建设工作，佛山市南海区、顺德区列入全省试点城市之一。

第四章 革新行政审批制度：建设服务型政府

清除"兜底条款"268项。③统一规范，事项编制通用性与个性化相结合。佛山市将行政审批和公共服务事项标准分为市级统筹编制的全市通用性标准和按照各级标准模板修改补充的各地个性化标准。通用性标准包括了事项名称、依据、条件、材料、收费、法定时限、特殊程序等102个标准项，个性化标准包括流程、时限、服务等254个标准项。实施1年后，到2016年6月30日，全市共完成1665项审批服务事项通用性标准、6680项审批服务事项个性化标准的编制工作。④强化应用，标准作为"唯一数据源"。全面完善升级"市行政审批标准管理系统"，建立"唯一数据源"标准使用机制，将标准数据库统一应用到各级网上办事大厅、"一门式、一网式"政府服务平台、"市民之窗"自助服务终端、"12345"政府服务热线、行政审批电子监察系统等平台，综合服务人员和各级各部门工作人员按照统一标准进行"傻瓜式"①"程序化"操作，实现审批服务标准"一处配置，处处应用"。⑤科技防控，全流程238个数据项实时有效监控。佛山市纪委监察局等部门联合推进通用审批系统廉政风险科技防控试点工作，根据审批标准编制12个环节的裁量表单，将标准应用和管理从申请、受理、出证环节延伸到审查、批准等环节，完善申请人和申请事项相关数据采集，将238个数据项嵌入廉政监控，预警拦截违规操作，按事前提醒、事中阻隔、事后问责实时全流程防范廉洁风险，实现对行政审批全过程的自动化、信息化控制，做到节点留痕、过程可溯、责任可追，最大限度减少人为主观因素的影响，对行政审批各环节实现实时有效的监控。②

除佛山市以外，以汕头市为代表的粤西地区也将标准化建设提上了日程，并于2016年11月全面完成了市级行政审批标准化的建设。2016年6月，汕头市政府印发了《汕头市行政许可和公共服务事项标准化建设工作方案》（汕机编办〔2016〕31号），并成立了由市编办、市质监局、市法制局、市电子政务办等4个部门组成的市行政许可和公共服务事项标准化

---

① 意为操作非常简便。
② 参见钱飞飞《佛山市率先全省完成行政审批标准化试点建设》，见南方网（http://www.southcn.com/）。

建设专责工作组,下设综合组、技术指导组和审核组,分别负责事项编制的协调督促、培训指导和合法性合理性合规性审查工作。专责工作组建立了领导挂钩督促制度,由汕头市编办、市质监局、市法制局分管领导挂钩市直相关单位,通过电话联系、实地调研、上门指导等多种形式,加强与对口部门的沟通交流和业务指导,及时掌握部门标准编制进度。同时建立了例会制度,每周召开一次碰面会,及时协调、研究和解决疑难问题,形成多部门联动的良好工作格局。2016年10月,汕头市全面完成市级1055项行政许可和公共服务事项的审核工作。共审核材料约3万页、1500多万字,压减承诺办理时限853日,简化优化办理环节110个,规范编制许可流程图1080个,明确自由裁量标准40项,规范或减少申请材料393件,细化量化模糊条款185条、兜底条款96条。①

2016年11月,为贯彻落实《国务院关于印发深化标准化工作改革方案的通知》(国发〔2015〕13号)、《国务院办公厅关于印发贯彻实施〈深化标准化工作改革方案〉行动计划(2015—2016年)的通知》(国发〔2015〕67号)、《国务院办公厅关于印发国家标准体系建设发展规划(2016—2020年)的通知》(国发〔2015〕89号)和《国务院办公厅关于加强节能标准化工作的意见》(国发〔2015〕16号)等文件要求,全面深化广东省标准化工作改革,广东省政府出台了《广东省人民政府关于深化标准化工作改革推进广东先进标准体系建设的意见》(粤府〔2016〕127号),要求各级政府继续深化标准化建设,强化标准化建设的实施和监督,加快标准化系统的建设,推进广东标准国际化工作。行政审批标准化建设工作还在不断的发展中,并持续将创新性成果投入各地的实践中,力争创出具有广东特征的国际化品牌效应。

四、深化"互联网+政务"发展优势

在《先行先试方案》深化行政审批制度改革4年之后,广东省再次发力。2016年4月18日,广东省政府召开了全省推进"互联网+政务服

---

① 参见广东省汕头市机构编制委员会办公室《广东省汕头市全面完成市级行政审批标准化建设》,2016年11月8日。

第四章 革新行政审批制度：建设服务型政府

务"改革工作电视电话会议，在全省部署推进"一门式、一网式"政府服务模式改革。这是广东省积极把握"互联网+"发展大势，提升政府服务竞争力的又一项重大举措。之后，广东省将行政审批标准化建设继续深化，并从以下四个方面入手，深化利用"互联网+政务"优势来促进服务型政府的建立：①

第一，在深化行政审批标准化工作的基础上，再次提高行政审批全流程的办理率、上网办理率和网上办结率，促使跨地区、跨部门、跨层级协同办理事项更加科学顺畅，打破群众办事的时间和空间限制，使群众在任何地点、任何时间都能登录"一张网"办事，打造无时不在、无处不在的政府服务网络。

第二，着力建设全省统一、逻辑清晰的政务服务大数据库，完善政务信息共享平台，建立健全信息采集、归类、储存、维护机制，推动省、市、县（市、区）三级共享交换体系建设，为政务数据资源实现跨层级、跨区域、跨部门交换和共享提供有力支撑，夯实"一门一网式"政府服务模式信息化基础。

第三，强化"一门一网式"政府服务效能监督。在大数据管理的基础上，建立行政许可绩效评估机制，对"一门一网式"政府服务进行即时绩效评估，不断提高行政许可事项的服务效能。从层级上来说，在省、市两级，以"一网式"服务为主，在网上办事大厅现有公共申办审批系统的基础上，拓展建设网上办事大厅统一申办受理平台，与部门审批系统无缝对接，并设定便捷的审查技术手段和时限提醒功能，变多网受理为一网受理。在县（市、区）、镇（街）两级，着力构建网上网下一体化公共服务体系，创新"一门一网式"政府服务模式，将实体办事大厅按部门分设的办事窗口整合为综合服务窗口，变多头受理为一口受理，并与网上统一申办受理平台无缝对接。

第四，在之前"一站式"政务服务大厅、行政服务中心等形式的基础上，继续创新办事方式和电子监管方式，推动广东省网上办事大厅统一申

---

① 参见《广东推出一门一网式"互联网+政务"新模式》，载《领导决策信息》2016年第17期。

办受理平台，并与电子监察系统无缝对接，加强对行政许可和服务事项申办、受理环节的实时监控。对擅自增加或改变申请材料、违规设置办理条件等行为，进行红牌警告、强制停止实施；同时，提出要建立办事超时的预警机制，对即将超时办理的事项，进行实时预警和黄牌警告，及时提醒相关单位加紧办理；对超时未办的事项进行红牌警告和督办；对同一事项要求群众多次申办、反复提供材料的，通过在线监督检查予以纠正。

2016年12月，为贯彻落实《国务院办公厅关于转发国家发展改革委员会等部门推进"互联网+政务服务"开展信息惠民试点实施方案的通知》（国发办〔2016〕23号），广东省人民政府办公室印发了《广东省人民政府办公室关于推进"互联网+政务服务"开展信息惠民试点的实施意见》（粤府办〔2016〕133号，下文简称《实施意见》）和《广东省加快推进"互联网+政务服务"工作方案》（粤府办〔2016〕137号），要求2017年年底前，全省行政审批事项网上全流程办理率达70%以上；2020年年底前，达到80%以上。实现"一门在基层，服务在网上"，成为2016年后行政审批改革的目标。同时，《实施意见》提出加快实施信息惠民工程，推广"一门式、一网式"政务服务模式改革，推动跨部门、跨区域、跨层级信息共享，提升政务服务水平和群众满意度。简单地说，从群众的感知角度出发，本次改革要求群众只要进"一个门"、上"一张网"，就能够享受无部门界限、无标准差异的政府服务。

"一门式、一网式"政务服务模式改革全面推广1年多来，省级网上统一申办受理平台和统一身份认证系统已经建成，已有42个省直部门的610个事项（行政许可534项）进驻省统一申办受理平台，44个省直部门的1151项事项、21个地市分厅及顺德分厅的16282项事项、120个县级分厅的58977项事项分别完成了与省统一身份认证平台对接，可支撑实现用户"一次登录、全网通办"以及部门"一网受理、分类审批"。同时，广东省已完成省级电子证照系统开发测试和部署实施，正在开发地市部署版，梳理证照869种，初步形成支撑网上办事、公共服务应用的数据基础。具体在行政审批项目上，仅2016年就取消170项省市县三级实施的行政审批事项，向国务院审改办建议取消中央指定地方实施的行政审批事项73项。在继续深化推进行政审批标准化方面，已完成省级1173项和市

第四章 革新行政审批制度：建设服务型政府

级10017项行政许可事项标准的编制工作，行政审批事项标准录入模块与省网上办事大厅事项目录管理系统的融合对接等信息化基础工作也基本完成。

地方政府工作部门在建设"一门式、一网式"政务服务模式时，把互联网、大数据、云计算等新技术作为改进和创新行政审批方式、优化公共服务的重要手段，推进实现政务服务智能化、便捷化，切实提高政府服务质量。广州、深圳、佛山、东莞等国家试点城市积极开展电子证照梳理、电子证照库建设和政务服务目录梳理简化等工作，逐步实现了政务服务纸质照和电子照同步签发。与此同时，这些试点城市也在逐步推进省统一身份认证体系建设和实现政务服务事项的"一号申请、一窗受理、一网通办"。

具体来说，佛山市禅城区做出了很好的表率。2014年9月，佛山市禅城区在石湾镇街道行政服务中心率先推出"一窗通办"服务，将部门分设的办事窗口整合为综合窗口，实现任一窗口可办多项业务。2015年，自然人"一门式"改革已经实现事项、行政层级、地域全覆盖，市民只要找到一个窗口，就对接了整个政府系统，办事无须再东奔西跑。该项改革也入选2015年全国"创新社会治理"最佳案例。同时，2015年8月，全省首个法人"一门式"大厅在智慧新城行政服务中心试运行。经过不断完善，现在市民踏进这个大厅，就能办理570个法人审批服务事项，平均办理时间仅25分钟，更有70%的事项直接在网上提交材料即可办理。禅城区"一门式"改革充分利用信息技术"连"起信息孤岛，办事"简"至一个窗，审批"放"进一个系统，服务"优"在一张网，权力"亮"在阳光下，推动"办事难"向"好办事"转变。

在突破部门"信息孤岛"的基础上，禅城区"一门式"改革理念从行政审批延伸至基层治理应用领域。2016年3月，禅城区创新推出全省最大社会综合治理云平台，整合区内18个职能部门数据信息及视频监控等资源，可以即时"链接"全区5万间房屋、39万个地名地址、58万个城市部件、40万个城市事件、16万家企业，实现整个城市要素"数字化"。而这一创新获评为第二届（2016年）中国"互联网+政务"全国优秀实践案例50强。① 到2017年，佛山市打造的自然人办事"一门在基层"通用模式已先后在珠三角和粤东西北地区推广，广州、汕头、惠州、江门、云浮等地结合本地实际，在服务平台、服务标准、服务模式等方面也做出了有益探索，取得了良好成效。到2017年年底，广东省基本建成在全省范围内建立高效便民的新型"互联网+政务服务"模式，实现了"一窗口受理、一平台共享、一站式服务"的目标。

小　　结

习近平总书记曾说道："我们回顾历史，不是为了从成功中寻求慰藉，更不是为了躺在功劳簿上、为回避今天面临的困难和问题寻找借口，而是为了总结历史经验、把握历史规律，增强开拓前进的勇气和力量。"② 40年来，广东省行政审批制度改革的历史进程，基本呈现"三步走"的发展模式。

（一）广东省行政审批制度改革第一步：解放市场

1978年到1998年这20年间，广东省以解放思想为先导，全面拨乱反正，创造性地运用中央赋予广东的特殊政策、灵活措施，充分发挥广东省地缘人缘优势，创办经济特区，将适应市场经济发展的需要作为各项改革的基本出发点，适时转变政府职能，减少政府对市场的不当干预。这一阶段改革的中心任务是解放和培育市场，解放和发展生产力。行政审批制度作为政府与社会、市场沟通的重要方式，其变化发展的步骤与市场机制的建立和发展密切相关。20世纪80年代，市场机制还是政府调控经济的一种辅助性治理工具；到20世纪90年代，市场机制已经成为经济管理的基本制度选择。这两个时代行政审批制度变革的思路既一脉相承又各有重点。其一脉相承的地方是都瓦解了由政府这架马车驱动国家发展的单中心

---

① 参见姚瑶、周志坤《广东深化行政审批制度改革，努力增创发展新优势》，见南方网（http://www.southcn.com/）。

② 参见习近平《习近平谈治国理政（第二卷）》，外文出版社2017年版，第32页。

第四章 革新行政审批制度：建设服务型政府

治理局面、开启了由政府与市场两驾马车联合驱动的双中心治理格局。但这两个时代的改革重点又各有不同。前一阶段的行政审批制度改革并不系统也不全面，广东省经济发展需要什么就变化什么，是一种较被动的改变；后一阶段的行政审批制度改革则走向了台前，广东省成了全国行政审批制度改革的开端之地，而行政审批制度自身也成了经济体制改革试点和政治体制改革试点的连接纽带，行政审批制度改革由被动转为主动。

（二）广东省行政审批制度改革第二步：重塑政府

第一阶段摸索式的行政审批制度改革，给广东省的经济腾飞带来了外资资本的投入，全省经济获得了飞速发展，但经济发展的同时也让政府更清晰地认识到行政管理体制中存在的一些弊端，以及由此对经济发展二次起飞带来的制约。行政审批行为作为政府与社会、市场打交道的纽带，其作用不容忽视，一旦这一纽带在运作过程中"打结"，会直接影响被连接双方的办事效率。因此，行政审批制度的改革也成了政府转变职能，与社会建立良好关系的重要突破口。

进入21世纪，一方面，包括广东省在内的各级政府需要积极应对加入WTO以来的挑战，着力改善投资环境和实现政府的职能转变；另一方面，地方政府之间的竞争越来越激烈，这种竞争模式已经由过去区域之间、城市之间的政策和资源竞争转变为机制和环境的竞争。可以说，行政审批制度改革是争创发展新优势的迫切需要，也是促进政务公开和依法行政、打造阳光政府的有益探索。因此，在这一阶段，广东省的行政审批改革以提高行政效率、加大部门间合作、优化公共服务为主要目标，将为人民群众提供最大的便利作为改革的重点。通过取消和减少相关行政审批项目，政府逐渐明确了行政权力的边界，政府组织也开始重新审视与市场组织和社会组织之间的关系，逐渐实现了由政府管理向治理合作转变。这一阶段的主要特点和成就可从以下几个方面来总结。

1. 明确了政府的权责范围

广东省行政审批制度改革最直接的方式是取消和减少部分行政审批项目，优化和创新行政审批方式。为此，各级政府在实践中积累了一定的经验，并在总结经验的基础上巩固和持续推进了制度创新。各级政府通过以下三个方面进行统筹规划,将明确政府自身权责范围作为创新各项审批方式的基础。一是通过各种渠道公开行政审批标准,通过法律对行政审批制度进行规范,明确审批内容、方式、期限和程序等,规范行使行政审批自由裁量权;二是不断推进"行政审批服务中心""全程办事代理制"等新型集中审批方式的建立,简化审批手续,提高审批效率;三是规范审批权运行,使审批决策更加民主化,部分地方政府为提升审批决策结果的科学性、合理性,通过公众听证制等具体的制度设置,多渠道构建了专业化的决策主体。

2. 规范了政府的权限使用

行政审批因其自由裁量权较大,在缺乏有效监督和制约的情况下,极易产生权钱交易等腐败行为,广东省在进行行政审批制度改革的过程中,始终坚持建立符合行政审批权运行特点的监督机制,严格规范政府用权,并从以下几个方面做出了努力:一是不断扩大监督渠道,加强监督力度。主要构建了以人大、政协监督为主的行政机关体系外监督;拓宽群众监督以及新闻媒体的监督渠道;同时,不断增大对行政审批机关的监督强度,建立内外监督双轨制。二是监督载体与手段不断推陈出新。在部分地方设立行政审批投诉热线和信箱,以扩大群众监督渠道;或者在部分地方制定专门的审批责任倒追制度,保证权责统一;又或者是设立行政审批信息反馈机制,使申请人及时了解行政审批进展情况。三是加强监督力度和强度。改变以往只重视事后监督的理念,更加注重事中和事后的监管,实现从审查、决策、执行再到结果的全程监督。

此外,广东省在防止政府滥用审批权力上,还建立了行政审批绩效评价机制。这种行政审批制度的绩效主要体现在两个方面:一是"有效",即需要审批的事项确实是需要政府实施管理的,而不是市场自身就可以调节的;二是"效率",即政府对审批项目实施审批管理,无论是审批项目本身,还是审批所花费的人力、物力、财力,都是有效的。行政审批绩效评价机制以科学有效的方式对审批项目的绩效进行评估,并根据评估结果要么对审批项目进行优化调整,要么对审批方式进行优化,以此来创新审批流程,促进政府职能的转变。

3. 促使政府还权于社会

广东省行政审批制度改革的变化从另一方面可以解释为逐渐信任社会,承认社会的合法性和效率的过程,其发展也体现了政府"引导"并不"干预"的原则。具体来看,在实现社会组织去行政化的过程中,各级政府都严格依法依规明晰了社会组织和政府部门各自的角色、边界。一方面,政府通过审批项目的清理划清社会组织和政府部门各自的职能范围,继续推进行业协会商会与行政机关脱钩。在实际实践中,除特殊规定外,社会组织、行业协会商会也不得承担行政审批职能。通过这类措施让社会组织加速"去行政化",回归"社会"本质。另一方面,对在职公务员,特别是党政机关的领导干部兼职情况进行了全面抽查监督,同时加强对社会组织,特别是社会组织负责人的管理和监督。以双向监督的方式逐步实现社会组织在机构、人员、财务等方面与行政机关脱钩,厘清职责权限。通过增强社会组织动能,保障社会系统的自组织运行,依靠社会内部各利益集团充分博弈来降低行政成本,做到还权于社会。

(三)广东省行政审批制度改革第三步:治理现代化

党的十八大以后,广东省继续深化行政审批制度改革,坚持"简政放权、放管结合、优化服务"的理念,在这一阶段,政府着力实现"掌舵"而并不"划桨",强化社会的自我管理和自我服务,逐步以行政审批制度变革来促进治理的现代化。

一方面,通过引入互联网的优势,将互联网、大数据、云计算等新的科技技术运用到政务服务中,以此来推进实现政务服务智能化、便捷化,切实提高政府服务质量。2018年年初,广东省社会科学院公布了2017年广东省地方服务型政府建设系列调研报告,该调研根据"服务维度"及"政府维度"硬软件两个方面,做了"广东省地方政府公共服务公众评价"和"广东省政务窗口服务满意度评价"两个调查,其结果重点强调了"互联网+政务服务"在构建服务型政府中的成效,肯定了行政审批制度改革中电子服务平台的地位。从结果来看,2017年广东省政务环境满意度为73.57分,达到良好水平,较上年提高1.47分,其中,广州、惠州、佛山位居政务环境满意度前三位。"互联网+政务服务"的满意度为

75.29 分，比政务环境整体评价高出近 2 分，近三成五公众表明其使用过在线政务服务。在这个之中，公众对在线预约便捷性、办事指南评价最高，得分均为 75.40 分，对全程网办评价次之（74.71 分）。①

另一方面，通过深化行政审批制度改革以及先行先试的试点工作，将政府的工作重心从对社会经济事务的微观管理转向宏观调控，这一工作重心的转移，直接促进了政府管理社会、经济的方式向着法治政府和廉洁政府的方向转变，行政审批制度的负面激励作用日益弱化。纵观 2012 年后的改革，提高居民幸福感成了建设服务型政府的首要任务，在此背景下，成熟市场经济体制下的行政审批制度不再是妨碍居民提高生活质量的阻碍，而是为群众服务的一种便捷方式。

总之，改革开放是当代中国最鲜明的特色，是我们党在新的历史时期最鲜明的旗帜。② 40 年来，广东省在整个行政审批制度改革过程中，始终能清晰地认识到自我革命的重要性，勇于向积存多年的顽瘴痼疾开刀，敢于触及深层次利益关系和矛盾。如今，站在新时代的新起点，广东省将认真贯彻落实习近平总书记在中央全面深化改革领导小组会议上的批示，坚定改革定力，不断增加改革勇气，总结运用好党的十八大以来的改革新经验，再接再厉，继续秉承以下特点，坚定不移地将改革进行到底：③ ①行稳致远，用经济的发展巩固改革的物质基础；②政风开放，用领导者的眼界推动改革的不断创新；③真抓实干，用实际行动狠抓改革关键要点；④居安思危，用长远的眼光肩负改革的新使命；⑤加强合作，用强强联合开辟新的增长极。

---

① 参见省情中心《2017 年广东省地方服务型政府建设系列调研报告发布》，广东省社会科学院，2018 年 1 月 3 日。
② 参见习近平《习近平谈治国理政（第二卷）》，外文出版社 2017 年版，第 39 页。
③ 参见习近平《习近平谈治国理政（第二卷）》，外文出版社 2017 年版，第 107 页。

第五章　理顺政府条块关系：构建与时俱进的政府

2018年3月7日上午，习近平同志参加第十三届全国人大第一次会议广东代表团审议，并发表重要讲话。习近平同志指出："广东是改革开放的排头兵、先行地、实验区，在我国改革开放和社会主义现代化建设大局中具有十分重要的地位和作用。"习近平同志还要求广东的同志们"进一步解放思想、改革创新，真抓实干、奋发进取，以新的更大作为开创广东工作新局面"。2018年10月22日—25日，习近平总书记视察广东，前往珠海、深圳、广州和清远四地，深入了解广东经济社会发展情况，就进一步扩大改革开放、粤港澳大湾区建设以及乡村振兴等问题发表重要讲话，描绘了广东进一步高质量发展的美好蓝图。广东作为改革开放的前沿阵地，要牢记总书记的嘱托，全面学习贯彻习总书记视察广东精神，继续深化"大学习、深调研、真落实"，奋力推动习近平新时代中国特色社会主义思想在广东落地生根、结出丰硕成果。回顾改革开放的历史，广东在改革开放的探索中敢于实践、勇于拼搏，开创了敢为人先、与时俱进的广东改革精神。而这一精神在政府条块关系的行政管理体制改革中体现得淋漓尽致：行政区划优化广东先试、"省直管县"广东创新实践、跨区域行政资源整合广东先探。本章将回顾广东省在理顺政府条块关系方面所进行的改革实践，分别从历史的角度梳理市直管县、撤县设市和撤县（市）设区、市直管镇、城市扩容提质、强县扩权和省直管县、简政强镇事权改革、激励型财政政策、事权下放、深莞惠、广佛肇、珠中江、粤港澳大湾区及"一带一路"等一系列重大改革创新举措。

第一节　行政区划优化广东先试

一、建立"市直管县"体制

市直管县体制是指在行政区划上，根据维护国家政权和执行国家职能的需要，把同一经济区内的若干县或自治县划归为经济相对发达的中心城市进行管理的一种行政管理体制。① 在中华人民共和国成立之后不久，为发挥中心城市在经济建设中的聚集效应和辐射带动作用，同时也为保证城市蔬菜等副食品的供应、完善城市功能而逐步建立实行"市管县"的行政管理体制。② 1958年，河北省撤销天津专区，将其所管辖的县划归天津市管理，此后，北京、广州、上海等大中城市自发跟进，到1958年年底，全国已有29个市，管辖120个县级行政单位。③ 1959年9月17日，为了适应我国社会主义建设事业的迅速发展，特别是1958年以来工农业生产的"大跃进"和农村的人民公社化运动，密切城市和农村的经济关系，促进工农业的相互支援，便利劳动力的调配，第二届全国人民代表大会常务委员会第九次会议通过了《关于直辖市和较大的市可以领导县、自治县的决定》，自此，这一体制便以法律形式正式确立，并在全国推广开来。

改革开放以后，地级市直管县的模式逐渐得到推广。随着经济社会的发展和经济管理体制改革的不断深入，城乡发展之间的矛盾变得越来越突出，城乡分割、生产重复、流通堵塞、多头领导、相互牵制等问题变得越来越突出，政府急需寻找促进经济发展的新动力、新方式。④ 20世纪80年代初期，我国由计划经济向有计划的商品经济过渡，国务院审时度势，

---

① 参见叶敏《增长驱动、城市化战略与市管县体制变迁》，载《公共管理学报》2012年第2期。
② 参见张铁军《"市管县"体制的困境与"省管县"体制改革的可行性研究》，载《厦门特区党校学报》2010年第5期。
③ 参见湖北省经委课题组《改革市管县体制的研究报告（连载一）——中国地方行政管理体制的历史沿革》，载《当代经济》2006年第4期。
④ 参见周天勇《从市管县到省管县的体制变迁》，载《中国党政干部论坛》2014年第7期。

第五章 理顺政府条块关系：构建与时俱进的政府

提出实行地市合并，打破城乡分离，形成城市带动农村发展的良好局面。①1982年，中共中央51号文件《改革地区体制，实行市领导县体制的通知》做出"推行市领导县体制"的决定，并在江苏试点，撤销江苏省所有地区，地区所管辖的各县划归11个市领导。1983年2月15日，中共中央、国务院发出《关于地市州党政机关机构改革若干问题的通知》，要求"积极试行地、市合并"，提出"要以经济发达的城市为中心，以广大农村为基础，逐步实行市领导县的体制，使城市和农村紧密结合起来，促进城乡经济、文化事业的发展。主要办法是：实行地、市合并，由市领导县；还可以扩大大中城市郊区，让它们多带几个县"。自此，地级市直管县的体制迅速在全国铺开。

广东是中国改革开放的急先锋，也是市场经济萌芽的热土。在市场经济的起步阶段，以往传统的市县分治的行政管理体制就已经严重阻碍了贸易交流和资源流动，制约了城市经济的发展。正因如此，广东省在全国较早开始尝试打破市县分治，实行市直管县体制。广东省市管县体制的探索最早可追溯至20世纪50年代，与天津设立市管县体制为同一时期。1958年12月，原属郊区的人和、太和、竹料、钟落潭4个公社与花县合并设立广北县，隶属广州市，在全国开创了副省级市管县体制的先河。1960年4月，从佛山地区划出花县、从化县归属广州市。1961年，原属韶关地区的佛冈县划归广州市。1975年，把原属佛山地区的番禺县、惠阳地区的增城县和龙门县、韶关地区的新丰县划归广州市领导。

广东省真正开始全面铺开地级市直管县的新体制是在1983年。1983年2月24日，广东省决定在全省范围内实行市管县的新体制，自此，广东省开始大刀阔斧地开展地市合并、市直管县的行政管理体制改革。经过紧张严密的前期准备，1983年12月22日，国务院正式批准广东省部分地区实行市领导县体制。撤销佛山地区，将南海、三水、顺德、高明县划归佛山市管辖；将开平、台山、恩平、新会、鹤山5县划归江门市管辖；将斗门县划归珠海市管辖。撤销汕头地区，将澄海、潮阳、揭阳、揭西、普宁、惠来、饶平、南澳8县划归汕头市管辖；将海丰、陆丰两线划归惠阳

---

① 参见张占斌《市管县体制25年观察》，载《决策》2008年第1期。

管辖。撤销韶关地区,将南雄、始兴、仁化、乐昌、翁源、英德、阳山、连县、乳源瑶族自治县、连南瑶族自治县、连山壮族瑶族自治县共11个县划归韶关市管辖。撤销湛江地区,将徐闻、海康、廉江、遂溪、吴川5个县划湛江市管辖;将高州、化州、信宜、电白4县划归茂名市管辖;将阳江、阳春两县划归江门市管辖。1987年10月10日,中共广东省委、省人民政府向中共中央、国务院报送《关于调整我省部分行政区划全部实行市领导县体制的请示》。1988年1月7日,国务院正式批准广东省调整部分行政区划,实行市领导县体制,并设立清远、河源、汕尾、阳江、肇庆、惠州、梅州、东莞、中山等9个地级市;将信丰县划归韶关市管辖。调整后,广东省撤销地区建制,全部实行市领导县体制。

市直管县行政管理体制的建立促进了区域市场的统一和规模经济的形成,在精简政府机构的同时解决了省县之间关系长期虚实不定和缺乏法律主体的尴尬局面,推动了城市化的发展。① 在计划经济体制下,城乡隔离状态严重,城市化发展缓慢,广东省市管县体制的建立,助力城镇规模进一步扩大,功能进一步完善,使广东省的城市化进程大大加快。② 至1998年年底,广东省的城市由改革开放初期的10个上升为54个,其中地级市21个,县级市33个。特别是珠江三角洲的城市群已具规模,呈现出城乡一体化的良好态势。如图5-1所示,1949年中华人民共和国成立之后,直至1983年,在长达34年的时间里,广东省城镇人口没有太大变化,长期维持在较低水平。在1983年广东省全面铺开市直管县体制后,城镇人口增速加快。广东省城镇人口从1949年的437.46万人增至1999年的2219.07万人,占总人口的比重从15.72%迅速攀升至1998年的31.19%,比全国高6个百分点以上。广东省市管县体制的建立不仅给城乡经济的快速发展和工业化、城市化水平的快速提升注入了一针强心剂,同时也为现代化大城市的建立奠定了坚实基础。如广州市在改革开放20年间,获得

---

① 参见吴金群《统筹城乡发展中的省管县体制改革》,载《经济社会体制比较》2010年第5期。

② 参见孙学玉、伍开昌《构建省直接管理县市的公共行政体制——一项关于市管县体制改革的实证研究》,载《政治学研究》2004年第1期。

城市建设投资高达471.97亿元,城区面积从1978年的89平方千米扩大到1998年的274.6平方千米,扩展了两倍多,与此同时,地铁、立交、环城高速公路等城市公用事业也不断完善。

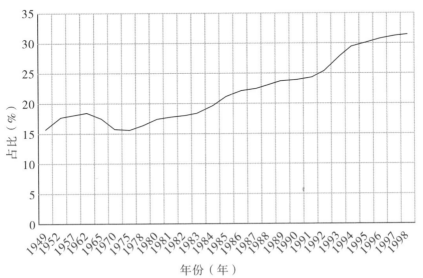

图5-1 1949—1998年广东省城镇人口占比变化趋势

注:数据根据《广东统计年鉴(1999)》整理绘制而成。

二、撤县设市与撤县(市)设区

撤县设市,就是将某一行政区域,如一个县、一个地区,整建制地改成市。撤县设市体制调整始于1979年,最初由广东省以撤县设市的模式建立了深圳市和珠海市。改革开放初期,广东省以解放思想为先导,大胆探索对外开放的路子。当时的中国急需一个开展对外经贸往来的对接窗口,根据惠阳地区宝安县和佛山地区珠海县毗邻香港的独特区位优势,1978年1月15日至24日,国家计委、外贸部、中国人民银行和国家进出口总公司及其驻香港五丰行等单位以及广东省外贸厅组成联合工作组,对建立宝安县、珠海县外贸基地的问题进行了调查研究。① 同年 4 月 10 日至 5 月 6 日，国家计委和外贸部组织港澳贸易考察组抵香港、澳门调研，随后写出《港澳经济考察报告》，建议借鉴港澳的经济，把靠近港澳的广东宝安、珠海建成商品出口基地。为了落实中央考察组的意见，1978 年 6 月 20 日，时任广东省委第二书记的习仲勋主持召开广东省委常委会议，研究关于开展对外贸易和宝安、珠海两县的建设问题，会议要求省、地有关部门对两县迅速进行调研，并写出可行性报告。② 1978 年 10 月 18 日，习仲勋主持广东省委常委会议，研究省计委起草的《关于宝安、珠海两县外贸基地和市政建设规划设想的报告》，会议决定把宝安县改为宝安市，珠海县改为珠海市，建立相当于地区级的中等城市。紧接着的 10 月 23 日，广东省革命委员会（以下简称"革委会"）向国务院上报了省计委起草的报告，提出"在三五年内把宝安、珠海两县建设成为具有相当水平的工农业结合的出口商品生产基地，成为吸收港澳游客的旅游区，成为新型的边防城市"。1979 年 1 月 23 日，经报请中央同意，广东省委正式发出《关于设立深圳市和珠海市的决定》。同年 3 月 5 日，国务院正式批复广东省革委会（国发〔1979〕63 文），同意撤销宝安县，改设深圳市，下辖罗湖、南头、松岗、龙华、龙岗、葵涌 6 个区，同意撤销珠海县，改设珠海市，以珠海县的行政区域为珠海市的行政区域，市革委会驻香洲，标志着深圳市和珠海市以撤县设市的形式正式成立。

之所以会将宝安县和珠海县改为深圳市和珠海市，是因为仅仅一个县的体量不足以承载城市未来的发展。撤县改市后，作为城市将能在财政、立法等诸多领域享有更多的政策优势和资源扶持。尽管按照宝安县和珠海县当时的发展程度并不足以建市，但是广东省审时度势、高瞻远瞩，创新性地以通过撤县设市的方式为区域发展预留空间，通过政策带动经济社会发展，成了改革开放成功的关键之举。1979 年 6 月 6 日，中共广东省委向

---

① 参见中共惠州市委党史研究室课题组、张海燕、郑杜贤、胡嘉峰《惠阳地区在深圳特区建立过程中的历史贡献》，载《红广角》2014 年第 12 期。

② 参见中共惠州市委党史研究室课题组、张海燕、郑杜贤、胡嘉峰《惠阳地区在深圳特区建立过程中的历史贡献》，载《红广角》2014 年第 12 期。

第五章 理顺政府条块关系:构建与时俱进的政府

中央提交了《关于发挥广东优越条件,扩大对外贸易,加快经济发展的报告》。同年 7 月 15 日,中共中央、国务院以〔1979〕50 号文件的形式,批转广东省委关于对外经济活动实行特殊政策和灵活措施的报告,给予广东省在计划、财政、金融、物价等方面更多的自主权,关于出口特区,则先在深圳、珠海两市试办。自此,深圳市与珠海市迈上了跨越式发展的道路,经过数十年的建设,深圳市与珠海市已由过去的边陲渔村,发展成了颇具规模的现代化城市和实力雄厚的经济特区。其中深圳市表现得尤为强劲,2016 年深圳市地区生产总值正式突破 2 万亿元,超越广州成为中国经济第三城,稳居一线城市前列。在改革开放之后,随着经济社会的发展和城镇规模的进一步扩大、功能进一步完善,广东省又陆续推进撤县设市工作,使广东省城市化进程大大加快。至 1998 年年底,广东的城市由 1978 年的 10 个上升至 54 个,其中地级市 21 个,县级市 33 个,建制镇由 120 个上升至 1528 个。

除了撤县设市,撤县(市)设区也是城市化进程中很普遍的一种行政区划调整方式。撤县(市)设区,本质上是对"市管县"体制的补充和对撤县设市行政区划改革的延续,其主要目的是为了提高城市化水平,提高中心城市对县域腹地的辐射和带动作用。① 在统一中心城市及周边县规划,统筹城市发展的过程中,为了减少城市间的内耗,最简单最直接的方式就是"撤县(市)设区",将原来更为独立的县(市)纳入市区的范畴中来,最为典型的当属番禺的撤市设区。在 1992 年撤县设市之后,本身经济实力就较为雄厚的番禺获得了进一步发展,但相对独立的番禺市与广州市之间客观存在的融合需求,让"两头跑"的老百姓尝到了行政没有对接的难处。在相当长的一段时间,番禺市的政府部门甚至需要在广州设立"驻广州办事处",以解决行政对接和交通不便所带来的麻烦。1999 年广州市"两会"期间,广州市政府主要负责人首次透露了将番禺撤市设区的计划。2000 年 5 月 21 日,国务院正式批复广东省人民政府,同意撤销县级番禺市,设立广州市番禺区,以原县级番禺市的行政区域为番禺区的行

---

① 参见耿卫军《"撤县设区"、行政区划体制转型与区域经济发展》(学位论文),浙江财经大学 2016 年。

政区域。自此，番禺由市变区，被纳入了现代化大都市广州的行政版图，拉开了番禺城市化进程的序幕，吹响了跨越式发展的号角。在撤市设区后，番禺地区行政效率得到了极大提升，综合实力实现了跨越式发展，经济建设取得了骄人成绩。2017年番禺实现地区生产总值1948.32亿元，同比增长8%，在2017年度中国最具投资潜力百强区中排名第五，全国综合实力百强区中排名第十。

撤县（市）设区还有助于扩大中心城市发展的空间规模。当中心城市发展需要大量土地而市区人口稠密时，周边的县就成为发展用地的方向，较为典型当属广州市的行政区划调整。随着广州市城市建设的拓展和提速，原本属于县级市的增城、从化均于2014年撤市设区。2014年2月12日，广东省政府将《国务院关于同意广东省调整广州市部分行政区划的批复》转发至广州市人民政府，同意撤销县级从化市，设立从化区，以原从化市的行政区域为从化区的行政区域；同意撤销县级增城市，设立增城区，以原增城市的行政区域为增城区的行政区域。在新一轮行政区划调整之后，广州的市辖面积由3843.43平方千米扩大到7434.4平方千米，市辖总面积一举超过上海，为广州超大型现代化都市的发展预留了充足的空间。而在撤县设区之后，从化和增城的发展也都走上快车道，经济建设和融入城市的进程都大大提速。预计到2018年年底，广州市各区将能够通过四通八达的地铁全部通联，真正实现大都市圈融合。撤县设区不仅有助于扩大中心城市的规模，还有利于在国家层面争取更多的资源。如2002年广东省佛山市在合并顺德市后，跃居成为广东省第三大城市，满足了地铁、机场等重大基础设施建设的基本门槛要求，为城市的领先发展奠定了坚实的基础。

撤县设市和撤县设区，均不是行政区划的简单变化，它是一个地区经济发展达到一定程度的必然结果。从经济发展的普遍规律来看，行政区划归属政府管理，属于生产关系范畴，区域经济、科技创新等内容归属生产力范畴。从广东省撤县设市与撤县设区的历史经验中可以看到，当生产关系束缚生产力发展时，"撤县设市"和"撤县（市）设区"就成为破解矛盾的有效路径。

三、东莞创新"市直管镇"

行政管理的扁平化是指压缩行政层级，使行政命令能最快传到底层，同时减少信息在传递过程中所受的噪音干扰，达到提升行政效率的目的。[①]而其中最具特色的典型代表就是东莞的"市直管镇"模式，即地级市直接管理和领导镇，中间不设县或区一级政府。市直管镇的模式在全国并不多见，除东莞以外，仅有广东省中山市，海南省三亚市、三沙市等。而东莞模式所取得的成就独树一帜，无论在面积、人口、各项经济指标方面均独占鳌头。

东莞市自1988年升格为地级市以来，其独特的市直管镇的扁平化行政框架让东莞具备了精简、高效、节约的行政体制，造就了为人称颂的东莞镇域经济发展奇迹。[②]在改革开放前，东莞属于传统的农业城市，政府组织形式、经济结构等与全国大部分县城没有太大的区别。改革开放后，东莞市政府抢抓机遇，从自身实际出发，自上而下掀起改革浪潮，在行政管理模式和经济发展模式方面都大胆创新、敢为人先。[③] 1985年9月5日，《中华人民共和国国务院公报》1985年第30期发布（85）国函字第137号公告："同意撤销东莞县，设立东莞市（县级）。以原东莞县的行政区域为东莞市的行政区域。"1986年，东莞开始撤区公所建镇，实行镇辖村体制。1987年，东莞市二次申请升级为地级市。时任东莞市委书记李近维大胆创新，提出不设县而实施市直管镇建制。1988年1月，国务院正式批复同意东莞升格为地级市，仍是原来东莞县的面积范围，没有设县，只是由原来县管镇变为市管镇，市管镇保留至今，并逐渐形成了独特的"市直管镇"行政管理体制模式。在此之后，东莞设立了4个街道办事处并拆分、合并了多个园区，截至2015年，东莞下辖28个镇和4个街道，

---

① 参见黎锡浩《东莞市"市直管镇"扁平化行政管理体制改革研究》（学位论文），华中师范大学2016年。

② 参见肖隆福《扁平化调整破解"小马拉大车"》，载《东莞日报》2011年11月1日，第A04版。

③ 参见黎锡浩《东莞市"市直管镇"扁平化行政管理体制改革研究》（学位论文），华中师范大学2016年。

共597个村（社区），其中还划分了松山湖、银瓶新区、东莞长安新区以及虎门港等新的行政区域。

东莞市建立"市直管镇"体制，主要出于两方面的目的。

一方面，可以减少财政供养人员，提高行政服务效率，并将节省下来的资金投资于城市发展所需的基础设施建设。由于东莞市行政管理中间减少了县一级的管理机构，最大限度地减少了信息传递过程中的变异、减少了政府开支，增强了政府办事的灵活性。当时全国由财政供给的行政事业单位人员，平均28人供养一个，广东省为26人，而东莞保持各镇格局不变，为68人供养一个，如果计入外来常住人口则东莞官民比例更低。① 2015年，北京师范大学政府管理学院、政府管理研究所发布《2014中国地方政府效率研究报告》，推出了54个重点城市政府效率排行榜。这54个城市包括22个省会、5个自治区首府、7个计划单列市或经济特区、20个全国二线及三线重点地级市代表。其中，东莞、深圳、广州位居前三甲。由此可见，在高效率的政府运作和直接上传下达的层级关系下，东莞的管理效能和发展增速甚至比广州、深圳等一线大城市更具优势。

另一方面，东莞市的"市直管镇"体制灵活高效，可以更好地服务经济建设和发展生产力，为东莞市的经济快速发展奠定坚实的基础。早在20世纪80年代初，东莞已将招商引资等资源争夺的主力战场下放到乡镇与村（社区），并形成全民招商的氛围。由于村镇一级在招商引资的过程中能够同时帮助解决土地和劳动力等一系列生产要素的问题，因此具有独特的优势，取得了很好的效果。② 1992年，为了进一步扶持各镇的发展，东莞从工商、消防等8个方面简政放权，强化乡镇权力和管理职能。不仅如此，东莞还把投资总额在1000万美元以内的项目立项审批权下放给各个基层镇。东莞坚持财权和事权相统一，着力扩大乡镇财权，按照"谁赚钱谁花钱"的原则，建立起市、镇、村多级财政管理体制，让基层镇（街）及村委会在简政放权的激励下，激发发展活力，结合区域特点探索各自的发展路子。在创新管理体制的激励带动下，东莞辖区内32个镇（街）充

---

① 参见禤文昊《东莞村镇非正规租赁住房研究》（学位论文），清华大学2012年。
② 参见黄少宏《创造制度红利，再造发展奇迹》，载《南方日报》2014年1月10日。

分发挥积极性和主动性，结合各自特点，瞄准一个产业，实施"一业带一镇、一业兴一村"的发展策略，在全市逐步产生了行业相对集中的专业镇、专业村、专业街，形成了以乡镇为基本单位、专业化发展为主导的性质迥异的特色经济，催生出各自领域的产业集群中心。如东莞的中国女装名镇（虎门）、中国羊毛衫名镇（大朗）、中国电子信息产业重镇（长安）、中国机械五金模具名镇（长安）等都以其规模优势、配套优势和高成长性，成为乡镇经济发展的龙头。目前，东莞已经形成满天繁星式的城市产业格局，全市共有18个市重点扶持发展产业集群，其中有11个为广东省产业集群升级示范区，省级产业集群数量名列广东省第二位。产业集群所产生的规模效应带来了东莞市的经济腾飞，东莞市统计局资料显示，改革开放近40年，东莞市生产总值由1978年的6.11亿元，猛增至2017年的7580亿元，2017年比上年增长8.1%，增速高于同期全国（6.9%）、全省（7.5%）平均水平。2017年全市规模以上工业增加值3307亿元，先进制造业比重首次超过50%，工商登记注册户数突破100万户，全市国家高新技术企业总数位居全省地级市首位，东莞市镇域经济实力进一步提升，全市28个镇全部入选全国千强镇，其中13个镇入围前100名，虎门、长安生产总值进入500亿元"俱乐部"。①

回溯东莞改革开放的发展历程，其市直接管辖镇街的模式，减少了县一级的管理成本，并将一些县级政府的权限直接下放给镇区，赋予了镇区较大的自主权和决策权，也使得镇级财政能够直接与市级财政对接融合，具有精简、灵活、高效的特点，有利于发挥镇区主动性；另外也使得决策和管理权限相对集中，市、镇两级权责分明，市委、市政府的决策能够得到迅速有效的贯彻，充分调动了城镇经济的积极性，极大地激发了镇域经济的活力，为东莞市经济社会快速发展提供了有力的保障，帮助东莞市在短时间内完成了工业化和城市化的转型。②

---

① 参见罗斌《东莞市2017年国民经济和社会发展计划执行情况与2018年计划草案的报告》，载《东莞日报》2018年1月30日，第A04版。
② 参见张紧跟《市镇职能分工：市管镇体制改革的新思路——以广东省东莞市为例》，见《公共管理研究》（第8卷），格致出版社、上海人民出版社2010年版。

四、推动实现城市"扩容提质"

城市的扩容提质,顾名思义,包含两个方面,一为城市"扩容",二为城市"提质"。其本质是走新型城镇化发展道路:以城乡统筹、城乡一体、产业互动、节约集约、生态宜居、和谐发展为目标,在适当扩大城区规模、吸引人口聚集的同时,加大对公共服务和基础设施的投入,完善城市功能,提高生活品质,改善人居环境,建设以提升群众幸福感为导向的新型宜居城市。其具体手段是打造区域经济增长极:通过中心城区产业、人口和城市空间的扩容,强化中心职能,使之成为具有强大辐射带动能力的区域经济增长极,以点带面,带动全市乃至更大区域的整体发展。①"扩容"与"提质"两者不可偏废,两者须有效结合、有机统一,才能有效促进城镇化的科学、健康和可持续发展。

改革开放以来,广东省实现了城镇化的快速发展。2011年,广东省城镇化率已达66.5%,整体上进入了以城市社会为主的新发展阶段,处于经济转型升级、向城市现代化迈进的关键时期。此时,城市化已成为引领经济社会发展的重要引擎。②在"加快转型升级,建设幸福广东"的历史时期,广东省委、省政府审时度势,高瞻远瞩地做出了全面提高全省城市化发展水平的重要战略部署。粤东西北地区作为广东省后发地区,突出反映在城市化水平的滞后,中心城区不强大,在产业亟须转型升级的关键时期缺乏吸引产业和聚集人才的平台,导致难以辐射和带动周边县区发展。③但必须看到的是,粤东西北地区区位优势明显,自然生态条件优越,发展潜力巨大,为全省实现新一轮大发展提供了广阔的发展空间,并有条件为加快建设文明、宜居、承载力和可持续发展能力强的"理想城市"做出有

---

① 参见杨深、黄克新《新型城镇化政策背景下的城区"扩容提质"——以广东省揭阳市为例》,载《城市发展研究》2014年第4期。

② 参见IUD中国政务舆情监测中心《粤东西北扩容提质,汪洋提出三大要求》,载《领导决策信息》2012年第48期。

③ 参见卢轶、陈清浩、达海军等《扩容提质 打造区域发展新平台》,载《南方日报》2013年8月6日,第A09版。

第五章 理顺政府条块关系：构建与时俱进的政府

益探索。① 基于此，为加快粤东西北地区的发展步伐，支撑珠三角转型升级，促进广东省经济长期平稳较快发展，2012年5月，广东省第十一次党代会首次提出，支持粤东西北地级市城区扩容提质、聚集发展、率先崛起。同年10月，由省住建厅牵头制定的《广东省促进粤东西北地区地级市城区扩容提质五年行动计划》出台，提出大力实施城市化战略，与珠三角融合发展，探索规划落实项目、项目汇集资金、资金牵动机制的发展模式，围绕加强城市规划、拓展城市空间、提升城市产业发展水平、完善城市功能、提高人口素质、改善环境质量等六个方面，按照突出前瞻性、针对性和可实施性的要求，提出了30项具体行动安排，并制定了符合实际的行动目标（见表5-1）。

广东省委、省政府关于扩容提质的系列政策和行动，是全面探索具有广东特色新型城镇化道路的重大战略举措，为加快推进粤东西北地级市中心城区扩容提质，打造粤东西北区域增长极，实现区域均衡协调发展，带来重大战略机遇，2013年7月25日，中共广东省委、省政府进一步印发《关于进一步促进粤东西北地区振兴发展的决定》，提出加大省级财政支持力度，促进粤东西北地区振兴发展。2013—2017年省财政计划通过整合资金存量、新增财政预算、增加融资渠道等手段，统筹安排资金6720亿元，大力支持粤东西北地区振兴发展。其中，省财政专门安排资金113亿元，推进粤东西北各市中心城区扩容提质。

---

① 参见单樑、杜宝东、刘琛等《先发区域后发城市"扩容提质"规划探讨——以广东省云浮市西江新城为例》，载《城市发展研究》2013年第10期。

表5-1 广东省促进粤东西北地区地级市城区扩容提质行动安排与目标

行动安排		行动目标		
主要任务	具体措施	指标	2009年现状	2017年目标
加强城市规划	完善城市规划体系 强化城区规划管理	—	—	—
拓展城市空间	适度扩大城区规模 合理保护和更新城市旧区 科学开发城市新区 推动产业园区向城市新区转变 维护城区周边乡土风貌	中心城区建成区规模（单位：平方千米）	2009年中心城区建成区规模：汕头138、韶关154、河源59、梅州40、汕尾49、阳江79、湛江217、茂名92、清远127、潮州30、揭阳53、云浮44	湛江>300 汕头、韶关、清远>200 阳江、茂名>150 河源、汕尾>100 梅州、潮州、揭阳、云浮50～100
提升城市产业发展水平	促进传统产业升级 发展循环经济 建设海洋经济重点发展区 发展都市型产业 培育城郊型特色产业 推动商贸物流产业发展	研究与发展经费支出占地区生产总值比例	0.48%	1%

续表 5-1

行动安排		行动目标		
主要任务	具体措施	指标	2009年现状	2017年目标
完善城市功能	提高城市交通服务效能 加快城市环境设施建设 提升城市信息化建设水平 加强文化城市建设 完善城市安全保障基础设施 健全民生服务和保障体系 建设城乡要素自由流通平台	城区每万人公交车辆拥有量	—	12台
		城区生活污水集中处理率	43.58%	80%
		城区生活垃圾无害化处理率	62.74%	85%
		每万人医生数	14人	17人
提高人口素质	提升城区教育发展水平 发展公共文体事业 培育人才引进和创业环境 提升进城务工人员职业技能 培育市民文明素质	每万人公共图书馆、文化馆、博物馆数	0.05个	0.3个
		人均教育经费支出	344元	>420元
		转移劳动力接收技能培训比例	—	70%
		组织技能培训（培养）人数	—	96万人

续表 5-1

行动安排		行动目标		
主要任务	具体措施	指标	2009年现状	2017年目标
改善环境质量	强化城市水资源保护 推进低碳节能工作 开展城市增绿工作 打造城市滨水景观带 加强城市环境综合治理	城市人均公园绿地面积	11.8平方米	13.5平方米
		新建绿色建筑	—	1000万平方米

资料来源：根据《广东省促进粤东西北地区地级市城区扩容提质五年行动计划》整理编制而成。

在推进扩容提质的具体实践中，粤东西北地区主要采用"两条腿走路"的办法，即"撤县设区"和"新区规划"。广东省委、省政府印发的《关于进一步促进粤东西北地区振兴发展的决定》也明确指出："支持仅有1个市辖区的地级市选择1个县改设区，中心城区发展空间已饱和的地级市可将周边乡镇整合并入城区，支持各地级市规划建设1个新区。"2012年以来，清远清新县、揭阳揭东县、潮州潮安县、梅州梅县、茂名电白县、云浮云安县、阳江阳东县的"撤县设区"先后获国务院批准。粤东西北12市的新区规划也同步进行，先后出炉。截至2016年年底，12个新区纷纷涌现在粤东西北版图，包括韶关芙蓉新区、清远燕湖新区、湛江海东新区、潮州新区、云浮新区、河源江东新区、梅州嘉应新区、阳江滨海新区、汕尾红海湾新区、揭阳新区、茂名滨海新区、汕头海湾新区。粤东西北地区各市在推进中心城区扩容提质中注重结合城市特色，突出自身优势。如汕头、茂名通过填海造地推进城市空间向海拓展，揭阳、云浮、汕尾、韶关、河源依托机场、高铁站等交通枢纽推进新区建设，潮州、湛江、清远、阳江、梅州注重新城老城的互动发展，有效推动了中心城区建成区空间扩容。① 以茂名市为例，在扩容提质之前，茂名市城区面积仅有

---

① 参见谈健《规划引领粤东西北扩容提质》，载《广东建设报》2017年10月11日，第005版。

第五章 理顺政府条块关系：构建与时俱进的政府

487平方千米，中心城区面积小、实力弱，资源聚集度和辐射带动能力都很差，但在茂港区和电白县撤县设区之后，茂名市区规模扩大5倍，猛增至2747平方千米，为建设滨海新区、打造粤西增长极，留下了广阔的发展空间。

通过一系列强有力的政策和资金支持，大力提升了粤东西北地区的城市化水平，大幅提高了各市中心城区人口和产业聚集度，增强了各市综合竞争力及辐射带动周边县区发展的能力。近年来，粤东西北扩容提质政策的引导效果正在显现。数据显示，2013—2016年粤东西北地区经济呈现出跨越赶超的发展态势，多项重要的经济指标增速高于全省平均水平。2013—2016年，粤东西北地区12市地区生产总值实现年均8.8%的增长，比全省高0.9个百分点；粤东西北地区人均地区生产总值年均增速达8.2%，高出全省1.2个百分点；产业园区规模以上工业增加值年均增长21.6%，是全省平均增速的2.7倍；粤东西北地区固定资产投资增长最高达29.6%，年均增长为20.5%，比全省平均水平高5.5个百分点；全体居民可支配收入占人均地区生产总值之比为51.7%，比全省高10.1个百分点。①

珠三角各较为发达的城市也在逐步推进行政区划综合改革，探索城市扩容提质的新路子。2014年广州市大刀阔斧开展行政区划调整，将原萝岗、黄埔两区合并为新的黄埔区；撤销县级从化市，设立广州市从化区；撤销县级增城市，设立广州市增城区。此次行政区划调整后，广州市辖面积增加近一倍，达到7434.4平方千米，大幅超越上海，奠定了广州市超大型现代化都市发展的基础。"扩容"是第一阶段，"提质"则是关键。2016年2月，国务院批复了广州市城市总体规划（国函〔2016〕36号），指出，广州是广东省省会、国家历史文化名城，我国重要的中心城市、国际商贸中心和综合交通枢纽，需要不断增强城市综合功能，提高区域辐射带动能力和国际影响力。"国家中心城市"的定位为广州实现"扩容提质"带来了巨大机遇。2017年1月4日，广州市人民政府办公厅印发《广州市城市基础设施发展第十三个五年规划（2016—2020年）》，提出要

---

① 参见黄应来、彭惜君《四年来粤东西北GDP年增8.8%》，载《南方日报》2017年10月13日，第A06版。

在"坚持优化提升、创新发展和扩容提质的发展理念"的基础上,"建成干净整洁、平安有序和有文化底蕴、有岭南特色、有开放魅力的现代化生态宜居城市,形成系统完善、衔接顺畅、运行高效、服务优质、管理智能的现代化城市基础设施体系,使广州成为珠三角世界级城市群核心城市、辐射带动泛珠地区合作龙头城市、国家建设'一带一路'的重要枢纽,综合竞争力和国际影响力得到明显提升"。同样作为现代化大都市的深圳则通过对重点区域的建设,着力打造新的经济增长极。重点区域作为深圳区域转型和产业转型的重要承载区,实施动态调整,成熟一个纳入一个,截至2016年10月26日,深圳市重点区域数量达到16个。以深圳市高新区北区为例,其过去以工业项目、制造业为主,随着高新区的升级换代,之前的硬件环境和配套等已经不能适应新的发展。基于此,深圳市决定对高新区北区进行升级改造,着力完善和提升高新区北区的交通配套、环境和公共服务,为高新区内涵式发展提供良好的支撑;同时力促高新区内企业由制造业向总部、研发转型升级,打造南山区新的经济增长点。[①]

第二节 "省直管县"改革广东创新实践

改革开放初期,传统计划经济体制的坚冰逐渐消融,城乡二元分割局面出现松动,"市管县"体制在这样的社会条件下推广壮大,具有其历史的合理性和现实的可行性。[②] 然而随着改革开放的深入和社会经济的发展,"市管县"体制的严重缺陷也逐渐暴露出来,存在诸如加剧了县级财政困难、缺乏法律依据、增加了行政成本、降低了行政效率、阻碍了城乡统筹发展等一系列问题。在这样的情况下,设立省直管县体制的呼声越来越高。省直管县是指取消在一定程度上制约县域经济发展的市管县(市)体制,推行市和县均由省直辖的行政管理体制,这样不仅减少了一个层级,

---

[①] 参见《深圳六大发展引擎托起南山"双中心"城区梦》,载《南方日报》2015年12月9日,第SC03版。

[②] 参见罗湘衡《对"市管县"和"省管县"体制的若干思考》,载《湖南农业大学学报(社会科学版)》2008年第5期。

第五章 理顺政府条块关系：构建与时俱进的政府

提高了行政效率，节约了行政成本，而且规范了城市政区制度，使城市政区回归其原有的城区管理主体功能。① 省直管县的行政管理体制创新有利于激发县域经济发展活力，进一步加快县域经济社会发展的步伐。广东省的"省直管县"改革具有其独特的亮点，并非简单地改造行政管理体制，而是打了一套"组合拳"，创新性地通过扩权强县、强镇扩权、推行激励型财政政策等一系列措施激活县域经济发展。

一、强县扩权、省直管县

按照国家最初设立地级市的初衷和设想，就是要发挥地级市作为中心城市的辐射和带动作用。但现实是我国地级市的大多数中心城市起点较低，城市基础薄弱，相当一部分中心城市并非随着经济发展而自然形成，而是因为政治干预被推上中心城市的舞台。② 在有些地级市，中心城市的经济实力甚至不如所辖县，这样的中心城市不仅不能带动所辖县的发展，反而可能产生严重的"抽水"现象。在20世纪90年代，随着市场经济的发展和国企改革的推进，国有企业大多出现严重困难，与此同时城市化进程逐步加快，地级市均面临中心城市建设的巨大资金投入，财政出现巨大压力。在财政吃紧的情况下，地级市越来越多地出现了与县争利的现象。在现行财政转移支付的制度下，地级市为了中心城市的发展，往往截留所辖县的资金，导致财政资源严重向中心城市倾斜，成为所辖县经济的"抽水机"。③ 抽水而不造血，导致县级财政困难，弱化了县级政府提供公共服务、开展经济建设的能力，严重阻碍了县域经济的健康可持续发展，背离了市管县体制所设想的发挥中心城市辐射作用而实现城乡协调发展的初衷。

在市管县体制下出现的这些问题引起了中央政府的高度关注。1992年，在中央政府的支持下，浙江省率先开展了强县扩权、省直管县的体制

---

① 参见袁政《我国新一轮市管县体制改革思考》，载《华中师范大学学报（人文社会科学版）》2012年第3期。
② 参见张占斌《市管县体制25年观察》，载《决策》2008年第1期。
③ 参见张占斌《市管县体制25年观察》，载《决策》2008年第1期。

改革，其核心思路是通过减少地级市对县级政府的管理权，同时扩大县一级政府的相关权力，以使县一级政府具有更大的自主权，从而为实现县一级政府的经济发展和社会管理职能奠定基础。① 浙江省的改革试点取得了良好的效果。从2002年起，广东、江西、辽宁、山东、福建等省也先后开始"强县扩权、省直管县"的改革，把地级市的经济管理权限直接下放给一些重点县，在经济管理方面形成了近似于"省管县"的格局，克服了"市管县"体制下因行政层级过多带来的种种问题，实现了行政管理体制的"扁平化"②。"省管县"的体制改革具体而言，有两种操作方式。一种是"财政省直管县"，即在财政预算编制上，由省直接对县编制预算，在收入划分上也由省直接对县进行划分，同时也把转移支付、专项资金补助、资金调度、财务管理等经济权限下放至县级政府；另一种是"行政省直管县"，即市县平级，无论是财政管理体制，还是人事权、审批权、经济社会管理权限都由省直接与县级政府对接。③

现代化大城市的高度发达是广东省的优势，然而县域经济基础差、底子薄，已然成为广东省区域经济协调发展的主要掣肘。2005年的数据显示：广东省68个县（市），面积占全省总量的83.8%，人口占62.8%，但财政收入仅占6.5%，县域经济发展缓慢的现状，被广东快速工业化所取得的经济成就掩盖了。④ 究其原因，在于县级政府的权力小、财力弱、负担重，此外由于管理层次过多，导致运行效率降低，行政成本加大。为了扭转县域经济发展的颓势，激活县域经济发展动力，实现区域经济协调发展，自2002年开始，广东省把加快县域经济发展作为一大战略来抓，采用双管齐下的改革举措，一方面积极开展"财政省直管县"试点，另一方面积极探索"行政省直管县"。2004年，广东省出台《广东省人民政府

---

① 参见邢伟《"扩权强县"与行政体制改革——来自浙江的经验》，载《中国社会科学院研究生院学报》2010年第1期。
② 薛建刚：《对"省管县"财政管理改革的初步思考》，载《西部财会》2006年第1期。
③ 参见王丽娅《中国"省管县"体制改革的现实审视——广东省"省管县"改革的路径选择》，载《辽宁大学学报（哲学社会科学版）》2010年第1期，第35～41页。
④ 参见张占斌《政府层级改革与省直管县实现路径研究》，载《经济与管理研究》2007年第4期，第22～27页。

第五章 理顺政府条块关系：构建与时俱进的政府

关于加快县域经济发展的决定》，全面论述以财政权、行政审批权以及行政级别改革为主要内容的扩权强县改革。

在开展"财政省直管县"方面，主要实行了三个"直接"：一是激励性财政机制直接核定到县（市），二是财政转移支付补助全部直接分配到县（市），三是绝大部分专项补助直接分配到县（市）。① 2010 年，广东省政府办公厅正式印发《关于开展省直管县财政改革试点的通知》，将"产粮、产油、生猪生产"大县：南雄市、紫金县、兴宁县和封开县纳入省直管县财政体制改革试点工作。同时，为了配合顺德区的行政体制综合改革，将顺德区纳入省直管县财政改革范围。改革的主要内容包括：取消市与县之间日常的资金往来关系，在政府间收支划分、转移支付、资金往来、财政预决算、年终结算等五个方面，全面实现省财政与县财政直接联系，并开展相关业务。② 省直管县财政体制的试水起到了很好的效果，对县域经济社会发展、财政收入的提振以及农业生产经营均起到了显著的促进作用。在此后的 2012 年、2013 年、2014 年和 2015 年，广东省又分四批开展了省直管县财政改革的试点工作（见表 5-2）。截至 2017 年年底，已在 36 个县级政府推行了"财政省直管县"体制，涵盖了所有粮食、油料、棉花、生猪生产大县。

---

① 参见潘雪静、徐盼《省直接管理县财政体制改革研究——以广东省为例》，载《现代商贸工业》2011 年第 14 期，第 74～75 页。
② 参见周俊波《省直管县财政改革能够全面推行吗？——基于广东省的案例分析》，载《大珠三角论坛》2012 年第 3 期，第 1～13 页。

表 5-2　广东省直管县财政改革试点名单

序号	直管县	文　号
1	顺德区	《关于佛山市顺德区实行省直管县财政体制的批复》（粤府函〔2010〕150 号）
2	兴宁市	《关于开展省直管县财政改革试点的通知》（粤办函〔2010〕528 号）
3	南雄市	
4	紫金县	
5	封开县	
6	龙川县	《关于开展省直管县财政改革第二批试点的通知》（粤办函〔2012〕239 号）
7	五华县	
8	博罗县	
9	阳春市	
10	徐闻市	
11	高州市	
12	英德市	
13	饶平县	
14	普宁市	
15	罗定市	
16	南澳县	《广东省人民政府办公厅关于开展省直管县财政改革第三批试点的通知》（粤办函〔2013〕326 号）
17	仁化县	
18	丰顺县	
19	陆河县	
20	怀集县	
21	揭西县	
22	乳源瑶族自治县	《关于开展省直管县财政改革第四批试点的通知》（粤办函〔2014〕308 号）
23	大埔县	
24	陆丰市	
25	廉江市	
26	化州市	
27	德庆县	
28	连山壮族瑶族自治县	
29	连南瑶族自治县	
30	新兴县	

续表 5-2

序号	直管县	文　号
31	翁源县	《广东省人民政府办公厅关于开展省直管县财政改革第五批试点的通知》（粤办函〔2015〕368号）
32	连平县	
33	海丰县	
34	雷州市	
35	广宁县	
36	惠来县	

资料来源：广东省农业厅网站，http：//www.gdagri.gov.cn/ywzx/cwysjc/201603/t20160302_543959.html。

在探索"行政省直管县"方面，广东省积极向县级政府下放经济管理权限，已下放给地级市的审批权，除另有规定外，一律下放到县（或县级市）。2005 年，广东省人民政府颁布《广东省第一批扩大县级政府管理权限事项目录》，下放的权力包括由县（市）直接报省审批（审核、核准）、报市备案的事项 176 项，由县（市）直接审批或核准、报市备案的事项 38 项，适用于广东省所有建制县以及县级市，全面覆盖发展改革、经贸、教育、科技、民政、司法等各方面内容。同年，广东省还专门下发《关于做好扩大县级政府管理权限工作有关问题的通知》，要求省有关部门认真做好指导协调工作，检查督促扩大县级政府管理权限事项的落实，要求各地级市政府及有关部门认真组织好第一批扩大县级政府管理权限事项的实施工作。2011 年 5 月 27 日，为进一步扩大广东省县级政府经济社会管理权限，激发县级发展活力，在总结执行第一批扩大县级政府管理权限事项目录经验做法的基础上，广东省颁布《广东省第二批扩大县级政府管理权限事项目录》，包含扩权事项总计 97 项，并要求各地、各部门要深化行政审批制度改革，按照"权责一致、重心下移、减少层次"的原则，依法将部分经济社会管理权下放给县级。不仅如此，广东省还创新性地通过县官"高配"来助力"省管县"的体制改革。早在 2005 年，广东率先提拔了清远市阳山县，梅州市梅县、大埔县等一批任职满 5 年的县委书记为"副厅",开创全国之先河。此后,海南、四川、江苏、湖南等省也纷纷跟进,对县委书记升格进行了不同尝试。县委书记高配为副厅或正厅级干部,打破了"市直管县"的干部任命惯例,形成了事实上的"省直管县"的"一把手"干部任免体制,对于提高基层的执政能力,实现县域经济的可持续发展和长治久安具有重要意义。

在强县扩权、省直管县政策的激励下,广东省县域经济出现了持续较快发展的良好势头。2004年,广东省67个县级行政区全年实现地区生产总值4098亿元,增长11.7%,而该年广东省实际地区生产总值增长率高达14.8%,县域经济发展大幅度落后于全省平均水平。广东县域经济研究与发展促进会联合广东省委党校省情研究中心发布的《2015广东县域经济综合发展力研究报告》显示:2010年至2014年,县域地区生产总值年均增长达13%,增幅比全省平均增速高出3.6个百分点,可见广东县域经济发展活力十足,发展速度已跑赢全省。近年来,广东省县域经济水平与全省的差距正逐渐缩小,产业结构有所提升,发展后劲和活力得到加强,城镇化步伐不断加快,人民生活水平得到了进一步提高。

二、简政强镇事权改革

随着区域经济的发展和城镇化的加速推进,不仅县域经济得到了长足发展,镇域经济也不断壮大,出现了许多经济发展程度很高的发达镇。但是行政管理体制改革远远落后于经济体制改革,发达镇的经济社会管理权限仍然按照乡镇一级配置,行政管理级别、机构设置和事权配置等与庞大的经济总量不匹配,导致了"大人穿小衣"的严重情况,挤压了镇域经济的发展空间,难以实现其健康可持续发展。以东莞市虎门镇为例,无论是从常住人口、地区生产总值、财政收入还是管理难度上看,虎门镇都相当于一个中等规模的城市,但在行政管理级别上仍然属于镇级政府。① 因此在简政强镇事权改革前,虎门镇在财政分成、人员编制和经济社会管理权限等方面仍按照镇级政府标准设置,导致出现"责大、权小、能弱"的问题。"责大"是指乡镇作为基层政府直接面对居民,担负着推动地方经济

---

① 参见毕俊杰《新生中心城市培育的难点与对策》,载《宏观经济管理》2016年第11期。

第五章　理顺政府条块关系：构建与时俱进的政府

社会发展与为广大居民直接提供公共服务的重要职责，工作烦琐而责任重大；"权小"是指乡镇缺乏独立的管理与执法权，在城建、安全、环保等领域，存在"看得见的管不着、管得着的看不见"的问题；"能弱"是指乡镇缺乏完成任务的资源和手段，特点是在现行分税制下，财政分成比例偏低，大部分财政收入要上缴，可支配的财力并不多，根本无法满足城镇建设和公共服务的需要。① 这些问题严重制约了基层政府开展社会管理、提供公共服务的能力，阻碍了镇域经济的健康可持续发展。

面对上述困境，简政强镇事权改革成了必经之路。广东省珠三角地区是推进简政强镇事权改革较早的实践者。2000 年，广东省根据党中央、国务院关于"小城镇，大战略"的决策，开始大力推进中心城镇的简政强镇事权改革工作，就推进城乡建设和小城镇发展制定了《中共广东省委、广东省人民政府关于加快城乡建设，推进城市化进程的若干意见》，提出要"重点抓好 300 个左右中心镇的建设。在经济管理权限、用地指标分配、基础设施项目安排等方面给予支持"。同年还下发了《中共广东省委、广东省人民政府关于推进小城镇健康发展的意见》，提出：对于确定的 300 个中心镇，要按照责、权、利统一的原则，逐步完善镇政府的经济和社会管理职能，并下放部分审批权限给中心镇。② 2003 年，为进一步促进中心镇发展，广东省政府下发《广东省人民政府关于加快中心镇发展的意见》，再次强调"建立适应中心镇发展需要的管理体制"，并明确提出"要逐步完善镇政府的经济和社会管理职能，除继续落实粤发〔2000〕10 号文③提出的各项管理权和审批权外，其他职能部门在依据国家有关法律法规规定的前提下，也应适当下放审批权到中心镇。在省规定的机构编制限额内，经济发展较快的中心镇可根据实际情况合理确定机构设置和人员配备"。2006 年 8 月 16 日，广东省机构编制委员会印发《广东省乡镇机构改革试点实施意见》，按照乡镇常住人口、土地面积、乡镇财政一般预

---

① 参见李媛媛、王泽、陈国申《从"简政放权"到"强镇扩权"——对改革开放后两次乡镇改革的比较分析》，载《社会主义研究》2013 年第 6 期。
② 参见宋建辉、李瑾《我国部分省份推行"强镇扩权"改革研究综述》，载《城市》2010 年第 4 期。
③ 即 2000 年广东省印发的《中共广东省委、广东省人民政府关于推进小城镇健康发展的意见》。

算收入三项指标，将全省乡镇分类为一般乡镇、较大镇、特大镇，并根据乡镇分类对其机构编制做规定。

广东省在简政强镇事权改革方面的探索引起了党中央、国务院的高度重视，并在政策上给予了充分的支持。2008年12月17日，国务院常务会议审议并原则通过《珠江三角洲地区改革发展规划纲要（2008—2020年)》，给予珠江三角洲地区"先试先行"的战略地位，并要求："积极推进乡镇机构改革。按照强镇扩权的原则，对具备一定人口规模和经济实力的中心镇赋予部分县级经济社会管理权限；对与县级政府驻地联系紧密的乡镇，在条件成熟时转为县级政府的派出机构；对规模较大和城镇化水平较高的特大型乡镇，整合设立地级市的市辖区。"2009年1月27日，中共中央办公厅、国务院办公厅转发《中央机构编制委员会办公室关于深化乡镇机构改革的指导意见》的通知，也明确指出："坚持权责一致，赋予乡镇履行职能必要的事权和财权"，"依法赋予经济发展快、人口吸纳能力强的小城镇相应行政管理权限"。

有了来自中央的支持，广东省马上紧锣密鼓地推开简政强镇事权改革工作。2009年11月，广东省选取佛山市顺德区容桂街道、南海区狮山镇和东莞市塘厦镇、石龙镇作为简政强镇事权改革试点。紧接着，在2009年12月，广东省委、广东省人民政府出台《关于富县强镇事权改革的指导意见》，提出积极探索实施强镇扩权，对中心镇政府赋予县级经济社会管理权限。2010年4月1日，中央编办印发《关于开展经济发达镇行政管理体制改革试点工作的通知》，提出从加快推进体制创新、继续下放经济社会管理权限、创新机构编制管理三个方面推进改革工作，并将广东省增城市新塘镇、佛山市南海区狮山镇和东莞市长安镇纳入试点。为响应中央改革精神，在总结佛山、东莞试点经验的基础上，2010年4月30日，广东省召开全省富县强镇事权改革工作现场会，要求充分借鉴顺德区等的试点经验，把简政放权与富县强镇结合起来，要以简政放权、增加财力、转变职能、强化责任为重点，切实减少审批层次，简化审批程序，推进依法行政，提高行政效能，加快建立权责一致、分工合理、决策科学、执行顺畅、监督有力的行政管理体制，力争用3～5年的时间，使县镇经济社会管理体制得到优化，社会管理和公共服务能力大幅提升。2010年6月17

日,中共广东省委办公厅、广东省人民政府办公厅印发《关于简政强镇事权改革的指导意见》,提出:科学定位政府职能,扩大镇级管理权限;推进行政体制创新,拓展经济发达镇试点;理顺纵向权责关系,加强镇级财力保障;完善公共管理和服务体系,创新运行机制和方式;规范机构设置,优化编制配备;改革事业站所,创新管理服务体制机制;创新用人制度,完善激励机制;完善决策和监督机制,实现民主决策和有效监督等八项任务,并且针对每项任务,还提出具体的实施方法。

广东省的简政强镇事权改革与本省以往改革和其他省份的改革相比,具有三个方面的鲜明特点:一是简政增效。即是推行镇级大部制改革,按照"精简、统一、效能"的原则,裁撤职能重叠的机关,合并职能相似的部门,化解中心镇政府"权小、能弱、责大"的矛盾,提高行政效率,促进政府职能转变。① 如表5-3所示,佛山市南海区狮山镇按照大部门体制的改革方向,将原有的38个部门调整为12个内设机构、1个独立机构、2个事业单位和1个派出机构。通过科学设置综合管理机构,实行职能有机统一的大部门体制,使部门权责更趋合理,行政效率得到提升。二是量体放权。广东省的简政强镇事权改革不搞一刀切,而是按照镇的规模和经济实力来针对性地下放管理权限,如综合指数在400以上的特大镇,依法赋予其县级经济社会管理权限,而其他较小的镇,下放的管理权限相对较小。2009年佛山市南海区就一次性将116项区级行政审批权和行政执法权下放给了狮山镇,涉及发改委、经贸、科技、环保、建设、安监、交通、水利、劳动、规划以及国土共计11各部门,放权力度极大,有力地提升了狮山镇统筹协调、自主决策和公共服务能力。此外,机关行政人员编制也同样"量体裁衣":一般镇不超过35名;较大镇不超过55名;特大镇,综合指数在300~400的不超过85名,综合指数在400~500的不超过120名,综合指数在500以上的最多不超过150名。三是改革配套和有序推进。广东省的简政强镇事权改革并非简单的简政放权,而是通过推进行政审批制度改

---

① 参见王涛《广东强镇扩权改革的实证研究》(学位论文),云南大学2012年。

革、开展农村综合改革、实施社会管理改革三大举措,将改革延伸至社会层面。① 此外,广东省简政强镇事权改革由点及面,先试点、再总结、后推广,并采用"成熟一件下放一件"的办法分批下放权力。通过强有力的改革配套、稳健的改革推进,有效地保证了简政强镇事权改革的顺利开展。

表 5-3 狮山镇政府机构改革情况一览

类别		调整后机构名称	调整前机构名称	调整说明
内设机构	党群线	党政办(挂人大办、政协联络室、应急办牌子)	党政办公室(挂应急办,宣传办,工、青、妇牌子)人大办 政协联络室	a. 人大办、政协联络室不做单设机构;b. 将宣传(含协调广播、文体事业部门)、工青妇、信访、发展计划和综合统计职能划出
		党政办(挂人大办、政协联络室、应急办牌子)	党政办公室(挂应急办,宣传办,工、青、妇牌子)人大办 政协联络室	a. 人大办、政协联络室不做单设机构;b. 将宣传(含协调广播、文体事业部门)、工青妇、信访、发展计划和综合统计职能划出
		组织办公室	组织办公室(挂审计办公室牌子)	将审计职能划出
		纪检监察办(挂综合巡视室、审计办牌子)	纪检监察办公室	a. 增加审计职能;b. 巡视室整合区纪委监察和职能部门下派的工作人员,实行上位监督

---

① 参见叶贵仁《广东简政强镇事权改革跟踪研究:来自顺德的经验》,载《佛山科学技术学院学报(社会科学版)》2013年第6期,第22~25页。

续表 5-3

类别		调整后机构名称	调整前机构名称	调整说明
内设机构	党群线	农村综合办（挂水利所牌子）	农村工作办公室 农林服务中心（事业单位） 水利所 水利排灌站（事业单位）	a. 增加政务、村务公开管理和基层政权（村组）建设职能；b. 下设农林水利管理服务中心，整合原有的"农林服务中心"和"水利排灌管理站"职能，列为村综合办公室下属事业单位管理；c. 内设"内河涌整治办"等部门
	经济线	公有资产管理办公室	公有资产管理办公室	原有职能不变
		财政所	财政所 财务结算中心（事业单位）	原有职能不变。结算中心列为财政所下属事业单位管理
		经济发展局（挂劳动所牌子）	经济发展办公室（挂安监办、科技办牌子） 南海经济开发区投资促进局 劳动所	a. 整合经发办、劳动所、投资促进局的职能，划入发展计划、综合统计职能；b. 将经发办原有安监职能划出；c. 内设科技、发改、统计中心等部门
	建设线	规划建设和环保局（挂国土所牌子）	规划建设办公室（挂环保办、国土所、"三旧"改造办牌子，分设规划办、建设办） 市政管理办公室 房产管理所（事业单位） 交管所	a. 整合规划建设办（内部分设规划办和建设办）、环保办、市政办、房管办、交管所的职能；b. 可内设规划、建设、环保、市政、交管、"三旧改造办"等机构；c. 房管所列为该局的内设机构不再独立设置；d. 国土所谓区驻镇机构，与该局合署办公

续表 5-3

类别		调整后机构名称	调整前机构名称	调整说明
内设机构	社会线	综合维稳信访办（挂综治维稳信访中心、司法所、公安特派员办牌子）	综治办 司法所 信访办 流管办	a. 整合综治、司法、信访、流动人口管理四大职能；b. 设立公安特派员办公室，配强特派员助手人员
		综合执法和安全监督局（挂行政执法分局牌子）	安监办 行政执法分局 工商巡查、环保监察中队、国土巡查、建设巡查、文化巡查、"五无"工程巡查队 协税护税工作队 殡改队	a. 整合行政执法分局、安监办以及经发办原有安监职能；b. 以行政执法分局为基础，整合工商、交管、安监、环保监察、国土、建设、殡葬改革、文化、"五无"工程等巡查队伍，以及协税护税工作队等相关部门的事物，设立"综合管理巡查大队"，列为内设机构；c. 将卫监所中的检查执法职能划入
		宣传教育和社会事务办（挂工、青、妇牌子）	宣传办 社会事务办公室（挂教育组、侨务办、残联牌子） 文化站（事业单位） 工青妇	a. 整合原有的宣传办、文化站、教育组、工青妇、社会事务办（民政、残联）等部门的职能；b. 将社会事务办原有的卫生组、协调药监部门职能划出；c. 文化站（事业单位）不再单独设置，改为内设部门
		卫生和计划生育办	卫生组 卫监所（事业单位） 计划生育办 计划生育服务所（事业单位）	a. 整合卫生组、卫监所和计生办职能，将卫监所中的检查执法职能划出，将协调药监管理职能划入；b. "计划生育服务所"（事业单位）牌子加挂在镇公立医院，业务上归口镇公立医院管理；c. 卫生监督所不再单独设置，改为内设部门

第五章 理顺政府条块关系：构建与时俱进的政府

续表 5-3

类别	调整后机构名称	调整前机构名称	调整说明
单设机构	武装部	武装部	原有职能不变
事业单位	行政服务中心	行政服务中心（事业单位）	原有职能不变
事业单位	招标采购和农村资产交易中心	招投标中心	新设立单位，划入原有招投标中心职能。增加农村资产交易职能
派出机构	公安派出所	—	市直管机构，全镇共设 4 个

资料来源：http://news.sina.com.cn/o/2009-11-11/041316587004s.shtml。

广东省简政强镇事权改革开展后，镇一级事权扩大，服务效能得到显著提升；人事权得到理顺，人力资源效能得到增强；镇政府在公共财政体制和资金投入方面获得了广泛的权力和支持，镇级发展财力得到保障，财政实力逐步增长。① 简政强镇事权改革化解了行政管理与经济发展之间不相匹配的突出问题，镇域经济活力得到进一步激发。以最早开展简政强镇事权改革的佛山市南海区狮山镇为例，2008 年狮山镇的国内生产总值就已经超过 300 亿元，辖区的总人口也已超过 30 万人，相当于内地一个地级市的水平，但狮山镇的公务员编制仅有 180 个。此外由于镇政府行政执法权限极为有限，在城市管理中经常遇到有责无权的尴尬局面，给企业、市民带来诸多不便，成为束缚狮山镇进一步发展的"紧箍咒"。在开展简政强镇事权改革试点后，狮山镇正式享有县级管理权限，南海区先后向狮山镇下放事权多达 1024 项，主要集中于经济发展、市场监管、公共服务、社会管理、民生事业和建设、规划、国土等方面，并且均为整体下放，包括行政审批终审权和行政执法处罚权。② 不仅如此，2013 年，在原本三镇合并的基础上，南海区将原罗村街道和大沥镇部分区域划至狮山镇。同时

---

① 参见王涛《广东强镇扩权改革的实证研究》（学位论文），云南大学 2012 年。
② 参见《12 年放权史　改革无止境》，载《南方都市报》2015 年 12 月 16 日，第 FB42 版。

为理顺管理机制，佛山高新区和狮山镇采取"园镇融合"的管理模式：佛山高新区和狮山镇实行"两块牌子，一套班子"的运作模式，园区管经济，镇管社会行政事务，为镇级行政单位成功嫁接区、市级行政资源，打破了原有镇级行政区划的局限。① 简政强镇事权改革成效显著，灵活、开放的行政管理体制营造出透明、高效的政商环境，吸引了诸多国内外知名企业落户狮山镇。2010 年，总投资 133 亿元人民币的一汽-大众华南基地签约落户狮山，并带动接近 2000 亿元产值的配套产业链和包括世界 500 强在内的 50 多家零部件供应商在周边落户，狮山镇逐渐形成从整车到汽配再到原材料供应的完整产业链。②

三、推行激励型财政政策

1994 年我国开始实行"分税制"改革，将税收收入的大头划归中央，而将支出的大头转移至地方，通过财政转移支付的方式来实现地方财政当年的收支平衡。1996 年，广东省结合省级财力状况，研究制定并出台了与"分税制"新体制相配套的省对市县财政转移支付制度的具体实施方案，开始对县级政府进行财政转移支付补助。数据显示，到 2003 年，财政转移支付从最初的 5.8 亿元增长到 67.9 亿元，扩增了 10 倍。③ 虽然省财政对市县转移支付力度不断加大，但各县市财政状况依然严峻，许多县市"等、靠、要"的现象严重，省财政不堪重负。不仅如此，相当部分享受省财政转移支付补助的市县经济财政发展缓慢，增长比例远低于省财政一般性转移支付的递增比例，部分市县财政收入不增长甚至负增长。④ 2003 年，广东省各县所辖 83.8% 的土地，但只创造了全省 27.36% 的地区生产总值，占全省 63.4% 的人口，财政收入却仅占全省的 6.7%。⑤ 2003

---

① 参见陆璐、张硕《百强镇新版图中的广东镇域经济转型》，载《时代周报》2017 年 10 月 17 日。

② 参见陆璐、张硕《百强镇新版图中的广东镇域经济转型》，载《时代周报》2017 年 10 月 17 日。

③ 参见《关于促进县域经济发展财政性措施的意见》。

④ 参见范小花、朱桂芳《激励型财政机制促进县域经济快速发展》，载《南方日报》2008 年 6 月 5 日，第 A04 版。

⑤ 参见颜晓岩《创新制度　激活县域经济》，载《中国财经报》2006 年 6 月 6 日，第 001 版。

第五章 理顺政府条块关系：构建与时俱进的政府

年，广东省68个县（市）中，地方财政一般预算收入不足亿元的仍有37个，不到0.5亿元的还有12个，相当部分财政都是"吃饭财政"，根本无力促进经济发展，也难以提供有效的公共服务。① 由此可见，当时的广东省财政转移支付并没有能够调动各县发展经济的积极性。

受县域经济乏力的拖累，2002年开始，广东全省一般预算收入增长率连年下降，并低于全国平均水平（见图5－2），省级一般预算收入增长比例则更低。全省一般预算收入增长比例远低于江苏、浙江和上海等沿海兄弟省市，尽管一般预算收入规模仍居全国第一，但与其他较为发达省市间的差距越来越小，广东省改革开放的先发优势已不明显。加上在2002年中央所得税分享改革中，中央政府拿走了税收收入中份额最大的增值税的3/4，地方政府仅享有其中的1/4，导致省级财政面临较大困难，广东省政府只能连续几年依靠压减本级支出以确保对市县的支出。② 与此同时，在传统的一般性转移支付制度的框架下，广东省区域间经济财政发展出现了严重的不平衡，地区间差距逐年扩大，珠江三角洲地区生产总值占全省的比重从61.5%提高到67.3%，而东西两翼、粤北山区分别从21.5%和17%下降到18.4%和14.3%（见图5－3）。不仅如此，1996—2002年，珠江三角洲地区生产总值年均增速为14.3%，同期东西两翼、粤北山区仅分别为8.8%和8.2%；珠江三角洲地区一般预算收入年均增速为16.2%，占全省市县级收入的比重从79.1%提高到83.8%，而东西两翼、粤北山区一般预算收入年均增速仅分别为8.6%和14.1%，占全省市县级收入的比重分别从12.2%和8.7%下降到8.1%和8.1%。③

---

① 参见《综合增长率有奥秘　新机制激活县域经济后发优势》，见南方网（http：//news.gd.sina.com.cn/finance/2004－10－14/720166.html）。
② 参见范小花、朱桂芳《激励型财政机制促进县域经济快速发展》，载《南方日报》2008年6月5日，第A04版。
③ 参见范小花、朱桂芳《激励型财政机制促进县域经济快速发展》，载《南方日报》2008年6月5日，第A04版。

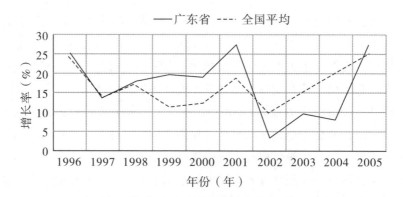

图 5-2　1996—2005 年广东省及全国平均一般预算收入增长情况
资料来源：根据《中国财政年鉴 1996—2006》整理绘制而成。

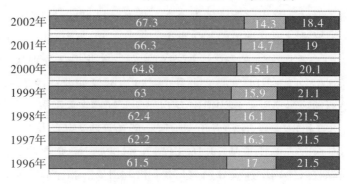

图 5-3　1996—2002 年广东省珠三角、山区及东西两翼占全省地区生产总值的比重
资料来源：根据《广东年鉴 1997—2003》整理绘制而成。

面对严峻的县域经济发展难题，广东省想要继续保持改革开放以来在全国的领先地位，就必须事事先人一步。为了改变县域经济发展缓慢的局面，2003 年，广东省通过深入调研，认真查找问题，广泛征求意见，找出县域经济困境的体制性症结在于省财政转移支付的"大锅饭"体制，并基于此做出了加快县域经济发展的战略决策。2003 年，时任中共中央政治局委员、广东省委书记张德江在粤东山区调研途中研究并制定了财政转移支付体制改革的核心指导思想，即财政转移支付必须是一种激励的机

第五章 理顺政府条块关系：构建与时俱进的政府

制，是促进增长的机制，而不是养"懒汉"的机制，要将省财政转移支付和县（市）财政增收挂钩，建立激励型转移支付财政政策。时任广东省省长的黄华华也指出："现在的转移支付是吃大锅饭的体制，要鼓励市、县发展经济，实行奖勤罚懒。"① 在广东省委、省政府主要领导的高度重视下，广东省大胆突破理论和传统的束缚，创新性地在一般性转移支付中大力度引入激励型机制。2004 年 4 月 16 日，广东省正式印发《关于促进县域经济发展财政性措施意见的通知》，提出对县级财政按照确保既得利益、促进收入增长、实行奖励先进、鞭策后进的原则，建立"确定基数，超增分成，挂钩奖罚，鼓励先进"的"三不减、三确定、三奖励"的财政激励机制。在这一机制下，财政转移支付资金不再简单地按财政供养人员计算，而是与县域经济财政发展挂钩，以调动市县发展经济的积极性。县域经济发展越快，财政增收越多，所得转移支付补助奖励就越多；反之，则少得甚至被扣减转移支付资金。

广东省激励型财政转移支付政策主要包含三方面的创新性举措：一是超增分成。对粤东、粤西、粤北地区所属县（市）实行鼓励收入增长的特殊奖励政策，按照就低不就高的原则，对这些县（市）执行省市共享收入增幅超全省或粤东、粤西、粤北地区平均水平的，省分成部分分档次按超额累进办法给予返还奖励。即上划省"四税"超平均增长率部分在 20 个百分点以内（含 20%）的，按 60% 给予返还奖励；在 20～40 个百分点之间（含 40%）的，按 70% 给予返还奖励；在 40～60 个百分点之间（含 60%）的，按 80% 给予返还奖励；在 60 个百分点以上的，给予 100% 返还奖励。二是挂钩奖惩。调整现行省对市县按比例递增的新增转移支付兑付办法，实行新增转移支付兑现与收入挂钩奖罚。对粤东、粤西、粤北地区的市本级和所属县（市）及恩平市，分档实行激励性奖罚措施：若市县考核收入能维持上年水平不下降，即综合增长率大于或等于 0，即可获得稳步增长的新增转移支付补助；若市县考核收入低于上年水平，即综合增长率小于 0，就要对当年稳步增长的转移支付补助进行扣减。三是鼓励

---

① 丘剑华、肖潘潘、任宣：《不养"懒汉" 广东省财政转移支付要奖勤罚懒》，载《南方日报》2004 年 3 月 30 日。

先进。为了鼓励县域经济发展快、财政任务完成好的县级领导班子,对获得省给予的上划省"四税"返还奖励的县级,由省财政按其所得返还奖励额的 50% 给予奖励,奖励最高可达 500 万元。

与原来的一般性转移支付制度相比,广东省激励型财政政策明显增强了对经济发展的激励作用,打破了"大锅饭"的状况,改变了过去干多干少一个样、经济发展快慢好坏一个样、转移支付照拿的局面,充分体现了"水涨船高,奖励先进,鞭策后进"①。"旱涝保收"的固化利益格局一旦打破,激励型财政机制所产生的效果立竿见影,显著增强了县域发展的动力,有力地促进了县域经济财政的快速发展。2004 年当年,广东省 67 个县(市)的地区生产总值就出现了大幅度增长,同比增长 13.3%,相比 2000—2003 年 8.8% 的县域经济平均增长率高出 4.5 个百分点。在此之后,广东省县域经济一直保持着 10% 以上的高速增长,并在绝大多数年份里大幅超越全省平均水平,县域经济焕发出了蓬勃生机(见图 5-4)。不仅如此,全省区域间差距进一步扩大的趋势也得到了有效的抑制,2004 年东西两翼和粤北山区地方一般预算收入占全省比重相比 2003 年提升了 0.2 个百分点。受县域经济蓬勃发展的积极影响,广东省一般预算收入增长率在经历数年的低迷之后,终于在 2005 年重新超越全国平均水平(见图 5-2),并在此后多年保持平稳快速增长。2015 年广东省全年一般公共预算收入增速达 16.2%,增速高居全国榜首;② 在 2016 年,广东省一般公共预算收入规模在全国率先突破 1 万亿元,与排名第二的江苏省拉开了近 2000 亿元的差距,巩固了改革开放以来的龙头经济地位。

---

① 范小花、朱桂芳:《激励型财政机制促进县域经济快速发展》,载《南方日报》2008 年 6 月 5 日,第 A04 版。

② 除西藏外。

第五章 理顺政府条块关系：构建与时俱进的政府

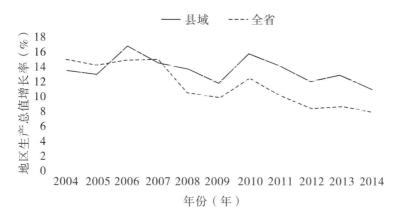

图5-4 2004—2014年广东省县域及全省平均地区生产总值增长率对比
资料来源：根据《广东统计年鉴2005—2015》整理绘制而成。

广东省激励型财政政策一直延续至今，其间广东省还根据县域经济的发展情况对这一政策进行了适时的动态调整，以保证政策制定的科学性与合理性。2007年，广东省下发《关于继续执行促进县域经济发展财政性措施的意见》，保持激励型财政机制总体不变，在充分考虑市县实际情况和省财政承受能力的情况下，适当调整构成综合增长率三项指标的权重，适当提高基础增长率，适当调整部分人均财力偏低县的转移支付基数，进一步调动县级政府发展县域经济的积极性和主动性，增强发展动力，更好地促进县域经济发展和财政增收，促进全省区域经济协调发展。2013年，广东省印发《关于完善省级财政一般性转移支付政策的意见》，在确保基本公平的基础上，进一步强化激励作用，将现行激励型财政机制、县级基本财力保障机制、生态保护补偿机制等政策的每年新增资金全部用于激励性转移支付，增强激励效应。通过完善省级财政一般性转移支付政策，加大倾斜支持力度，为进一步促进粤东西北地区振兴发展提供财力保障和制度支持。广东省创新性激励型财政政策的制定、实施、调整以及延续，充分体现了广东省开拓创新、与时俱进的改革开放精神。

四、事权下放的持续创新

事权下放的举措是伴随着强县扩权和简政强镇事权改革等一系列改革

产生的，有助于解决辖区内发展的瓶颈制约，推动形成新的发展格局。广东省的事权下放并不仅仅局限于扩权强县和扩权强镇，而是积极为新时代进一步深化改革创造试验空间，其事权下放举措力度大，灵活性强，真正做到了与时俱进、持续创新。

广东省是自由贸易区探索的重点区域，而广州南沙自贸区则是重中之重。2012年，南沙获批成为国家级新区。南沙国家新区自创立伊始，就获得了不同以往的、重量级的省级事权下放。2012年10月11日，广东省人民政府第十一届第104次常务会议就通过了两个重大放权文件——《广东省第一批调整由广州南沙新区管理机构实施的省级管理权限事项目录》《广东省第一批向广州南沙新区开通"绿色通道"的省级管理事项目录》，包含14项下放实施的省级管理事项、4项委托实施的省级管理事项以及23项专门面向南沙自贸区开通的"绿色通道"的省级管理事项，涵盖外商投资项目核准、建设项目用地预审、中外合作办学审批等数十个领域，涉及省发改委、省经信委、省科技厅、省人社厅等数十个省级机构。2015年3月24日，中共中央政治局召开会议，审议通过《关于加快推进生态文明建设的意见》，审议通过广东（三大片区：广州南沙自贸区、深圳蛇口自贸区、珠海横琴自贸区）、天津、福建自由贸易试验区总体方案，进一步深化上海自由贸易试验区改革开放方案。这标志着南沙国家级新区正式挂牌广东自贸区，迈向了新的发展阶段。2015年4月30日，广东省人民政府出台《支持广州南沙新区加快开发建设的若干意见》，再次对南沙区大力度放权，明确对法律、法规和规章规定由省政府及省有关部门行使的经济调节、市场监管、社会管理、公共服务等行政管理职权，除确需由省级行政机关统一协调管理的事项外，原则上下放或委托南沙新区管理机构依法实施，对法律、法规和规章规定不得委托或下放以及需省综合平衡的省级管理事项，南沙新区管理机构与省建立直接请批关系，与广州市人民政府为报备关系。同年10月15日，广东省地税局出台《广东省地方税务局关于支持南沙自贸片区创新发展的若干意见》，提出按照"能放尽放、放管结合"原则，把广东省地税局可授权的管理事项都依法授权给南沙区地税局；对法律、法规和规章规定不得委托或下放的省级管理事项，南沙区地税局与广东省地税局建立直接请批关系，向广州市地税局报备。此外明确赋予了南沙区地税局行使广州地税局在房产税、土地使用税、契税、耕地占用税等方面的税收减免管理权限。此后，在2017年1月26日，广东省公布《中国（广东）自由贸易试验区各片区管委会实施的第二批省级管理事项目录》，又进一步下放了6项省级管理事项。广东省对于南沙自贸区的授权力度可谓前所未有，通过连续性、大力度的事权下放，南沙自贸区作为新时代深化改革的试验田，掌握了超越地级市的管理权限，摆脱了对生产力发展的束缚，拥有了广阔的发展空间。南沙自贸区作为中国未来5～10年经济创新先行先试的探索区，通过广东省创新且大力度的事权下放，迎来了发展的新机遇。

不仅如此，为激发所辖县区的经济活力，革除不适应社会经济发展的体制问题，广州、深圳、珠海等市纷纷对所辖县区下放事权。以珠海市为例，珠海曾于2015年、2016年、2017年三次大规模下放事权：2015年，珠海已有182项市级行政管理事权下放到区里，涉及企业登记、用地审批、城市建设、市场管理等经济社会诸多领域；2016年珠海又将市教育局、市国土资源局等13个部门的行政许可、行政处罚、行政确认等182项市级行政管理事权下放；为进一步深化简政放权、放管结合、优化服务改革，全面推进政府效能建设，完善市场在资源配置中起决定性作用的体制机制，2017年珠海市印发《2017年珠海市简政放权、放管结合、优化服务改革方案》，进一步下放45项事权至各区。这一系列举措有助于理顺市、区管理体制，优化政务环境，下放事权主要聚焦于投资建设领域，扩大了投资建设领域的区级事权，解决了各区发展的瓶颈制约，有助于珠海加快实体经济发展，加快新产业成长，推动形成发展新格局；同时，通过下放外贸审批事项，改革外商投资管理方式，有力地推动了投资和贸易便利化，为构建开放型经济新体制做出了探索。①

---

① 参见王珂《珠海"放管服"改革方案出台 45项事权下放各区》，载《南方日报》2017年7月18日。

第三节　跨地区行政资源整合广东先探

一、珠三角城市群一体化建设

区域经济一体化发展及由其形成的大城市、城市群、城市带的发展态势在深层次上需要一种超越小范围"块块"分割的跨区域治理框架，很明显，在这种新型城市化态势下，以分割治理为特征的传统行政治理体制越来越难以满足新的发展需要，跨区域的政治、经济资源整合势在必行。① 20世纪90年代，广东省就极具前瞻性地提出以规划为龙头，进一步推动区域经济结构调整优化，形成区域总体优势，促进珠江三角洲经济社会的协调发展。② 1994年10月，中共广东省委第七届第三次全会首次提出"珠三角"的概念，包含广州、深圳、佛山、东莞、中山、珠海、江门、肇庆、惠州共9个城市。中共广东省委第七届第三次全会还做出决议：珠江三角洲地区要成为广东首先实现现代化的一个大经济区。1994年，广东省组织编制《珠江三角洲经济区现代化建设规划纲要（1996—2010年）》，首次提出"城市群"的概念，基于此开始出现了东部——深莞惠一带、北部——广佛肇一带、西部——珠中江一带各自组成一体化都市圈的构想。"深莞惠""广佛肇"以及"珠中江"三大珠江三角洲城市群以品字形分布于珠江口，呈现三足鼎立之势，是广东省改革开放和经济发展的核心区域。2008年年底，国务院批准实施的《珠江三角洲地区改革发展规划纲要（2008—2020年）》正式拉开了珠江三角洲地区经济一体化的序幕。2009年6月10日，广东省出台《关于加快推进珠江三角洲区域经济一体化的指导意见》，提出广州-佛山-肇庆、深圳-东莞-惠州和珠海-中山-江门三大经济圈的核心城市要充分发挥带动作用，从经济一体

---

① 参见叶敏《增长驱动、城市化战略与市管县体制变迁》，载《公共管理学报》2012年第2期。

② 参见万哨凯、夏斌《珠三角经济区的形成因素及一体化发展方向研究》，载《改革与战略》2007年第12期。

化、交通一体化、能源水资源供应一体化、产业发展一体化、环保生态一体化、公共服务一体化等多个方面着手,全力推进珠江三角洲城市群一体化建设。《珠江三角洲地区改革发展规划纲要》和《关于加快推进珠江三角洲区域经济一体化的指导意见》,成为珠三角一体化重要的战略和制度依据。

(一)"深莞惠"一体化建设

"深莞惠"一体化建设有着地理、历史和经济等方面的天然优势。从地理上看,深莞惠区域经济圈位于珠江三角洲的东部,地处珠江入海口,自然条件优越,区位优势明显。在历史上,深莞惠三市原本均属惠阳地区,改革开放后为加快发展而创新体制,分出设立了深圳市,后来又分设了东莞市,因此"深莞惠"一体化具有共同的历史背景积淀。从经济的角度来看,自改革开放以来,深莞惠一直保持着强劲的经济增长势头,是珠三角地区经济发展的重要动力,其所形成的深莞惠产业经济带,是珠三角区域经济产业布局的关键支点,在珠三角乃至全国经济社会发展和改革开放大局中都具有重要的战略地位。①

"深莞惠"一体化的发展历程可分为萌芽、发展和扩张三个阶段。早在1998年10月,深圳与惠州就流经两市的龙淡河水污染治理问题进行了市级层面协商,并达成了初步的合作意向。由于深惠两市的合作机制并未真正成型,缺乏制度性的合作平台,所以这次合作只是两地政府的表态,并没有真正付诸行动。②但在淡水河联合治理上的合作尝试,让两地政府都意识到建立长效合作机制的重要性。之后随着经济发展,房地产市场逐步兴起,由于地理位置相近,深莞惠三地居民跨市购房变得司空见惯。房地产市场的融合加强了三地居民的交流,加大了对共享基础设施、公共服务的需求。惠州市早在2007年就表示要抓好广惠高速公路和惠盐高速公路的改造,推进惠莞高速公路、惠深沿海高速和厦深沿海铁路的建设,积

---

① 参见刘潘《深莞惠产业同构化问题研究》(学位论文),华南理工大学2011年。
② 参见王玉明《流域跨界水污染的合作治理——以深惠治理淡水河为例》,载《广东行政学院学报》2012年第5期。

极推动深莞惠经济圈的形成。① 基于深莞惠多年的潜在合作与各方条件的积累,深莞惠一体化进程开始取得重大进展,逐步进入发展期。2008年年底,国务院批准实施《珠江三角洲地区改革发展规划纲要(2008—2020年)》。该纲要提出以深圳市为核心,以东莞市、惠州市为节点的珠江口东岸地区,要优化人口结构,提高土地利用效率,提升城市综合服务水平,促进要素集聚和集约化发展,增强自主创新能力,面向世界大力推进国际化,面向全国以服务创造发展的新空间,提高核心竞争力和辐射带动能力。2009年2月27日,深圳、东莞和惠州三市领导签署《贯彻落实〈珠江三角洲地区改革发展规划纲要〉推进珠江口东岸地区紧密合作框架协议》,正式建立三市党政主要领导联席会议、三市政府工作协调机制以及专责小组协调推进机制。协议提出在积极推进珠江三角洲区域经济一体化的总体框架下,打破行政体制障碍,创新合作机制,促进要素合理流动,优化资源配置,重点加强区域发展规划、产业发展、区域创新、基础设施建设、环境治理、生态保护、社会公共事务管理等方面的紧密合作,全面提高区域整体竞争力和辐射带动力。2014年10月,深莞惠三市联合河源、汕尾两市,召开了深莞惠经济圈(3+2)党政主要领导联席会议,汕尾、河源加入深莞惠经济圈,标志着深莞惠一体化正式步入扩张期,其产业协同和一体化程度不断提升。

深莞惠一体化是全方位的一体化,截至2017年年底,深莞惠已累计召开10次党政主要领导联席会议,签署了100多项具体项目合作协议,推动了三市在基础设施建设、重要资源开发利用、生态环保、重点产业发展等专项规划方面的合作对接;在破解跨界河流治理、"断头路"对接等一批制约发展的瓶颈问题方面取得了突破;医保异地结算、重大疾病联防联控、适龄儿童就近入学等惠民实事得到落实,让百姓享受到了实实在在的合作成果。② 在"深莞惠"一体化经济圈的带动下,深莞惠三地之间正在逐渐搭建起全新的"前店后网"升级平台:以往城市间单纯的订单转移

---

① 参见胡刚、孙钰佳《深莞惠城市融合途经探索》,载《开放导报》2012年第2期。
② 参见袁义才、梁雪辉《深莞惠区域治理体系现代化刍议》,载《特区实践与理论》2015年第5期。

第五章　理顺政府条块关系：构建与时俱进的政府

模式，逐步转换成技术、资金、科技成果的全方位互通有无，继而推动各地产业发挥比较优势，协同发展。① 近年来5个城市不断发力，深圳的知识产权申请数量质量和上市公司数量在全国位居前列，东莞和惠州近年来城市科技创新能力也得到了显著增强，河源和汕尾的中高端制造业也得到了有效提升，深莞惠一体化已经步入良性发展轨道。②

(二)"广佛肇"一体化建设

广佛同城化是广佛肇一体化合作的前期酝酿，早在2009年3月19日，广州、佛山两市就共同签署了国内首个同城化协议，即《广州市佛山市同城化建设合作协议》。基于此项协议，两市在城市规划、交通基础设施、产业协作、环境保护展开全面合作。同年6月，广州、佛山、肇庆三市联合发布了《广佛肇经济圈建设合作框架协议》，标志着广佛肇经济圈正式成立，协议提出以交通基础设施建设为先导，以产业和劳动力"双转移"为切入点，创新行政管理体制，推进政策规则对接，完善合作机制，拓宽合作领域，全面构建城乡规划统筹协调、基础设施共建共享、产业发展合作共赢、生态环境协同保护、公共事务协作管理的一体化发展格局。广佛肇经济圈的成立被定义为珠三角一体化的突破口，意义重大。此后，三市在交通设施、产业发展、环境保护、教育文化、旅游等方面陆续签订多个专项协议，同时共同开展广佛肇经济圈重大战略研究，制定广佛肇区域一体化发展规划。③ 2015年2月8日，2015年度广佛肇经济圈市长联席会议正式邀请清远、云浮融入广佛肇经济圈版图，力图开拓广佛肇经济圈"3+2"合作新局面。2015年11月9日，韶关市政府与广州市政府签订战略合作框架协议，此举标志着广佛肇清云韶"3+3"发展新格局的形成。目前，清云韶三市刚加入广佛肇经济圈，六市地方政府合作尚处于起步阶段。

尽管广佛肇一体化建设时间尚短，但在产业合作升级、政府间合作、

---

① 参见《深莞惠一体化助推产业升级》，载《财经》2016年第3期。
② 参见阳结南《粤港澳大湾区背景下深莞惠经济圈的创新发展》，载《开放导报》2017年第4期。
③ 参见周运源等《区域一体化与都市圈经济发展——基于广东省广佛肇等三个经济圈建设的探讨》，载《中国区域经济》2012年第6期。

产业协同发展方面已经取得了不俗的成绩。在产业合作升级、产业协同发展方面，广佛肇三市共同签署了《广佛肇经济圈发展框架》《广佛肇产业协作规划》等协议，三市在发挥各自的资源禀赋和比较优势的基础上展开产业合作，实现了广佛肇经济圈产业结构的转型升级与协同发展。广佛肇三市政府还制定了区域产业协作规划，以加强三地重大产业合作项目为重点，加快三市之间的产业转移与对接，坚持市场主导、政府宏观调控的原则，全面推进广佛肇经济圈产业布局一体化进程。通过实施产业合作升级、协同发展政策，三市全面提升了区域产业竞争力，初步实现了"1+1+1＞3"的良好局面。自广佛肇经济圈建立以来，三市经济保持着强劲的增长态势，从2009年到2014年，广佛肇经济圈生产总值从1.48万亿元跃升到2.6万亿元，占全省38.6%。在政府间合作方面，广佛肇三市政府从目标考核、制度建设等方面构建了以地方政府协同治理为主导的合作协商机制。广佛肇三市政府通过建立市长联席会议制度、组成专门领导小组、成立专责小组、建立政府新闻办沟通协商机制以及定期举办"广佛肇经济圈发展研讨会"等多种方式实现政府间的联动合作。广佛肇三市市委书记和市长组成党政领导小组，负责经济圈产业发展中重大事项的决策和协调，成为三地政府核心的沟通与决策平台。① 截至2015年12月，广佛肇党政主要领导人累计召开重大会议30余次，累计签署了65项合作协议及专项协议，成效显著。

(三)"珠中江"一体化建设

作为珠江口西岸的重要产业和经济带，同时也作为珠三角一体化进程的重点发展区域，珠海、中山、江门三市具有一体化发展的良好基础：三市在改革开放前同属佛山地区，地缘相近、人文相亲，在经济社会生活等多方面都紧密融合。2009年4月17日，首届珠海、中山、江门三市紧密合作工作会议在珠海举行，会上三地主要领导签署了《推进珠中江区域紧密合作框架协议》，三市率先在规划、交通基础设施、产业、环保、应急处理等方面展开合作，以促进要素合理流动，形成珠中江三地互动共赢的

---

① 参见李建平《珠三角区域一体化协同发展机制建设研究》，载《南方建筑》2015年第4期。

第五章　理顺政府条块关系：构建与时俱进的政府

良性发展，全面提高珠江口西岸地区的综合发展水平和整体竞争力。① 此后，三市还先后签订了医疗卫生服务、旅游、警务、农渔业、环保合作等领域的补充合作协议。2014年，广东省人民政府批复《阳江市人民政府关于阳江市加入珠中江经济圈的请示》，原则同意阳江市按"3+1"（珠中江+阳江）模式参与珠中江经济圈建设，实现了珠中江一体化建设的高质量扩容，标志着"珠中江"一体化迈上了新的发展阶段。

自珠中江合作框架协议实施以来，三市的合作规划编制顺利推进，各领域协调发展全面铺开，多项利民惠民措施成效明显，珠中江经济圈产业发展强势。② 在产业转型升级、协同发展方面，随着珠中江一体化建设的推进，三地已经形成了优势互补、资源共享、利益共赢的产业合作模式。珠海主要着力于在电子信息、石油化工、家电电气、精密机械制造、生物医药和电力能源业等科技产业，中山形成了电子电器、五金家电、灯饰光源、装备制造、健康医药、纺织服装等特色产业集群，江门市则在交通及海洋装备、石油化工、电子信息、食品饮料、现代农业等方面有着良好的基础。③ 珠中江通过分工协作、错位发展、优化布局，打造区域共同市场，逐步培育形成了珠海的拓展桥头堡与创新高地定位，中山、江门的国家级先进制造业基地定位，建立起一体化的产业发展新格局。2016年，珠中江三地地区生产总值为7900亿元，占广东省的10%，发展势头良好，发展潜力巨大。通过多年的合作与发展，"珠中江"经济圈已初步形成了宽领域、深层次、多形式的一体化，展示出了强大的活力和广阔的前景。④

珠中江尽管缺乏深莞惠和广佛肇两大经济圈的产业优势，但在自然生态、宜居环境方面具有得天独厚的优越性。珠海、中山和江门三市在地理上紧密相连，均以环境舒适、生态良好著称，这成了珠中江经济圈最大的资本，因此三市在共建共享优质宜居的生态环境方面合作紧密。三市通过

---

① 参见陈瑞莲《欧盟经验对珠三角区域一体化的启示》，载《学术研究》2009年第9期。
② 参见周运源、卢扬帆、孔超《城市经济圈发展助推区域一体化——兼论南沙新区与港澳的经济合作》，载《城市观察》2012年第6期。
③ 参见《三大朋友圈，一体化发展》，载《南方都市报》2017年4月28日，第ZB06版。
④ 参见周运源、卢扬帆、孔超《广东省广佛肇等三大经济圈建设与发展探讨》，载《广东经济》2012年第5期。

推进跨界河流治理、区域生态系统建设、环境监测管理一体化建设、构建环境预警应急联动机制、建立环境信息资源共享系统、创新区域生态环境协作机制等方式，强化了区域协同联动，搭建了环境管治的一体化平台。在广东省2015年度主要污染物总量减排考核结果中，珠海、中山、江门均被评为优秀档次。珠中江在环境保护、污染治理方面的一体化合作，有效地改善了区域整体环境质量，打造了宜居宜业的优质都市生活圈。

（四）珠三角城市群一体化建设所面临的障碍

珠江三角洲城市群一体化建设如火如荼，基础产业和现代服务业投资力度不断增强，创新驱动发展势头良好，在经济社会生活等各方面均取得了骄人成绩。2013—2016年，珠三角地区生产总值年均增速达8.5%，比全省平均增速高0.6个百分点，对全省经济增长的贡献率达78.9%；2016年，珠三角人均地区生产总值已达11.43万元，超过上海（11.36万元）和长三角16市（11.12万元）。① 珠三角已然成为中国最具活力和创造力的经济区域。然而除却成绩，必须看到的是，珠江三角洲城市群一体化建设依然面临诸多问题。

首先，交通网络建设已成为一体化建设的主要瓶颈。根据《珠江三角洲地区改革发展规划纲要（2008—2020年）》，珠三角将重点发展城际轨道交通网络。深莞惠、广佛肇以及珠中江的一体化建设也均提出要以交通基础设施建设为突破口，加快推进城市之间基础设施建设的对接与共享，全面推进交通基础设施一体化。在各地合作之初，都有过不少城际交通基础设施建设的规划方案。然而多年过去了，许多规划依然停留在纸面上，建设依然遥遥无期。如早在2009年签署的《推进珠中江区域紧密合作框架协议》中提出要推进广佛珠城际轨道交通等重大交通项目的建设。然而直到2015年，广佛江珠城际才获得广东省发改委批复，原计划2016年正式动工建设，但推进极其缓慢，截至2017年年底，项目依然未能开工。交通网络一体化建设受阻，严重影响了一体化建设的步伐，极大地阻碍了

---

① 参见广东省统计局《党的十八大以来珠三角经济社会发展成就》，见广东统计信息网（http：//www.gdstats.gov.cn/tjzl/tjkx/201710/t20171011_374439.html）。

第五章 理顺政府条块关系：构建与时俱进的政府

区域资源交流和经济发展。

其次，传统的政区行政管理思维依然占据主导地位，合作协调机制缺乏强有力的监督和约束，有沦为形式化的风险。尽管各地均有区域合作和一体化建设的美好愿景，但是在实际操作中，各地依然延续传统的单打独斗、各自为政的治理模式，缺乏有效的沟通和协调。此外，尽管各地在推进一体化的过程中签署了数量繁多的合作框架协议，但是由于缺乏法律上的约束力，导致许多合作协议流于形式。在经历了最初的喧嚣热闹之后，区域一体化建设正逐步复归平静。2016年12月，深莞惠经济圈（3+2）党政主要领导第十次联席会议在汕尾举行，在此之后，深莞惠经济圈主要领导联席会议陷入停滞，2017年全年深莞惠经济圈仅举办了几次文化合作、旅游联盟等低层次的联席会议。

最后，各地产业互补性不够强，主体利益竞争激烈，争夺资源、重复建设、盲目竞争的现象依然严重。珠三角三大经济圈内城市之间的经济结构依然存在较强的同构性，产业发展的梯度性和层次性不强，容易导致内耗和无序竞争。出于保障自身政绩的需要，地方政府间的合作容易出现"面和心不和"的现象，不利于一体化合作的开展。

二、"粤港澳"合作试验

粤港澳地区目前是我国区域经济联系最为紧密的地区之一，但从改革开放一直到CEPA（《关于建立更紧密经贸关系的安排》）签订之前，粤港澳区域合作都仅仅集中在生产领域。港澳（尤其是香港）利用其原有的产业基础和国际联系，居于生产的融资和管理、产品的设计和销售等高端环节，珠三角则利用相对丰富的土地、劳动力、原材料等资源，居于工厂的建设和运营、产品的生产和组装等低端环节，这种民间经济合作关系，带动了珠三角地区城镇经济的快速发展。[①] 这一阶段，粤港澳之间的合作方式主要以市场和民间的非官方合作为主，官方层面的接触以信息互通和征

---

① 参见罗勇《粤港澳区域合作与合作规划的耦合演进分析》，载《城市发展研究》2014年第6期。

求意见为主要的交流形式。①

2003年CEPA的签订及其在广东的"先行先试",促进了粤港澳合作从"非制度性"向"制度性"合作转变。② 随着三地经贸联系的日益紧密,为适应更加密切的经济合作要求,降低三地经贸交流和人员往来中存在的障碍,加强区域协同合作逐步成为三地政府的共识,基于此,粤港澳三地共同开展区域协调发展规划研究,寻求区域发展的共识。在粤港、粤澳联席会议制度框架下,三地相继成立了粤港城市规划专责小组和粤澳城市规划专责小组,通过认真查找问题,深入剖析机遇和挑战,提出粤港澳地区的共同发展目标和产业、交通、生态等方面的协调对策。如2006年3月联合开展的《大珠江三角洲城镇群协调发展规划研究》,是我国第一个跨不同制度边界的空间协调研究;2009年10月开展的《共建优质生活圈专项规划》和2010年4月开展的《环珠江口宜居湾区建设重点行动计划》,以合作解决区域性整体问题和跨界问题的需要为出发点,以"宜居"为主题,重点从环境生态、低碳发展、文化民生、公共空间、交通组织等方面提出合作建议;2011年至今,粤港澳共同开展系统性专项规划,推进区域合作深入发展,如粤澳两地政府共同开展了《澳珠协同发展规划》《澳门与珠三角西岸协调发展规划》。③ 随着《珠江三角洲地区改革发展规划纲要(2008—2020年)》的颁布实施,以及粤港、粤澳合作框架协议的出台,粤港澳区域合作走向了更紧密的融合发展阶段,三地的经贸合作从原来的垂直分工走向了水平分工,并在重点专项和重点地区展开合作规划,致力于共同打造支撑区域经济社会发展的紧密合作的新型空间载体。④

2017年3月5日召开的第十二届全国人大第五次会议上,国务院总理李克强在政府工作报告中提出,要推动内地与港澳深化合作,研究制定粤

---

① 参见罗勇、罗小虹、温雅《从垂直分工到融合发展——粤港澳区域合作进程与规划对策》,2011中国城市规划年会,2011年。

② 参见钟韵、胡晓华《粤港澳大湾区的构建与制度创新:理论基础与实施机制》,载《经济学家》2017年第12期。

③ 参见邱衍庆《广东城市治理与规划创新走在全国前列》,载《广东建设报》2017年10月13日,第004版。

④ 参见罗勇《粤港澳区域合作与合作规划的耦合演进分析》,载《城市发展研究》2014年第6期。

港澳大湾区城市群发展规划,发挥港澳独特优势。2017年7月1日,在习近平总书记的见证下,香港特别行政区行政长官林郑月娥、澳门特别行政区行政长官崔世安、国家发展和改革委员会主任何立峰、广东省省长马兴瑞共同签署了《深化粤港澳合作,推进大湾区建设框架协议》,标志着粤港澳合作进入了一体化建设的新阶段。习近平总书记在党的十九大报告中提出:"要支持香港、澳门融入国家发展大局,以粤港澳大湾区建设、粤港澳合作、泛珠三角区域合作等为重点,全面推进内地同香港、澳门互利合作。"粤港澳大湾区作为落实粤港澳合作、推动合作机制创新以及实现协同发展的重要平台和载体,在推动粤港澳合作协同发展、构建对外开新格局、落实供给侧结构性改革以及打造经济增长新路径等方面发挥着越来越重要的作用。①

三、"一带一路"引领跨域合作

2013年9月和10月,中国国家主席习近平在出访中亚和东南亚国家期间,先后提出共建"丝绸之路经济带"和"21世纪海上丝绸之路"的重大倡议,并形成了"一带一路"倡议,得到了国际社会的高度关注。2015年3月30日,国家发改委、外交部、商务部联合发布《推动共建丝绸之路经济带和21世纪海上丝绸之路的愿景与行动》(以下简称《愿景与行动》),提出"一带一路"致力于亚欧非大陆及附近海洋的互联互通,建立和加强沿线各国互联互通伙伴关系,构建全方位、多层次、复合型的互联互通网络,实现沿线各国多元、自主、平衡、可持续的发展。《愿景与行动》中重点圈出我国18个省区市,要求各省区市充分发挥自身比较优势,实行更加积极主动的开放战略,加强东中西互动合作,全面提升开放型经济水平。此外,《愿景与行动》还具体明确了各省在"一带一路"中的地位及对外合作重点方向。其中对广东提出:"充分发挥深圳前海、广州南沙、珠海横琴等开放合作区作用,深化与港澳台合作,打造粤港澳大湾区","加强广州、深圳、湛江、汕头等沿海城市港口建设,强化广州等国际枢纽机场功能","以扩大开放倒逼深层次改革,创新开放型经济体

---

① 参见申明浩《粤港澳大湾区发展研究》,载《城市观察》2017年第6期。

制机制,形成参与和引领国际合作竞争新优势,成为'一带一路'特别是21世纪海上丝绸之路建设的排头兵和主力军"。

广东作为海上丝绸之路的重要发祥地,长期以来都是中国对外开放的重要窗口,历史文化优势十分显著:自唐朝以来,即成为重要通商港口;清朝的一口通商,更使广州成为唯一的对外贸易港口;近代以来,广东是西方文明传入中国的窗口,是中国远洋贸易的发源地之一;粤文化在世界各地尤其是亚太地区影响深远。更重要的是,广东海陆交通优势显著,拥有的海岸线最长、港口最多。历史文化和交通区位的优势为广东省"一带一路"建设奠定了坚实的基础。[①] 国家倡议层面的"一带一路"则为广东省发展改革带来了新机遇,将进一步引领广东省跨域合作,显著提升广东省国际经贸合作水平。为此,广东紧紧把握住"一带一路"的机遇,在2015年6月于全国率先发布《广东省参与建设"一带一路"的实施方案》,成为全国首个上报实施方案、首个完成与国家"一带一路"倡议规划衔接、首个印发实施方案的省份。实施方案提出要将广东省打造成为"一带一路"的枢纽、经贸合作中心和重要引擎,并给出了九方面的合作设想,即九项重点任务,分别是促进重要基础设施互联互通、提升对外贸易合作水平、加快产业投资步伐、推进海洋领域合作、推动能源合作发展、拓展金融业务合作、提高旅游合作水平、密切人文交流合作、健全外事交流机制等。与此同时,为了切实推进方案实施,广东制定《广东省参与"一带一路"建设重点工作方案(2015—2017年)》,将主要从三个方面进行推动:一是通过自贸区推动与21世纪海上丝绸之路沿线国家和地区的贸易往来;二是建设21世纪海上丝绸之路物流枢纽;三是引导内地企业和个人通过自贸区的服务平台,到21世纪海上丝绸之路沿线国家进行投资。此外,广东省还梳理形成了《广东省参与"一带一路"建设实施方案优先推进项目清单》,共68个项目,总投资达554亿美元,涵盖了基础设施建设、能源资源、农业、渔业、制造业、服务业等6个领域。

借助"一带一路"的东风,广东得以进一步加强与中亚、南亚、西

---

① 参见黄波、张滨《"一带一路"背景下广东海陆联运建设发展探究》,载《珠江论丛》2015年第3期。

第五章 理顺政府条块关系：构建与时俱进的政府

亚、北非、欧洲等沿线国家的交流合作，全面发掘与新兴市场国家潜在的互惠互利机会，拓宽合作范围和领域，在经济贸易、海关监管、港口航运、人文交流、海洋合作和旅游文化等领域全方位开放合作。① 在"一带一路"倡议的引领下，作为我国改革开放的桥头堡的广东也将进一步发挥和挖掘优势，加快发展高层次开放型经济，构建与国际投资和贸易通行规则相衔接的制度体系，以扩大开放带动创新、推动改革、促进发展，当好国家参与全球竞争与合作的主力军。②

小　结

改革开放40年来，广东省对政府间条块关系进行了大规模的改革，这些改革具有一个鲜明的特征，即始终致力于解放和发展生产力这个中心。条块关系属于上层建筑的范畴，它必须反映经济基础，为经济基础服务。每一次政府间条块关系的变革均是为了适应经济基础和生产关系的变革，革除不适应生产力发展的落后的政府间关系，创新可以促进生产力发展的先进的政府间关系。

当市县分离、城乡分割愈发严重，阻碍贸易交流和资源流动，制约城市经济的发展之时，广东省在全国较早开始尝试打破市县分治，实行市直管县体制。当城市空间规模过小制约城市发展时，广东省运用"撤县设市"和"撤县（市）设区"的方法来破解矛盾。东莞的迅速崛起得益于其高效的"市直管镇"行政管理体制。"扩容提质"帮助中心城区成为具有强大辐射带动能力的区域经济增长极，以点带面，带动全市乃至更大区域的整体发展。随着改革开放的深入和社会经济的发展，曾经"先进"的政府间关系出现了落后于生产力和生产关系发展的趋势：市直管县体制暴露出越来越多的问题，严重制约了县域经济发展。对此，广东省创新性地

---

① 参见李晓峰、冯紫薇《"一带一路"背景下广东自贸区环境建设的新突破》，载《广东经济》2016年第5期。

② 参见黄颖川、吴哲《广东加快构建开放型经济新体制》，载《南方都市报》2017年5月25日，第A04版。

通过扩权强县、强镇扩权、推行激励型财政政策等一系列措施对基层政府展开放权,激发县域、镇域经济活力。伴随着区域间经济交流、人员往来的愈加密切频繁,城市间以分割治理为特征的传统行政治理体制越来越难以满足新的经济发展需要,跨区域行政管理体制的融合成为趋势。基于此,广东省极具前瞻性地开启了珠三角城市群一体化建设,将其打造成为区域融合发展的样本。步入新时代,放眼全世界,广东省作为中国对外开放的重要窗口,在全国率先对接"一带一路"倡议,推动着广东省开放型经济向更高层次发展。

纵观改革开放以来广东省政府间条块关系的变迁与演进,无不体现着广东省革除弊病、创新关系,致力于解放和发展生产力的改革决心,也无不体现着广东省与时俱进、开拓创新的改革精神。2018年3月7日,习近平总书记在参加广东省代表团审议时对广东省提出三个"第一"的殷切期盼:"发展是第一要务,人才是第一资源,创新是第一动力。"改革开放40年来,广东省正是坚持以经济建设为中心,不断创新生产关系,也不断变革不适应生产关系的上层建筑,才创造了社会主义经济建设的奇迹,才使得广东省在全面建成小康社会、加快建设社会主义现代化征程中始终走在全国前列。

第六章 改进绩效，创新服务：构筑效能型政府

"没有一个有效的政府，发展是不可能实现的。"① 广东经济发展在全国名列前茅，效能政府建设也是全国其他省市地区的典范。效能政府是指在公共管理和公共服务中体现了较高水平的能力、效率和业绩的政府。② 建设效能政府的根本目标是通过改进政府绩效，提升政府公共管理和公共服务的水平和能力。习近平同志曾就政府效能工作做出重要批示，强调要牢记人民政府前有"人民"两字，政府效能应以公共服务绩效为核心诉求。

我国效能政府建设的起点是与计划经济相匹配的全能低效型政府。尽管我国效能政府建设具有西方国家20世纪80年代兴起的新公共管理运动的一般性特征，但与西方政府效能改革是对一个已经是有限责任、服务型政府的再改革不同，我国效能政府建设需要将转变政府职能，厘清政府与企业、市场、社会的边界，建设廉洁、透明、高效的有限责任型、服务型政府与西方意义上的效能革命同步推进。③ 可见，我国效能政府建设是一项综合管理改革（comprehensive management reform）或"打包式"（package）的一揽子改革。通过行政体制改革，建立结构合理、行为规范、运

---

① 蔡秋生：《1997年世界发展报告：变革世界中的政府》，中国财政经济出版社1997年版，第25页。
② 参见陈宏彩《效能政府建设的框架体系与运行机制研究》，人民出版社2009年版，第13页。
③ 参见李芝兰《中国行政改革粤港的探索与启示》，中山大学出版社2014年版，第2页。

转协调、公正透明、廉洁高效的行政管理体制是效能政府实现的基本保障。①

改革开放 40 年来，面对市场经济不断深化和公民民主意识逐渐增强所带来的层出不穷的新问题，广东在吸收发达国家和地区先进制度文明成果的基础上，主动革新、长远谋划，持续推动效能政府系统性建设，并以此为基础和推动力，快速适应并有效满足了市场经济和社会发展的需要。回顾广东省改革开放 40 年来效能政府建设的历史，从效能政府构建路径上来看，广东通过逐步向下放权、向社会和企业还权以及自身限权，厘清府际之间以及政府、企业、社会之间的边界，准确定位政府职能，在有限政府基础上通过制度机制建设不断打造精干高效的政府；从效能政府建设的目标上来看，政府效能建设经历了从主要对经济效益的追求到将政府效能的衡量指标逐步扩大到社会、政治领域，不再是单纯的成本-产出逻辑，而是更加体现了效能政府建设的民生本位、服务本位。40 年来，中共广东省委、省政府始终把效能政府建设摆在十分突出的位置。通过历届领导人的持续打造，广东省形成了由规范政府行为、优化政府运作、提升服务水平、加强效能监督四大支柱组成的一套完整的效能体系，这四大支柱之间彼此关联、相互促进，不断提升广东效能政府建设的水平。下面就围绕广东效能政府体系的四大支柱，从改革开放 40 年来广东效能政府体系的四个不同维度分别展开论述。

第一节 规范行为，优化运行，建立效能政府长效机制

一、基石：广东效能政府运行的权力格局与组织基础

政府运行是以合理的权力配置与政府结构为基本框架和组织基础。从权力配置的角度来看政府效能，行政权力集中导致权力滥用是行政效能低

---

① 参见周清明、吴松江、李燕凌《政府效能与行政体制》，湖南人民出版社 2012 年版，第 2 页。

第六章 改进绩效，创新服务：构筑效能型政府

下的根本原因。① 改革开放初期，制约政府效能建设的关键因素是传统的计划经济体制，其最大特征是纵向集权主义和横向全能主义，严重影响着政府效能的提高。要克服行政管理中的低效、失效、负效，提高政府效能，必须打破权力高度集中的状况，合理调整配置和行使行政权力是必经途径和关键。②

（一）分阶段、有重点的优化权力格局

改革开放40年来，广东主要从纵横两大维度，分阶段调整和优化权力格局。依据最迫切需要解决的经济社会问题，广东每阶段调整都做到既有所侧重又兼顾全局，确保了有序和稳定的权力转移。经过三个阶段的发展，广东从高度集权的全能主义体制逐步建立起合理平衡的权力框架。

1. 阶段一：重点调整府际间权力分配（1978—1991年）

1978—1991年，广东权力格局调整以纵向府际间放权为基本特征。纵向权力调整又可以细分为两个维度：一是广东与中央的权力关系调整，二是广东与市县（区）政府权力关系的调整。广东与中央关系的调整、变化是广东改革开放的历史起点，也为40年来广东效能政府建设设定了逻辑起点和努力方向。改革开放初期，中央全方位扩大了广东在财权、事权、物权、审批权等方面的自主权。中央集权的"松绑"为广东省效能政府建设提供了可以施展的空间，极大地调动了广东省政府的积极性。为"杀出一条血路"，1981年，中共广东省委进一步提出了"对外更加开放、对内更加放宽和对下更加放权"的"三放政策"，主要通过缩小指令性计划，扩大指导性计划；加强宏观指导，放松微观严格控制；下放投资审批权、商品定价权和管理权等简政放权措施，逐步将政府从传统的无所不包、无所不能的困境中解放出来。从党的十一届三中全会到20世纪90年代初，中共广东省委、省政府以行政放权为主旨的效能改革成效显著。1980—1991年，广东省工业增长速度和出口总额居同期全国首位，广东国内生

---

① 参见彭向刚《和谐社会视野下行政效能建设研究》，中国社会科学出版社2013年版，第28页。
② 参见刘宏武、陈贵虎《试析行政权力与政府效能》，载《学术论坛》1999年第5期。

产总值平均递增率高达 12.4%。①

2. 阶段二：基本特征是向企业还权（1992—2002 年）

如果没有向社会和企业分权，不管权力如何在政府之间分配和调整，最终还只是在政府内部流转，政府要承担的功能还是一样多，难以实现真正的效能。1992—2002 年间，政府加大了向企业还权的力度，以产权为核心的政企关系改革为本阶段权力格局调整的基本特征。1992 年邓小平同志南方谈话和其他一系列重要谈话，在国内外产生了巨大影响，也再一次让徘徊在十字路口的广东掀起了改革开放的大潮。1992 年 8 月 21 日，广东省省级商业体制开始进行重大改革，取消了 3 个省级商业部门，组建了 5 个企业集团，使原来行政化的管理体制变为面向市场、相对独立、平等竞争的经营实体。② 1993 年，作为广东改革开放的"排头兵"，顺德在全国率先启动了产权制度改革，改革的关键举措一是建立以股份制为主要形式的多种经济成分并存的混合所有制经济，以优化产权结构和公有资产结构；二是转换企业机制，创建一个"产权明晰、责任明确、贴身经营、利益共享、风险共担"的企业发展模式。③ 从 1997 年开始，顺德所有政府机关不再有自己的直属企业，实现了政企分开和政资分离，政府从一般竞争性领域退出。④ 广东其他地区从本地的实际情况出发，在国有企业产权管制放松上也进行了大胆而有益的制度创新和探索，形成了各具特色的产权管制放松模式，如深圳的"三级授权经营"产权管制放松模式、肇庆的"注资经营"产权管制放松模式、四会的"一步到位"产权管制放松模式等。⑤ 1992—2002 年，广东地区生产总值年均增长 14.3%，人均地区生产

---

① 参见陈弘君、卢荻主编《广东改革开放大事记：1978.12～1998.12》，广东人民出版社 1999 年版，第 390 页。

② 参见陈弘君、卢荻主编《广东改革开放大事记：1978.12～1998.12》，广东人民出版社 1999 年版，第 402 页。

③ 参见何一鸣《产权管制放松与制度绩效变迁——来自广东经济非均衡转轨的证据》，载《产经评论》2010 年第 2 期。

④ 参见肖滨、郭明《以"治权改革"创新地方治理模式》，载《公共行政评论》2013 年第 6 期。

⑤ 参见何一鸣《产权管制放松与制度绩效变迁——来自广东经济非均衡转轨的证据》，载《产经评论》2010 年第 2 期。

总值年均增长 11.1%，固定资产投资、社会消费品零售总额、出口和实际利用外资年均分别增长 21.2%、19.1%、17.1% 和 18.4%，地方财政一般预算收入和城乡居民储蓄存款余额年均增长 19.0%、24.8%。① 在广东经济转轨过程中，产权管制变化与经济转轨绩效之间存在显著的相关性，产权放松是促进广东经济发展的关键因子。②

3. 阶段三：鲜明特征是为社会赋权（2003—2012 年）

1978 年到 2002 年，广东省各级政府致力于以经济建设为中心，政府效能主要体现在经济方面，广东成为中国最具经济活力和投资吸引力的地区之一。2003—2012 年间，广东将权力格局调整的重点转向政社关系，通过放松社会管制、加强政府购买服务等方式加强社会建设，为社会赋权成为本阶段优化权力格局最为鲜明的特征。

2002 年党的十六大召开以后，国家发展目标经历了以片面的"经济政绩观"到以经济社会均衡发展的科学发展观为统领的战略性转变，相应地，地方政府要求从以发展经济为主转变为以提供公共服务为本的治理体系，③ 广东省进入了经济社会全面发展时期。为发挥社会组织在国家治理中的作用，广东在为社会组织松绑的基础上，加大了对社会组织发展的扶持力度，促进了社会组织的健康有序发展。2008 年 9 月 28 日，《中共广东省委办公厅、广东省人民政府办公厅关于发展和规范我省社会组织的意见》（粤办发〔2008〕13 号）首次对社会组织进行了定位和分类，明确规定政府需要转移的 3 大类 17 项政府职能类型，并要求通过购买服务机制由社会组织承接政府转移职能，这在全国尚属首次。④ 2009 年，广东省民政厅出台《广东省民政厅关于异地商会登记管理的暂行办法》（粤民民〔2009〕79 号），异地商会登记范围从省及地级市扩大到历史约定俗成地

---

① 参见邱俊《风雨兼程南粤崛起 科学发展开启未来——建国六十年广东经济社会发展成就》，见广东统计信息网（http://www.gdstats.gov.cn/tjzl/tjfx/200909/t20090924_69451.html）。
② 参见罗必良、何一鸣《产权管制放松的理论范式与政府行为：广东例证》，载《改革》2008 年第 7 期。
③ 参见渠敬东、周飞舟、应星《从总体支配到技术治理——基于中国 30 年改革经验的社会学分析》，载《中国社会科学》2009 年第 6 期。
④ 参见《中共广东省委办公厅、广东省人民政府办公厅关于发展和规范我省社会组织的意见》（粤办发〔2008〕13 号）。

区以及省内外县级，登记管理权限下放至地级市民政部门，允许各异地商会根据业务发展需要设立分支（办事）机构，放松对社会组织的登记管制。2011年《中共广东省委、广东省人民政府关于加强社会建设的决定》（粤发〔2011〕17号）提出"推行政府向社会组织购买公益服务项目，支持社会组织为居民提供养老助残、慈善帮困、就业援助、教育培训、科技文体和法律咨询等服务"。2012年，广东省人民政府办公厅《印发政府向社会组织购买服务暂行办法的通知》（粤府办〔2012〕48号）明确政府向社会组织购买服务的权责明确、竞争择优和注重绩效的原则。① 2012年11月，广东省机构编制委员会发布了《广东省机构编制委员会印发政府向社会转移职能工作方案的通知》（粤机编〔2012〕22号），对于政府职能转移内容和分类做了说明，也对承接政府职能转移的社会组织条件提出了要求。经过10年左右的扶持培养，广东社会组织进入了蓬勃发展时期。从2000年起至2009年的10年间，广东社会组织数量从不足8000个增加到近30000个，年均增长率达到16.3%。2012年9月，广东社会组织达33176个，位居全国前列。从服务领域来看，广东社会组织活跃在经济、科技、教育、文化、体育、劳动、卫生、社会福利等社会生活的各个领域，基本上涵盖了第一、第二、第三产业的各行各业，逐步形成了一个门类齐全、覆盖广泛的社会组织体系。②

4. 阶段四：基本建立现代治理结构（2013年至今）

2013年11月，党的十八届三中全会通过了《中共中央关于全面深化改革若干重大问题的决定》，确定了完善和发展中国特色社会主义制度、推进国家治理体系和治理能力现代化的全面深化改革总目标。

为构建现代国家治理结构，广东进入了全面调整优化权力格局的阶段。从府际放权来看，以审批制度为例，2013年广东省加大了对行政审批制度改革调整事项落实情况的督促检查力度，取消、转移、下放和委托实施的行政审批事项已落实到位85.2%。在还权于社会方面，不断出台制度文件加大政府购买服务的力度。2014年，广东省出台《广东省人民政

---

① 参见《广东省人民政府公报》2012年第16期。
② 参见周春霞《广东社会组织发展的现状、问题与对策》，载《社会工作》2012年第1期。

第六章 改进绩效，创新服务：构筑效能型政府

府办公厅关于印发政府向社会力量购买服务暂行办法的通知》（粤府办〔2014〕33号）；① 2017年，广东省颁布《广东省财政厅、广东省民政厅关于转发财政部民政部关于通过政府购买服务支持社会组织培育发展指导意见的通知》（粤财行〔2017〕73号），提出将政府与向社会组织购买服务工作列入重要议事日程，统筹推进，促进政府提供公共服务能力和社会组织建设水平同步提升。在还权于企业方面，广东国企改革进入了国有资本改革阶段。2016年11月3日，《广东省人民政府办公厅关于印发广东省人民政府国有资产监督管理委员会主要职责内设机构和人员编制规定的通知》（粤府办〔2016〕114号）发布，该通知规定，根据《广东省人民政府职能转变和机构改革方案》，设立广东省人民政府国有资产监督管理委员会，为省人民政府直属特设机构。要进一步加强全面深化国有企业改革工作的统筹协调，加强对省属国有企业改革发展的指导和服务，加强对下级国资监管部门的指导监督，建立完善以管资本为主、运转高效的国有资产监督管理体制，推进国有企业做强、做优、做大。②

效能政府必须是有限政府，这种有限性的核心是对政府权力边界的合理限定以及权力在不同主体间的合理配置。通过向社会和企业的还权改革，限制政府的"势力范围"，将政府的有限力量限定在市场和社会无法发挥效力的领域，从而提高政府决策和政府执行的效力。③ 经过40年的发展，广东分步骤、有重点地推进了权力格局调整，从集权主义和全能主义权力结构逐步走向政府间权责匹配，政府、企业、社会三元主体合作共治的现代治理结构。

（二）持续深化机构改革，夯实效能政府组织基础

优良的组织结构是政府有效运作的前提条件。"日常行政效率一般不高，甚至有时候很低。究其原因，行政机构重叠和职能交错是一个重要的

---

① 参见《广东省人民政府办公厅关于印发政府向社会力量购买服务暂行办法的通知》（粤府办〔2014〕33号）。
② 参见《广东省人民政府公报》2016年第32期。
③ 参见彭向刚《和谐社会视野下行政效能建设研究》，中国社会科学出版社2013年版，第171页。

机制性原因。"① 从行政组织角度看政府效能，行政组织是行政权力和行政职能的载体，也是行政效能发挥的组织基础。良好的政府组织设计与制度安排，不仅能降低政府管理成本，而且还能提升政府运转效益。改革开放至今，我国先后在1982年、1988年、1993年、1998年、2003年、2008年、2013年、2018年进行了8次较大规模的机构改革。在国家机构改革的历史变迁中，广东作为机构改革的探路者和实验区，成效显著、亮点纷呈，不仅对提升广东政府效能起到了很好的作用，也为国家其他省区市改革提供了示范和样板。

1. 20世纪80年代：大幅压缩政府机构和人员

1982年，第五届全国人大常委会第二十二次会议审议通过《关于国务院机构改革的决议》，旨在解决政府机构臃肿、低效的问题。为贯彻落实中央精简政府机构的要求，1983年，根据中共中央办公厅、国务院办公厅下发《关于批复广东省省级党政机关机构改革方案的通知》要求，广东省大幅压缩政府机构和人员，省级党政机关由原来的87个减为57个，精简了34.5%，领导班子由调整前的390人减为183人，减少了53.1%，初步解决了领导干部兼职、副职过多以及领导班子年轻化的问题。②

然而，由于20世纪80年代机构改革仍是在完善计划经济体制的背景下推进的，并未涉及政府职能转变。改革后不久，政府机构和人员迅速反弹，为以职能转变为导向的机构改革留下了空间。

2. 20世纪90年代：启动职能导向的机构改革

20世纪90年代，国家明确了社会主义市场经济体制改革目标。为改变政府管理职能与市场经济发展不相适应的困境，1993年国家下发《〈关于党政机构改革的方案〉和〈关于党政机构改革方案的实施意见〉的通知》（中发〔1993〕7号）以及《关于地方各级党政机构改革的意见》，对如何开展地方党政机构改革做出了具体规定和明确要求，这两份文件也成为90年代政府机构改革的重要指导性文件。

---

① 胡伟：《政府应当做什么和不应当做什么》，载《探索与争鸣》1998年第12期。
② 参见夏临昌《政府机构改革》，见广东省情网（http://www.gd-info.gov.cn/books/dtree/showSJBookContent.jsp？bookId=10633&partId=11260）。

第六章 改进绩效，创新服务：构筑效能型政府

在这一背景下，广东以适应社会主义市场经济体制为目标，强调职能转变导向下的机构改革。为加速新旧经济管理体制转轨和政府职能转变，1993年中共广东省第七次党代会对广东省机构改革做出总部署。1994年，广东省委、省政府颁布《关于印发〈广东省省级党政机构改革方案〉和〈广东省省级党政机构改革方案实施意见〉的通知》（粤发〔1994〕11号），广东随即改革了宏观经济调控部门和专业经济管理部门，大幅压缩和撤销了与计划经济相匹配的工业专业经济部门，行政性公司不再挂政府机构的牌子，转为纯经济实体，将其行政管理职能划归政府综合经济部门承担，并首次对党政机关进行了"定职能、定机构、定编制"的"三定"方案，初步理顺了部门间权责关系。此次机构调整是在新旧两种体制转轨过程中进行的，具有明显的过渡性质。随着市场经济向纵深发展，政府职能转变不彻底、机构设置不合理的问题进一步暴露出来。1997年年底，省一级党政工作部门仍有94个，机关工作人员有12430个。[①]

3. 21世纪前10年：大部制改革领跑全国

世纪之交，为适应深化经济体制改革的客观要求，1998年党的十五届二中全会审议通过《国务院机构改革方案》，启动了改革开放以来涉及面最广、改革力度最大的一次机构改革。1999年1月，《中共中央、国务院关于地方政府机构改革的意见》（中发〔1999〕2号）发布。根据该文件指导精神以及适应中央自上而下机构改革的需要，2000年2月，广东省委、省政府联合下发《〈广东省人民政府机构改革方案〉的通知》（粤发〔2000〕2号），广东省政府新一轮机构改革正式起航。经过此次改革，省委机关行政编制精简了20%，省政府议事协调和临时机构比改革前的118个精简了89个，行政编制由5931个减为3000个，减少了2931个，精简了49.4%，其中厅级领导职数的行政编制精简了15%，处级领导职数精简了25%。[②]

[①] 参见陈鸿宇、黄启乐、林子英《广东行政机构改革的回顾和前瞻》，载《广东经济》1998年第6期。

[②] 参见《党政机关机构改革》，见广东省情网（http：//guangdong. gd - info. gov. cn/books/dtree/showSJBookContent. jsp？bookId＝10631&partId＝212&artId＝48752）。

2003年2月，党的十六届二中全会审议通过了《关于深化行政管理体制和机构改革的意见》，明确了"完善市场监管体系，加强社会管理和公共服务职能"的政府机构改革方向。广东按照中央的统一部署要求，结合自身发展实际，在2004年启动了又一轮机构改革，发布《中共广东省委办公厅、广东省人民政府办公厅关于印发〈广东省市县人民政府机构改革意见〉的通知》（粤办发〔2004〕2号），并对20个左右的省政府组成部门进行职能整合、划转，12个部门重新进行"三定"改革。①

2007年党的十七大报告将大部制改革确定为机构改革的重要突破口。2009年年初，广东省委、省政府下发《广东省市县人民政府机构改革意见》（粤办发〔2009〕5号）和《关于深圳等地深化行政管理体制改革先行先试的意见》，要求深圳、顺德、广州和珠海等地率先探索建立职能真正有机统一的大部门体制，形成大规划、大经济、大监管等大部门格局。2009年9月，顺德大部制改革方案获广东省委、省政府批复，同意按《佛山市顺德区党政机构改革方案》（粤机编〔2009〕21号）启动大部制改革，顺德在全国首推党政联动改革，原41个党政部门被压缩为16个，精简率超过60%。② 2010年11月，广东省委办公厅、广东省政府办公厅印发《关于推广顺德经验在全省部分县（市、区）深化行政管理体制改革的指导意见》（粤办发〔2010〕34号），在25个县（市、区）推广顺德改革试点经验。

广东另一个大部制改革明星当属深圳。2009年7月，按照中央机构编制委员会、广东省机构编制委员会批准同意的《深圳市人民政府机构改革方案》（深发〔2009〕9号），深圳启动了建市以来规模最大的政府机构改革，对政府机构进行了大幅度"退、转、减、合"。改革调整后，市政府工作部门由原来的46个减少为31个，精简幅度约1/3，进一步调整优化了部门"三定"方案，减少内设、下设、派出机构合计151个，减少领导职数394名，减少人员编制492名，减少事业单位60个。③ 2008年后顺

---

① 参见何学锋《广东省人民政府进行重大机构改革》，载《信息时报》2003年11月26日。
② 参见周志坤《继往开来深化行政体制改革》，载《南方日报》2011年1月28日。
③ 参见王晓易《深圳政府机构改革启动将精减1/3部门》，载《南方日报》2009年8月1日。

第六章　改进绩效，创新服务：构筑效能型政府

德、深圳等地实施的大部制改革创举，使得广东机构改革再次领跑全国，引起强烈反响。

4. 2013年以来：机构改革力度空前

2012年，党的十八大提出"深化行政审批制度改革，继续简政放权"的行政体制改革要求。2013年3月14日，第十二届全国人大第一次会议审议通过《国务院机构改革和职能转变方案》，明确以"职能转变为核心，继续简政放权、推进机构改革、完善制度机制、提高行政效能"作为全面深化行政管理体制改革的指导思想。

在全面深化改革的背景下，2014年年初广东省出台《关于市县政府职能转变和机构改革的意见》（粤办发〔2014〕4号）。根据该意见要求，各县市主要从三方面进行改革：一是整合职能，组建新部门。如整合食品药品监管职责，组建食品药品监管部门。二是职能划转。如将物价行政管理职责划入同级发展改革部门，取消物价部门。三是管理体制改革，将工商、质监由省以下垂直管理调整为市县分级管理体制。此外，广东省全面推动完成新一轮议事协调机构清理工作，共撤销省直议事协调机构175个，合并1个，精简率达60%。[①] 2018年3月17日，第十三届全国人大第一次会议表决通过了国务院机构改革方案。根据该方案，改革后，国务院正部级机构减少了8个，副部级机构减少了7个，除国务院办公厅外，国务院设置组成部门26个。可以预见，在中央机构新一轮改革方针的指导下，广东又将迎来力度空前的一次机构改革。

如果从政府效能角度，用一句话概括改革开放40年来广东机构改革的成效，那就是广东基本形成了结构优化、职责清晰的政府机构体系，"基本上满足了效率的要求，取得了较好的成效"[②]。值得注意的是，2012年开始的机构改革更加注重"讲究效率，注重公平"的均衡价值取向，并更加注重从系统高度进行机构改革的顶层设计，机构改革方向更加明晰，

---

① 参见周林生、涂成林《广东全面深化改革研究报告（2015）》，社会科学文献出版社2015年版，第32～33页。
② 陈天祥：《政府机构改革的价值逻辑——兼论大部制机构改革》，载《中山大学学报（社会科学版）》2012年第2期。

效果也必将更加持久。

二、关键：广东创新决策机制，推进科学民主决策

如果说合理配置权力、优化组织结构是效能政府建设的前提的话，那么规范政府运行就是对效能政府目标的具体落实。从行政权力的履责需要来看，行政权力运行包括决策、执行与监督。提高政府运行的行政效能，就是要从决策、执行、监督三方面入手，建立起既相互独立又相互协调配合的运行机制。

决策机制是政治体制的中枢系统。政府工作最大的失误就是决策失误，最大的浪费莫过于决策失误造成的浪费。[①] 改革开放前，我国的决策体制呈现集中化的特点，决策制度化、开放性、科学化程度低。为应对改革开放以来经济社会发展的各种挑战，广东省大力推进决策机制变革，决策机制呈现从个人决策向集体决策、从经验决策向科学决策、从封闭式决策向开放式决策、从非制度化决策向制度化决策转变。一个共产党主导、多方参与、科学论证、过程开放、依法运行的决策模式在广东决策体制改革的实践中初步形成。

（一）集体决策制度：广东率先出台系列文件，从少数决策走向集体决策

集体决策是决策民主化、科学化的组织保证，可以最大程度降低和避免个人决策带来的失误。正如邓小平所说："列宁主义要求党在一切重大的问题上，由适当的集体而不由个人做出决定。"[②]

改革开放前决策体制呈现集中化发展趋势，存在着决策结构专业化分工程度不高、制度化程度低、偏重经验决策、决策过程封闭和缺乏自我修正与调节机制等弊端。中华人民共和国成立以来的曲折发展历史，特别是"文化大革命"的教训表明必须坚持集体决策制度。1980年，邓小平在中

---

① 参见彭向刚《和谐社会视野下行政效能建设研究》，中国社会科学出版社2013年版，第173页。

② 《邓小平文选》（第1卷），人民出版社1994年版，第229页。

第六章 改进绩效，创新服务：构筑效能型政府

央政治局扩大会议上发表了《党和国家领导制度的改革》的重要讲话，向全党提出了改革党和国家决策体制的政治任务。他指出，"权力过分集中的现象，就是在加强党的一元化领导的口号下，不适当地、不加分析地把一切权力集中于党委，党委的权力又往往集中于几个书记，特别是集中于第一书记，什么事都要第一书记挂帅、拍板。党的一元化领导，往往因此而变成了个人领导"。此后，在党内实行集体领导、集体决策，成为广东省各级党委政府领导集体的共识，广东各级地方党委普遍实施一人一票、少数服从多数制度，集体讨论和决定重大问题。作为广东改革开放先锋的顺德市，1995年就完成了"一个决策中心，五位一体"领导架构的建立。顺德将市委常委会确立为全市工作的决策中心，将人大常委会主任、政协主席、市委书记、市长、纪委书记确立为市委常委会成员。五套班子主要负责人构成了常委会联席会议，一经决策，便达成了五套班子的共识，并将决策在人大、政府、政协、纪委中贯彻实施。顺德实行市委常委会和正副市长统一分工负责制，确定了权限范围内的事情可以直接处理，超越权限的重大决策，必须经联席会议讨论决定的决策原则，确保发挥每一个领导成员的作用和保持决策高度统一。

1996年，中央颁布《中国共产党地方委员会工作条例（试行）》（中发〔1996〕6号），标志着党委集体领导和民主决策逐步制度化、规范化。同年，广东省县以上各级地方党委都把学习贯彻好该条例作为加强自身建设、提高领导水平的重要措施。为加强和改进各级地方党委的领导，广东省明确提出凡属全委会或常委会职责范围内决定的问题，必须由集体讨论决定。任何个人或少数人不得越权决定重大问题。既发挥常委会处理日常工作和突发紧急事件的决策作用，又充分发挥全委会的决策、监督作用。同时，正确处理集体领导与个人分工负责的关系，既要坚持重大问题由集体讨论决定，又要认真实行个人分工负责制。每个常委会委员对自己分管的工作要敢于负责并切实履责；修订完善了党委议事规则和决策程序，并明确党委领导成员坚持学习、参加双重组织生活、建立基层联系点以及保持清正廉洁等问题的具体规定，使党委工作朝着规范化、科学化的方向迈

进了一大步。①

党的十七大以后，广东进一步健全了常委会向全委会负责、报告工作和接受监督的制度，更好地发挥了全委会的作用。推行党务公开，完善党内情况通报制度、情况反映制度和重大决策征求意见制度，拓宽和畅通了党员参与党内事务的渠道。广东各级党委政府坚持问题导向和改革精神，不断探索创新决策机制，突出地方党委全面从严治党的政治责任，健全地方党委发挥领导核心作用的制度基础，完善地方党委运行机制。如肇庆市认真贯彻落实《中国共产党地方委员会工作条例》精神，对涉及民众切身利益的重大改革、重大建设项目，要由市政府常务会议或全体会议依法、依程序做出决定，并强化决策执行的督促检查。② 顺德在2008年大部制改革中，建立了党委集体领导决策、统筹分工的领导体制以及"四位一体"的区联席会议，形成了决策权上移的区联席会议决策机制。由党委、政府、人大、政协的负责人和16个大部门一把手组成的党政联席会议，成为顺德最高决策部门。2011年，时任国家副主席习近平在广东省委上报的《关于完善全委会民主决策机制的情况报告》上做出重要批示，要求广东认真总结完善相关制度，不断提高党内决策科学化、民主化、制度化水平。时任中共中央政治局委员、中共广东省委书记汪洋对此高度重视，要求省委组织部认真落实习近平同志的批示精神，围绕总结完善相关制度等提出贯彻意见。2012年6月，广东率先出台《关于充分发挥中国共产党广东省各级委员会全体会议作用的暂行规定》《关于充分发挥中国共产党广东省各级委员会全体会议成员作用的意见》《关于充分发挥中国共产党广东省各级代表大会代表作用的意见》等发挥全委会作用的系列文件，先行先试，创新性地提出了在全委会召开及闭会期间全委会成员发挥作用的途径；积极探索，率先提出党代会代表要充分发挥议党议政、桥梁纽带、民主监督、示范引领四个作用，扩大党内民主取得的新进展。③

---

① 参见广东年鉴编纂委员会《广东年鉴（1997）》，广东年鉴社1997年版，第153页。
② 参见苏金生《〈珠江三角洲地区改革发展规划纲要（2008—2009年）〉学习丛书：肇庆篇》，广东经济出版社2009年版，第66页。
③ 参见蔡晓丹《广东率先出台发挥全委会作用系列文件，扩大党内民主取得新进展》，载《南方日报》2012年8月7日。

第六章 改进绩效,创新服务:构筑效能型政府

2016年,中共中央印发了新修订出台的《中国共产党地方委员会工作条例》,要求各地区各部门认真遵照执行。该条例突出了党中央坚持以问题为导向和一贯的改革精神,为新形势下做好地方党委工作提供了基本遵循依据,是指导地方党委工作的"指南针",更是加强和改善地方党委工作的"重器"。① 同年10月,中共广东省委制定《中国共产党广东省委员会工作规则》,完善相关工作制度,研究制定省级党组工作规则、省委常委会议事规则、省委委员候补委员管理工作规程、省委职责清单、"三重一大"事项标准等配套制度和实施细则,建立健全系统完备、运作良好的省委工作机制。同时,广东各地加强了市、县党委工作的规范化建设,推动了各地级以上市党委、各县(市、区)党委对照中央的条例和省委的规则,制定完善相关工作制度,进一步规范本级党委的工作。

(二) 专家咨询制度:从经验决策走向科学决策

组建智囊团,利用外脑为决策参考,是现代政府提升决策效能的重要形式。对于涉及经济社会发展规划、城市规划和政府重大建设项目等专业性、技术性较强的重大行政决策事项,广东从重视"专家咨询"到以地方法规形式规定必须采纳专家意见,专家咨询方式更加多样,专家咨询制度逐步形成并发挥着越来越重要的作用。

1994年"省长与专家座谈会"首次召开,座谈会由省长主持,对经济社会发展中的突出问题进行讨论交流,并成为广东每年吸纳专家意见的常规渠道。② 同年10月,中共广东省委第七届第三次全会做出决议:珠江三角洲地区要成为广东首先实现现代化的一个大经济区,成立由省委常委、副省长张高丽同志为组长的珠江三角洲经济区规划协调领导小组,组建由70多位省内自然和社会科学专家组成的专家组,对规划的编制进行咨询和指导,并于1995年下半年编制出《珠江三角洲经济区现代化建设规划纲要(1996—2010年)》。1999年广东设立了国际咨询会,每年根据

---

① 参见陈红阳《自觉担当 落实责任(学习贯彻〈中国共产党地方委员会工作条例〉)》,见人民网(http://politics.people.com.cn/n1/2016/0218/c1001-28131936.html)。
② 参见谷娟《省长再次与专家共商发展大计》,载《南方经济》1996年第1期。

发展需要确立不同的议题，邀请来自世界500强的企业家及国际著名科研机构学者把脉开方、建言献策，使广东能及时掌握世界经济、产业发展和企业经营的最新趋势和理念。国际顾问的建议为广东的许多重大决策提供了重要依据，有的更直接转化为职能部门落实推进的重要举措，实现决策咨询"洋顾问"和"国内顾问"双轮并驱。广东省政府决策咨询顾问委员会是由同期设立的省政府决策咨询特约研究员队伍逐步发展形成的，其正式成立是在2011年，下设专家委员会和企业家委员会，共聘任了130位著名专家学者和企业家作为顾问。广东省政府借用"外脑"的智慧和专长，特别是在破解增强经济内生增长动力，提升产业层次和自主创新能力，推进与港澳、我国台湾地区、东盟等区域经济合作、可持续发展中资源环境制约、深化重点领域和关键环节改革等方面提供了行之有效的建议。① 此外，针对专业领域的重大决策，财政、科技、经信、卫生等部门还分别组建了专业领域的专家库。如财政专家咨询委员会、科技咨询专家库等，实行资源共享、动态管理，以确保重大决策的专业化、科学化。② 2010年，刘涛等11名广东省政协委员递交提案，建议立法完善对公众利益可能造成影响但必须建设的项目决策程序。自此，广东省政府开始起草《广东省重大行政决策专家咨询论证办法（试行）》并于2012年5月正式出台并开始实施。《广东省重大行政决策专家咨询论证办法（试行）》（粤府办〔2012〕37号）明确规定，政府在重大行政决策出台前必须组织相关专家进行咨询论证，应进行专家咨询论证而未进行的重大事项，不得做出决策，而且参加咨询论证的专家不少于5人；涉及面较广、争议性较强或内容特别复杂、敏感的重大行政决策，应有9名以上专家参加咨询论证。

除了官方智库外，广东还鼓励和支持民间智库参政议政。广东通过购买公共服务等举措，让民间智库参与公共政策调研过程，形成强大的决策

---

① 参见邓红辉《广东聘130名专家企业家为"智囊"助政府决策》，载《南方日报》2010年9月28日。

② 参见林木声《借助"外脑"搞好调研——广东整合社会资源开展调研做法》，载《秘书工作》2014年第4期。

第六章 改进绩效，创新服务：构筑效能型政府

参谋后盾。如"南方民间智库"自2009年开始建立民间交流平台，近年来以57名正式智库成员、上千名活跃参与者为基础力量，在政府的引导下，就涉及群众切身利益的一些重点、难点、热点问题，形成了很多具有决策价值的调研报告；参与策划了"民间拍案《珠三角规划纲要》群众论坛""幸福广东工人农民论坛"等活动40多场，为党政决策提供参考。2012年1月，南方民间智库咨询服务中心经省民政厅批准，成为广东第一家获得注册的民间智库，标志着广东集纳民间智慧为决策服务又迈出了一大步。①

地方各级政府也出台了一些规章来保障公共决策中专家咨询制度的稳定性、加强专家咨询活动的规范性。2002年，广州市出台了《广州市政府采购咨询专家管理暂行办法》（穗财采〔2002〕240号）；江门市建立全市经济形势分析联席会议和经济社会发展顾问咨询制度，广集良策；②肇庆市政府充分发挥决策参谋机构（如市政府经济顾问团、市政府常年法律顾问）、研究咨询机构（如中山大学科研机构）的作用，要让经济和法律顾问团队提前介入政府决策的重大事项，而非充当"花瓶"和"救火队员"；③东莞市委、市政府问计于"专"，在决策中发挥专家学者的作用。2010年9月，顺德在全国县级地区率先成立"公共决策咨询委员会"，对全区经济社会发展战略和策略、公共政策和措施的制定、重要项目安排以及其他公共事务、议题进行咨询、论证，提出政策创议；收集、反馈和分析社情民意。委员会还可以根据区委、区政府的委托，对重大事项和突出问题组织课题研究，提交研究报告。2011年，顺德区某公司老板对顺德有关高层次人才引进培养政策草案中采用"创造的价值、纳税多少"来界定高层次人才提出了不同意见，认为不应单纯用经济效益衡量人才，而应把科技、文化、教育方面的杰出人士都吸纳进去，该意见获得了负责制定

---

① 参见林木声《借助"外脑"搞好调研——广东整合社会资源开展调研做法》，载《秘书工作》2014年第4期。
② 参见张忠林《〈珠江三角洲地区改革发展规划纲要（2008—2020年）〉学习丛书：江门篇》，广东经济出版社2009年版，第9页。
③ 参见余金生《〈珠江三角洲地区改革发展规划纲要（2008—2020年）〉学习丛书：肇庆篇》，广东经济出版社2009年版，第66页。

该政策的顺德区人力资源和社会保障局、区委决策咨询和政策研究室等部门的采纳。① 深圳市政府办公厅出台了《深圳市重大行政决策专家咨询论证暂行办法》（深府办〔2013〕28号），以期建立健全科学化、民主化、规范化行政决策机制，提高政府行政决策能力。东莞出台的《东莞市重大行政决策听证规定》（莞府令〔2015〕142号）规定，应当进行专家咨询论证而未进行的重大事项决策草案，不得提交审议，不得决定实施。

（三）公众参与决策：从封闭决策走向开放决策

政府决策是对公共资源的权威性分配。如果说对于专业技术问题的决策应当请教专家，以提升决策科学性，那么涉及民生的重大行政决策事项应当依法事先向社会公布，听取社会公众意见，以提升决策民主化水平。随着广东改革开放的推进和公众参与意识的觉醒，针对行政决策领域公众参与度低、形式化严重等公众反映强烈的问题，广东省从制度上对重大行政决策的范围、程序、机制做出了明确规范，各级政府法制机构切实担负起了推动落实公众参与重大行政决策的职责。改革开放以来，广东公众参与决策的渠道、方式、机制等多个方面都得到了长足的发展，其中最有代表性的就是听证制度和旁听制度。

1. 广东首创听证制度

广东听证制度尝试影响深远，始发于深圳的听证制度现已成为各级政府立法和行政决策中的必备程序。20世纪90年代以来，劳动权和财产权成为广东公众参与决策的重要关注点和推动力。建立健全重大事项的社会听证制度，为社会公众参与公共问题的决策提供了程序性的安排和制度化的保障，是提高政府决策效能的必然选择。在我国，听证制度始于价格审查领域。1993年，深圳在全国率先实行价格审查制度，可以说是价格听证制度的雏形。1999年9月9日，《广东省建设工程招标投标管理条例（修订草案）》听证会在广东省人大常委会会议厅举行，就建设工程招投标管理条例的修订问题广泛征求社会各界意见。这是中华人民共和国成立

---

① 参见罗艾桦、贺林平《顺德：首个全国县级决咨委成立8个月 智囊团能使多大劲?》，见人民网（http://politics.people.com.cn/GB/14562/14641500.html）。

第六章　改进绩效，创新服务：构筑效能型政府

以来举行的第一次立法听证会，也是广东省探索阳光立法之路、推进民主进程的一次重要尝试，听证会在没有先例可循的情况下取得了成功。时任广东省人大常委会主任朱森林表示，举行立法听证会的目的是广泛听取有关单位、专家、学者及个人的意见，进一步对条例的重点内容进行论证。1999年9月24日，广东省第九届人大常委会第十二次会议审议通过了该条例，听证会上的许多意见都被吸纳到新修订的条例当中。2000年11月28日，深圳市人大常委会就《深圳经济特区审计监督条例（草案）》举行了立法听证会，成为《中华人民共和国立法法》（以下简称《立法法》）颁布以来首个具有听证规则的立法听证会。2001年12月26日，深圳市人大常委会通过了《深圳市人民代表大会常务委员会听证条例》，对听证会的具体运作程序做了详细规定，是全国第一部地方性听证法规。2003年，广东省人大常委会举行了《广东省爱国卫生工作条例（草案）》立法听证会，吸引了200多人参加，并且是全国第一个由中央电视台直播的立法听证会。2011年，广州出台《广州市重大行政决策听证试行办法》，该办法明确指出，政府做出重大行政决策前要向社会征求意见，公众意见分歧大则要开听证会，而且公务员不能当听证代表，听证会还被要求设立旁听席，并且向新闻媒体开放。2013年，广东出台《广东省重大行政决策听证规定》（粤府令第183号），规范广东行政机关重大行政决策听证活动，规定"涉及民生重大决策的听证率、民调率均达100%"①。2015年，广东省人大常委会启动首次网络听证，通过广东人大网对《广东省食品生产加工小作坊和食品摊贩管理条例（草案修改二稿）》进行听证，聚焦食品小作坊生产加工食品的管理方式和销售范围，并开展网络投票。网络听证节约了听证成本、扩大了听证范围，是互联网与民主决策相结合的有益尝试。

2. 发挥旁听制度实效

政府决策要反映民意，必须积极倾听民众心声、了解公众需求。广东创新了人大会议旁听制度并确保旁听发挥实效，有效提高了广东省人大工

---

① 李彤：《重大民生决策须100%听证》，见中国日报网（http://www.chinadaily.com.cn/hqgj/jryw/2013-04-13/content_8751629.html）。

作的公开性和透明度,使广东各级机关与人民群众的联系更为密切,能更广泛地听取人民群众和各方面的意见。

2002年7月12日,广东省第九届人大常委会主任会议同意《公民旁听广东省人民代表大会常委会会议试行办法》;同年12月,广东省第九届人大常委会第三十八次会议在广州开幕,会议首次邀请公民旁听人大常委会会议,有21位公民到会旁听。① 在当日下午召开的旁听人员专题座谈会上,2位旁听者还向省人大提交了自己对有关问题的书面意见。在省人大的带动下,广东各地人大纷纷开始设置会议旁听制度。2005年,珠海市市民或暂住人员以及在珠海市工作、居住、投资的港澳台同胞、外籍人士可申请旁听市人民代表大会和常务委员会会议。② 2008年,佛山市人大常委会表决通过了《佛山市人民代表大会常务委员会会议公民旁听办法》,根据该办法,佛山公民今后可"零距离"了解地方国家权力机关就市民普遍关注的热点、难点社会问题的决策过程。③ 2009年,东莞接受55人旁听市第十四届人民代表大会第四次会议全体会议。在旁听人员互动环节中,会议代表就公共设施收费、就业问题发表建议,并最终形成免费公园、免费公厕、大学生就业优惠政策等便民、利民、益民的政策措施。2009年,河源市政协第五届第三次会议在市会议中心邀请网友进行旁听与对话,旁听人员来源更加广泛和多元。2013年,来自多领域的51名旁听代表旁听了省第十二届人大第一次会议。18名旁听代表参加省人大座谈会,并分别从各自的专业角度,为广东的现代化发展提出建议和办法,省人大常委会副主任陈小川出席会议。④ 2015年广东省第十二届人大第三次会议专门召开旁听人员座谈会,旁听人员还分别就新常态下深化审批制度、财政金融体制、国有企业、工商登记和投资管理等方面提出了建议和

---

① 参见何静文《广东省九届人大常委会今开幕 21位公民到场旁听》,见南方网(http://news.southcn.com/gdnews/gdtodayimportant/200212020835.htm)。

② 参见刘联《明年1月开始人大会议市民均可旁听》,见南方网(http://news.southcn.com/dishi/zhuhai/ttxw/200409180388.htm)。

③ 参见唐志强《佛山市人大常委会会议审议通过公民旁听办法》,见中国人大网(http://www.npc.gov.cn/npc/xinwen/dfrd/guangdong/2008-04/24/content_1425726.htm)。

④ 参见张学斌《旁听制度不是摆设》,载《南方日报》2013年1月27日,第A04版。

第六章 改进绩效，创新服务：构筑效能型政府

意见，会议参与深度有了显著提升，并形成了明确的旁听人员意见建议收集和答复机制。

三、抓手：广东创新执行机制，促进依法高效行政

执行机制是行政管理活动向决策目标推进的过程。我国条块分割的行政体制带来了行政过程职权交叉、多头管理问题。要确保执行效能的实现，必须创新执行机制，坚持依法行政、高效行政。广东省作为改革开放排头兵，勇于承担先行先试的使命与职责，在创新行政执法改革方面进行了大量探索，为国家推进行政执法体制改革提供了大量的鲜活经验。

（一）汇资源聚合力，先行探索综合行政执法机制

改革开放以来城市建设管理行政执法中普遍存在重复处罚、执法机构膨胀等问题，尤其是行政处罚权"三乱"问题十分突出，即主体资格乱、依据乱、程序乱。为解决这一问题，广东省在20世纪90年代末先行探索以城市综合管理为主要内容的综合行政执法改革。所谓综合行政执法体制，是指一个依法成立或授权的行政机关行使原由两个或以上行政机关行使的行政职权，或者由一个行政机关的特定职能部门以该行政机关的名义行使原由该机关多个部门分散行使的行政职权的制度。① 广东探索行政管理综合执法方面的改革大致经历了两个阶段，其中以在城市管理、渔政管理方面的探索最为典型。

1. 第一阶段：先行探索

广东在综合行政执法体制改革方面的探索最早可以追溯到20世纪90年代末。根据1996年《中华人民共和国行政处罚法》中"相对集中行政处罚权"的规定，90年代中期广东在深圳市、佛山市试行一警多能执法探索。1998年深圳市罗湖区正式成立行政执法检查局，统一负责全区城管、环卫、文化、计生、旅游、卫生、房屋租赁等执法任务。罗湖区行政综合执法经验得到了国家层面的肯定，国务院法制办调研组在罗湖进行专题考察和调研时，要求在全国推广"罗湖模式"。《人民日报》、中央电视

---

① 参见贺荣《北京市综合行政执法有关问题的探索和思考》，载《法学杂志》2010年第10期。

台等多家媒体也对罗湖综合行政执法试点经验进行了大幅报道，吸引了全国近百个省市团体到罗湖考察学习，罗湖模式成为不少地区组建城市综合执法机构的范本。

这一阶段值得一提的还有广东海洋综合执法体制改革的探索。2000年以前，广东海洋与渔业执法方面存在广东海监总队、广东渔港监督局以及广东渔业船舶检验局等三支队伍，三支队伍各自为政，造成渔船盲目增长、捕捞强度过度膨胀。针对这种局面，广东省在全国范围内率先提出渔业执法队伍机构改革方案，突破原有条块分割的执法体制，将广东省海监总队、广东渔港监督局以及广东渔业船舶检验局三支队伍合并，成立渔业统一综合执法主体"广东省渔政总队"，统一领导全省海洋与渔业执法机构业务。多年的实践证明，通过统一执法主体，理顺管理关系，规范机构设置，广东渔政队伍的执法力量得到了大幅增强，管理效率与执法效果明显提升。

2. 第二阶段：全面推进

2005年1月，随着广东省政府正式批准印发《广东省综合行政执法试点方案》（粤府办〔2005〕9号），广东综合行政执法改革正式全面推进。2006年，广东省整合原来分属于不同部门的公路运政、水路运政、公路路政、航道行政等执法队伍，设立了"交通综合行政执法局"来进行综合执法工作，为构建和谐交通、促进交通运输业的持续协调健康发展提供了有力的支持和保障。这一阶段的事业单位综合执法机制改革，紧密结合广东经济社会发展的实际情况，按照事业主体多元化、资源配置社会化、单位管理规范化的改革方向，对事业单位进行了分类改革工作，以推进广东科技、教育、文化、医疗卫生、体育等分类事业单位机构的改革。① 除了在省级政府层面推进执法机制改革以外，2006年东莞被选为广东省城市综合执法试点单位，出台《东莞市城市管理综合行政执法试点方案》（粤机编〔2006〕11号），大力整合城市管理领域执法职能，建立运转高效、保障有力的城市综合管理机制，有效应对了外来人口多、社会问题复

---

① 参见李美仪《今年事业单位改革要出方案 综合行政执法全面试点》，载《羊城晚报》2005年2月2日。

第六章　改进绩效，创新服务：构筑效能型政府

杂等城市管理难题。2007年，广东又相继推进韶关、江门市城市管理综合执法改革。2012年9月，广东省出台《广东省行政执法体制改革试点工作方案》以及《广东省行政执法体系改革规划（2012—2016年）》，行政执法体制改革被置于行政体制改革的大背景中综合考虑。2014年，广东省将工商、质检等部门省级以下垂直管理体制调整为市县政府分级管理，执法体制改革重点转向下沉执法力量，推动行政执法和刑事司法的"两法衔接"工作。2015年，广东全面推进综合执法改革，如出台并实施劳动保障监察综合执法体制改革；制订自贸试验区综合执法改革方案，探索建立与各片区产业定位和功能布局相契合的综合执法体系和运行机制。

目前，广东省已在海洋渔业、交通、文化市场、国土资源、环境保护、安全生产、城市管理、市场管理等多领域推进了综合执法改革，在规范执法职能、机构、编制的基础上，极大地提升了执法效能。实行综合行政执法前，广东省行政执法人员编制120645名，在职110711人。在清理整顿的基础上，拟总量控制核定全省行政执法专项编制8万名，与实有执法人员相比，精简了27.7%。此外，综合行政执法改革也促进了执法人员和机构的规范管理。比如，在海洋与渔业"三合一"执法体制建立之前，全省渔政队伍共有编制人员1410个。由于缺乏稳定的队伍经费，基层队伍越权发证、以罚代管的现象时有发生。改革后，全省渔业执法机构通过重新核定编制，规范经费渠道，妥善处理人员过度安置问题，大力提升了执法效果和执法效率，规范执法、文明执法的现象得到了明显改观。①

（二）降成本提效率，公共服务供给水平全国领先

行政成本是行政机关活动占用和消耗的社会资源。效能政府一定是"廉价政府"。所谓廉价政府，主要不在于政府节约了多少钱，而在于政府哪些地方节约钱，通过何种手段节约钱；也不在于政府花了多少钱，而在于政府的钱花在什么地方，花这些钱办了哪些事，办得怎么样。②

---

① 参见孟端《新时期广东综合行政执法体制创新研究》（学位论文），兰州大学2013年。
② 参见毛昭晖《中国行政效能监察：理论、模式与方法》，中国人民大学出版社2007年版，第6页。

行政成本的巨大耗费是导致行政效能低下的重要原因。改革开放之初，广东的财政支出存在着许多与市场经济不相适应的地方，主要表现在一是财政支出范围过大，包揽过多；二是支出结构不合理，"人头费"飙升，成了吃饭财政；三是收入分配不公显现。① 为扭转这种局面，广东不断调整财政支出结构，加快公共财政建设步伐。

1. 建设"廉价政府"，降低行政成本

（1）调整财政支出结构，降低行政成本。

广东采取"一紧一松"的方式调整财政支出结构。

一方面，严控一般性支出，努力降低行政成本。1992年，广东省委、省政府做出了《关于改进领导作风的规定》，规定要求坚决精简会议、大力精简文件、发扬勤俭办一切事业的精神，坚决压缩各种应酬性活动，并加强对执行该规定情况的检查督促。1997年5月，中共中央和国务院联合下发了《关于党政机关厉行节约制止奢侈浪费行为的若干规定》。广东省认真贯彻落实制止奢侈浪费行为的八项规定，各项工作取得了新的明显成效。2012年7月，《广东省人民政府办公厅印发关于厉行节约若干规定的通知》（粤府办〔2012〕72号）出台，提出严控财政新增支出、严控一般性支出、严控节庆活动支出、严控公务用车支出、严控各类会议支出、严控公务接待支出、严控因公出国（境）经费支出、严控楼堂馆所项目支出、严控办公经费支出、严控机构编制和工资管理等10条厉行节约、严控支出的规定，并建立健全省、市、县三级经费节约统计通报制度，完善落实行政事业单位经费节约考核机制。据中国社会科学院政治学所创新工程第五项目组完成的研究报告显示：2012年落实中央"八项规定"和倡导"厉行勤俭节约、反对铺张浪费"的行动以来，90%省级政府的行政成本呈现下降趋势，广东省下降幅度超过10%。②

另一方面，广东不断加大对人民群众关注的"三农"、教育、医疗卫生、社会保障、防灾减灾、城乡社区服务、污染治理和环境保护等方面的投入力度，更好地回应社会关切。特别是党的十六大以来，省级财政在公

---

① 参见李鲁云《建立广东公共财政的政策思考》，载《广东经济》2000年第5期。
② 参见温红彦《90%省级政府行政成本呈现下降趋势》，载《人民日报》2014年3月9日。

第六章 改进绩效，创新服务：构筑效能型政府

共管理和公共服务方面的支出量越来越多，在省级一般预算支出中的比重从 2001 年的 52.26% 提高到了 2005 年的 76.26%。"十一五"期间广东财政民生投入约 1 万亿元，占全省一般预算支出的比重从 2006 年的 42.7% 提高到 2010 年的 57.2%，年均增长 22.3%。① 2011 年，全省财政民生投入达到 4233 亿元，占全省一般预算支出的 63%；与此同时，压缩行政经费 2%，增加国有资本经营收益 10% 用于民生投入。2012 年，广东省财政严格实行支出控制措施，进一步规范和压减行政性开支，控制临时新增开支，省下钱来保证民生投入，推进基本公共服务均等化，不断提高人民群众的幸福感。据统计，2012 年全省各级财政民生支出共完成 4864.16 亿元，比上年增长 13.75%，占全省支出的比重近 2/3，达 65.8%。② 据财政部对 2012 年度县级（县、县级市、旗，不包括区）财政支出管理绩效进行的综合评价，广东在全国综合评价中排名第四，梅县、东源、连南、龙门、德庆、清新、乳源、丰顺、龙川等 9 县进入前 200 名。③

（2）政府采购制度创全国第一。

在经济学上，政府采购应该说是效率较低、效益也是较差的一种经济行为。20 世纪 90 年代初，政府采购主要是由财政部门每年做出预算，由各支出单位根据需要自行分散采购。这种采购方式带来了采购资金容易脱离财政有效监督，产生超量采购、随意采购、重复采购的现象，同时采购资金使用透明度低，漏洞多，容易滋生腐败。为提高政府采购效能，深圳市借鉴国际惯例，在国内率先实行政府采购制度改革，连续 3 年出台了政府采购方面的重要政策法规。1997 年，深圳出台《关于我市行政事业单位公务用车及专项设备实施公开采购的通知》（深财行〔1997〕66 号）。1998 年 10 月，深圳市人大通过《深圳经济特区政府采购条例》，是我国第一个规范政府采购行为的地方性法规。1999 年颁布了《深圳市政府采购资金财务管理试行办法》（财深字〔1999〕9 号），对采购金额、采购方

---

① 参见《全省财政工作会议召开，黄华华强调推动财政工作再上新台阶》，见广东省人民政府网（http://zwgk.gd.gov.cn/006939748/201101/t20110114_12473.html）。
② 参见广东年鉴编纂委员会《广东年鉴（2013）》，广东年鉴社 2013 年版，第 203 页。
③ 参见韩洁、高立《财政部开展县级财政支出管理绩效综合评价》，见中国政府网（http://www.gov.cn/jrzg/2013-08/02/content_2460238.htm）。

式、社会监督等方面做出了具体规定。2000年，深圳市财政部门设立政府采购专户，并初步建立起全市统一的网上政府采购平台。

在政府采购方面，深圳创下了两个全国第一：一是建立了我国第一部有关政府采购的地方法规《深圳经济特区政府采购条例》，实施时间比2003年1月1日起实施的《中华人民共和国政府采购法》（以下简称《政府采购法》）早了整整4年；二是成为全国第一个从机构、人员到职能实现监管与组织实施彻底分离的城市，其标志是2002年12月16日深圳市政府采购中心正式挂牌。深圳采购制度的实施有效节约了政府采购金额。1999年，在深圳市财政局全面推进各项政府采购业务的情况下，当年深圳市行政事业单位专项设备购置及修缮经费11.69亿元，其中公开招标采购8.3亿元，节约资金0.99亿元，资金节约率为11.92%；条例实施的第四年即2002年，深圳市政府采购节资率就有了较大的提升，节约的资金则达到了3亿元。① 深圳市政府采购模式得到了中央和省的充分肯定，为我国从中央到各地方的政府采购制度改革创出了一条新路。

在全省层面，2000年3月，广东省财政会议正式提出把实施"政府采购"作为财政支出改革的一项重要措施，并于同年6月成立广东政府采购中心。② "规模产生效益，规范堵塞漏洞"，仅2004年前三季度，广东省各级政府采购完成采购规模99.4亿元，节约资金12.02亿元，资金节约率为10.79%。③ 2005年5月，广东在省级单位开始试行以电子订购、电子反拍卖和电子询价为主要内容的电子化政府采购，增强政府采购全过程的透明度并提升政府采购服务水平。④ 2002年到2011年间，广东政府采购规模由24.28亿元增加到1040.54亿元，年均增长率达到47.8%。12年间全省共完成政府采购规模5723.31亿元，与预算资金相比累计节约财

---

① 参见中国物流与采购联合会秘书处《四年省下八亿——深圳政府采购节资率全国领先》，中国物流与采购联合会会员通讯，第14期，2002年1月—2003年1月。
② 参见贺信、刘中元《广东政府采购9个月省12亿》，载《南方日报》2004年11月27日。
③ 参见贺信《广东政府采购9个月省12亿》，载《南方日报》2004年11月27日。
④ 参见戴正宗《广东采购登上"高速列车"》，载《中国财经报》2006年5月10日。

第六章 改进绩效，创新服务：构筑效能型政府

政性资金约 766 亿元。① 2002 年起，广东连续 9 年政府采购规模位居全国首位。2011 年广东政府采购规模首次突破 1000 亿元，达到 1040.54 亿元，占当年全国政府采购规模约 1/10，并与江苏一起成为全国两个政府采购规模率先超千亿元的省份。② 为进一步规范政府购买行为，广东省财政厅在全国首创向社会发布购买服务项目目录的做法。③ 随着互联网的发展和网购的普及，2015 年，广东省政府采购中心搭建了政府主导的网上商城平台，实现政府采购与电商的"联姻"；同年，"广东省网上办事大厅公共资源交易栏目的政府采购交易系统"也正式上线运行，并于 2016 年 1 月正式启用，标志着省级政府采购项目正式迈入全流程电子化操作时代。政府采购全流程电子化不但方便快捷，节约投标成本，而且远程背靠背投标、全程电子评审，有效避免了供应商围标串标，采购文件模板化也减少了专家评审过程的主观因素，提高了采购评审质量。④

2. 审批制度先行先试，大幅提高行政效率

行政审批是行政提速的基本切入点。行政审批制度改革，既是提升政府工作效率的必行之举，也是减少寻租、预防腐败的重要手段。深圳从 1997 年开始，在全国率先进行政府审批制度改革。经过此轮改革，深圳市政府原有审批事项从 723 项减少为 305 项，比原来减少了 418 项；核准事项从 368 项减少为 323 项，比原来减少了 45 项。原有审批与核准共计 1091 项，拟保留 628 项，减少 463 项，其中取消 289 项，合并、调整减少了 19 项，减少 43%。深圳的审批制度改革在全国产生了积极反响，在深圳的示范下，全国第一轮行政审批制度改革在 1999 年正式启动。⑤

进入 21 世纪，广东于 2000 年、2002 年、2004 年、2009 年完成了四轮行政审批事项清理，全面系统清理了各项审批制度，累计取消 1800 余

---

① 参见卢轶《广东政府采购规模首破千亿元，范围扩大到工程类和服务类》，载《南方日报》2012 年 8 月 15 日。
② 参见卢轶《广东政府采购规模首破千亿元，范围扩大到工程类和服务类》，载《南方日报》2012 年 8 月 15 日。
③ 参见卢轶《我省公布首批政府购买服务目录》，载《南方日报》2012 年 8 月。
④ 参见谢庆裕《粤省级政府采购全流程电子化》，载《南方日报》2016 年 1 月 25 日。
⑤ 参见卞苏徽《深圳行政提速与深化审批制度改革》，载《中共桂林市委党校学报》2001 年第 3 期。

项，调整 400 余项。2012 年 8 月 22 日，国务院常务会议正式批准广东在"十二五"期间按照"应减必减、该放就放"的原则，在行政审批制度改革方面先行先试，继续推进行政审批制度改革的探索。此轮行政审批制度改革以政府社会管理和公共服务职能转变为导向，把深化行政审批制度改革与投资体制、财税金融体制、社会体制和行政管理体制改革紧密结合起来，进一步优化政府机构设置和职能配置，提高行政效能和公共管理服务质量。广东新一轮行政审批制度改革的力度很大，清理审批事项总数达 1120 项，远远超出 2009 年广东第四轮行政审批制度改革所保留的 595 项审批事项。审批事项大幅削减，极大地提高了行政效率，以广东佛山南海区为例，2017 年 8 月起，南海区工程项目从立项到取得施工许可证的审批时限从原来的 96 个工作日缩短至 46 个工作日，审批时间缩短 52%，减少材料 75 项次，① 极大地简化了投资项目审批手续，优化了投资环境，为经济加速发展创造了良好的投资环境。

四、保障：广东建设公开透明的监督机制

有权必有责，用权受监督。监督机制对执法过程存在问题的及时发现和反馈纠偏，对保障行政效能起着重要的保障作用。广东通过不断拓展信息公开的渠道，加强行政监督，尤其是人大对行政的全面监督作用，督促政府依法高效的履行职责，将广东打造成高效能、负责任的政府。

（一）信息公开凸显广东透明政府特色

信息公开是惰政和腐败的天敌。广东省高度重视信息公开建设，各级政府通过政府网站、公报系统、新闻发言人制度、政务微博和微信等多渠道及时主动向公众公开政府信息，提高政府权力运行的透明度，促进工作人员尽心尽职，提高工作效率，提升服务品质。

广东毗邻港澳，对外开放程度高。1993 年，广东省"两会"期间大量港澳记者前来采访，省政府新闻办建立新闻发布制度，邀请省长及相关领导向媒体通报情况，这是广东省以新闻发言人制度形式向外公布信息的

---

① 参见刘阳《南海：投资建设项目审批提速超五成》，载《佛山日报》2017 年 8 月 22 日。

第六章 改进绩效，创新服务：构筑效能型政府

首次尝试。从20世纪90年代到21世纪初，省政府新闻办主要采取不定期举行新闻发布会的方式，向媒体通报重要决策、新闻或以此官方渠道进行辟谣。2006年年初，省政府要求全省各级人民政府及政府部门、直属机构全面建立新闻发言人制度，自此，新闻发言人制度成为常规化信息发布制度。

广东信息公开法制化建设成为广东透明效能政府建设的一大特色。2003年1月1日，《广州市政府信息公开规定》（广州市人民政府令第8号）颁布实施，这是我国第一部由地方政府制定的全面系统规范政府信息公开行为的政府规章，为全国各地政府信息公开提供了范本。2005年7月，广东出台了全国第一部全面系统规范政务公开的省级地方性法规《广东省政务公开条例》（广东省人民代表大会常务委员会公告第45号），标志着我国政务公开的政府规章向法制化迈出了具有深远意义的重大一步。[1]

广东注重发挥省政府网站信息公开第一平台的作用。广东省政府网站由省府办公厅创建于1999年8月，网站开通以来，对宣传政府方针政策、促进政府职能转变、提高政府工作透明度等起到了积极的作用，但由于没有很好地整合省直部门的网站信息资源等原因，网站存在着内容不够丰富、全面，部分资料更新不及时，提供的网上服务少等问题。2003年，广东省人民政府办公厅印发《广东省政府门户网站建设方案》的通知，开始对广东省人民政府网站进行全面升级改造。经过持续不断的改版完善，广东省政府门户网站因丰富的内容和完备的功能，在2015年第十三届中国政府网站绩效评估中，跃居省级政府网站第二名，成为进步最大的政府网站。[2] 深圳市、佛山市政府门户网站分别获得全国副省级城市和地级市第一名。除了门户网站，2014年，省政府门户网站官方微博和微信、省政府公报官方微信于3月25日在腾讯微博和微信平台正式开通，这是我省政府信息公开的又一重要平台，省政府重要政务信息将第一时间通过微博、微信等新媒体形式，向社会公众公开。

---

[1] 参见段尧清《我国政府信息公开纵向透视》，载《情报科学》2006年第6期。
[2] 参见谢苗枫《政府信息公开，广东真是蛮拼的》，载《南方日报》2015年2月6日。

（二）人大监督的"广东现象"

人大监督的"广东现象"闻名全国。广东省人大常委会秉承"把监督工作放在与立法工作同等重要的地位"的精神，在行使监督职权方面探索"敢于监督"和"善于监督"有机统一，以权力制约权力，防止权力滥用，有力保障了公民的合法权益和政府高效有序运作。

40年来，广东省人大在行政监督过程中迈出了很多关键的第一步。1989年3月，《广东省各级人民代表大会常务委员会法律监督工作条例（试行）》开始实施。1994年4月，广东省人大常委会通过《关于进一步强化法律监督职能健全监督机制的决议》。2001年2月，《广东省预算审批监督条例》通过，这是全国第一个由省人民代表大会通过的预算审批监督的地方性法规。2002年，广东人大酝酿推行"绩效审计"制度，并首先在深圳试点。2003年2月，《深圳市2002年度绩效审计工作报告》提请深圳市人大常委会审议，在国内首开先河，此举提高了政府预算资金的使用效率，督促审计机关对预算执行情况审查监督。2003年10月，广东省人大常委会首次面向社会公开征求对人大评议对象的意见，省农业厅和广东省安全生产监督局成为首批征求社会意见的人大评议对象。2003年12月10日，广州市人大常委会举行监督听证会，就《广州市城市市容和环境卫生管理规定》的实施情况，请政府职能部门与普通公民公开讨论，在全国首创将听证引入法律监督领域。2003年10月下旬，广东省人大常委会采取省、市、县三级人大上下联动的监督方式，开展视察督办"十项民心工程"暨减轻农民负担工作。2003年12月，广东省人大常委会联合东江源头江西省人大常委会，开展东江环保行活动，考察粤赣人民极为关注的东江水质，该活动开创了跨省级人大环保监督的新形式，为督促各地政府解决跨行政区域的污染问题闯出了新路。2007年，为了与新出台的监督法保持一致，广东废止了四项有关人大监督工作的法规：《广东省各级人民代表大会常务委员会执法检查工作规定》《广东省各级人民代表大会常务委员会实施个案监督工作规定》《广东省各级人民代表大会常务委员会评议工作规定》和《广东省各级人民代表大会常务委员会监督条例》，并对监督法确定的监督公开原则进一步细化。为把人大常委会的监

第六章 改进绩效,创新服务:构筑效能型政府

督工作置于人民群众的监督之下,广东省人大常委会及时出台了《关于省人大常委会行使监督职权情况向社会公开的若干规定(试行)》,对省人大常委会行使监督职权向社会公开的内容、时间和方式做出了具体规定,即省人大常委会听取和审议的"一府两院"各项报告、对各项报告的审议意见、执法检查报告和审议意见,以及"一府两院"对审议意见研究处理或者执行决议情况的报告,都要采取召开新闻发布会或者记者招待会等形式,通过媒体向社会公开。①

第二节 改进方式,优化流程,凸显效能政府服务本色

行政组织活动追求的目标具有双重性:一是对内追求政府自身运行的优化,二是对外实现为公众提供公共服务的过程和效果最佳。本章第一部分主要以行政组织自身为坐标系,讨论改革开放 40 年来广东省在权力配置、机构改革、职能转变的基础上,通过创新决策机制、完善运行机制、加强监督机制,优化政府自身运行,从而提升行政效能。这部分讨论的是广东通过改进服务方式、优化服务流程,积极主动回应和满足社会公众对政府效能的需求,从而实现效能政府建设以民为本的价值取向。

为提升公共服务水平,广东充分利用"互联网+政务"科技,在全省共建政务服务大数据库的基础上,通过深化线下"一门式"政府服务中心、推动线上"一网式"网络服务平台建设以及实现线上线下互联互通,不断创新公共服务管理方式,从而为群众提供更便捷、更高效、更简洁、更加人性化的政务服务。2016 年 3 月,广东省印发了《关于在全省推广一门式一网式政府服务模式改革的实施方案》(粤府办〔2016〕19 号),率先提出"一门在基层、服务在网上",主张创新政府服务模式,整合部门办事窗口和审批服务系统,打破部门界限、政务藩篱和信息孤岛,真正实现"一个门、一张网"办事,对我国地方政府如何推进"互联网+政务服务"具有重要的借鉴意义。通过全力推进"一门、一网、一数据库"

---

① 参见王伟《常委会行使监督权 5 项内容将向社会公开》,载《信息时报》2007 年 7 月 23 日。

建设，广东政务服务实现了三大创新：一是"一个界面、一窗服务"，二是"一套标准、无差别审批"，三是"一个数据库、精准治理"。

一、"一门式"政务服务中心建设

政务服务中心是为政府部门统一办理或集中办理、联合办理行政许可提供服务的场所。政府各有关行政管理部门（进驻部门），根据本级人民政府依法做出的统一办理或者联合办理、集中办理行政许可的决定，进驻行政服务中心设立办事窗口。凡涉及经济发展、公共管理以及公众利益密切相关的行政许可事项，均进入行政服务中心设立办理窗口统一办理。[①] 20世纪90年代中后期，我国各地方政府开始纷纷建立形式不一的行政服务中心（有的地方称为政务大厅、政务超市、"一站式"服务中心、行政审批服务中心、政务服务中心）。据国务院办公厅政府信息与政务公开办公室2017年11月发布的《全国综合性实体政务大厅普查报告》的数据显示，截至2017年4月，全国县级以上地方政府共设立政务大厅3058个，覆盖率94.3%；其中，省级政务大厅19个（含新疆生产建设兵团），地级市政务大厅323个，县级政务大厅2623个，直辖市区县政务大厅93个。[②]

广东是政务服务中心建设的先行者。1978年12月，东莞创立了全国第一个对外来料加工装配办公室，在全国率先实行职能部门集中办公和"一条龙"式的行政审批服务。[③] 这个创举，成为当时全国各地学习的新鲜经验。1995年，深圳特区首次把与外商投资项目审批有关的18个政府部门集中起来成立专业性联合审批服务中心，这是国内行政服务中心最早的雏形。[④] 目前，广东各地市普遍建立了行政服务中心。从横向上看，广

[①] 参见陈宏彩《效能政府建设的框架体系与运行机制研究：基于浙江经验的实证分析》，人民出版社2009年版，第99页。
[②] 参见中国行政管理学会课题组《政务服务中心建设与管理研究报告》，载《中国行政管理》2012年第12期。
[③] 参见邱伟年、唐秀娴《东莞市产业转型升级路径研究》，载《经济研究导刊》2011年第23期。
[④] 参见王玉明、刘湘云《国内行政服务中心建设及其经验》，载《南方论刊》2013年第1期。

东政务服务中心包括审批服务中心、综合性服务中心和专业性办事大厅三种类型；从纵向上看，广东实现了省、市、县、村行政服务中心四级联网和基层全覆盖。各级服务中心和办事大厅坚持审批事项"能进则进、充分授权"的原则，改进办事流程，缩短办事周期，做到"一窗式受理、一次性告知、一站式办理、一条龙"服务，以降低行政成本、方便群众办事，实现了依法行政与提高办事效率的有机结合。行政服务中心作为政府职能转变与行政审批改革的配套制度和设施，整合了机关管理服务资源，提高了办事效率和服务质量。

（一）荔湾模式：重塑流程，实现一门式政务服务

广州市荔湾区政务服务中心作为广州市行政服务的"试点"，在行政服务中心的运行模式、机构设置、人事制度、电子政务等方面的探索和实践均处于全国先进地位，接受了来自省内外行政服务部门的参观和学习。2015年7—8月，广东省编办主要负责人带队多次到荔湾调研，深入总结荔湾"一门式"政务服务改革经验，形成"一门式"政务服务的"荔湾模式"，为广东省推广"一门式"政务服务提供了宝贵的经验。

1. "荔湾模式"的改革背景

广州市荔湾区行政服务中心成立于2009年4月，并于2010年11月正式运行并开始对外服务，是荔湾区政府行政许可、政务公开等政务事项集中办理的"一站式"政务服务平台。广州市荔湾区行政服务中心纳入了荔湾区属经贸、环保、建设园林、水务农业、文化广电、卫生、城市管理、食品药品监管、安监、公安、民防、档案、工商联、发改、民政、人社、财政、教育、体育等部门的行政审批和服务业务。中心成立初期的受理模式是区级政府服务中心负责提供场地窗口，采用的是"依机构设窗"方式。入驻中心的各个部门独立设置窗口受理，进驻的11个部门共设立了21个窗口以接收申请人的申报并进行受理审批等系列服务。审批前后台均由入驻单位管理，各个部门各自发布办理依据、条件、程序、时限、费用等信息，收件后由各个部门内部层层签审或者多个科室签审。入驻中心的工作人员也都是各部门自行派驻和自行管理，有公务员、事业单位编制人员以及合同制聘用人员三大类。

荔湾行政服务中心成立初期，通过空间聚集，实现了政务服务从分散受理到集中受理的转变，减少了服务对象在不同部门奔波的时间和成本，但这种模式将政务服务中心视为全区政务服务的代办点，只发挥了收发和转达的功能，实现了"一门式受理"，却未能实现"一门式办理"。

2. "荔湾模式"的主要措施

2015年1月，国务院印发的《关于规范国务院部门行政审批行为改进行政审批有关工作的通知》（国发〔2015〕6号）中，部署了深化行政审批制度改革，力图解决审批环节过多、时间长、随意性大、公开透明度不够等问题，进一步提高了政府的工作效率和为人民群众服务的水平。① 2015年2月26日，荔湾区委、区政府立刻行动起来，召开政务服务改革动员会，正式拉开荔湾区综合受理模式创新的序幕。在广州市委、市政府和荔湾区委、区政府的指导和授权下，荔湾区政务办整合全区政务信息资源，建立跨部门信息共享机制，搭建行政审批与监管信息交换平台，探索多部门联动式综合验收。同时，继续分批有序地将普及面广的个人业务下沉至街道行政服务中心办理，有需求、有条件的还下沉至社区服务点，形成荔湾区首创的"统一收件、分类审批、统一出件"的"一窗式"政务服务模式（见图6-1），在广州市全面复制推广。②

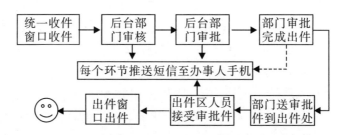

图6-1 荔湾区政务服务正常业务办理流程
资料来源：荔湾区政务服务中心。

---

① 参见《国务院关于规范国务院部门行政审批行为，改进行政审批有关工作的通知》（国发〔2015〕6号）。

② 参见王桢桢《"荔湾模式"：再造政务服务中心的实践路径》，载《广州社会主义学院学报》2016年第1期。

第六章 改进绩效，创新服务：构筑效能型政府

（1）范围业务"应进必进"。

从2015年5月4日起，纳入集中综合受理范围的业务事项为：除经区政府同意单独设立办事大厅的区公安局的户籍、出入境，区国土房管局的产权交易，区人社局的人事、劳动就业、社保，民政局的婚姻登记及街道政务服务中心的居民个人业务外，区各属单位的其他业务原则上都集中到区政务服务中心实行"统一收件，分类审批，统一出件"，区属各部门本部不再受理任何行政审批事项。

（2）统一收件、分类处理、统一出件。

荔湾区行政服务中心最大的特色就是"一窗式"服务，即将重复度较高的行政审批事项采取"一窗式"的服务方式，企业或公民依据办理事项的资格和条件准备好所需材料和文件，行政服务中心统一设立收件窗口，将所有进驻单位的审批事项通过一个窗口进行收件，对过去的"按部门摆摊设窗"加以改革。

荔湾区行政服务中心第二个大的特色是分类受理，而非"依机构设窗"。服务事项依照"工程类、经营类、公民类"设置综合受理窗口，收件后转交后台的进驻单位进行受理和审查，符合条件和资格则予以办理；若不符合相关条件或者材料短缺，则需进驻后台的各部门予以一次性告知，以方便办事人员予以完善。

荔湾区行政服务中心第三个大的特色是统一出件。在规定时限内办理完结后将资格证书或者审批结果转交出件窗，并由出件窗工作人员通知企业或公民取件。

（3）集中办理，程序简化。

荔湾区行政服务中心将纳入集中受理事项的区属审批部门全部集中在四楼服务大楼，不再分散在各个楼层，从而解决了群众多跑路和多跑窗口的问题。窗口规模也在改革后锐减，从原来11个部门21个窗口改为4个统一收件窗口和1个统一出件窗口，从原来的1个窗口只可办理本部门的几项业务增加到1个窗口可以办理所有部门的229项业务，实现了窗口受理的全能和全综合目标，既解决了传统部门设窗业务忙闲不均和业务量少却又不能关闭窗口的问题，又大大节省了人力物力，降低了行政运行成本，同时群众、企业办事更加容易操作。

行政流程是影响行政效率的重要因素。传统科层制条块分割的组织结构和对口设置的功能特征带来了碎片化治理的弊端。荔湾区行政服务中心建立了"矩阵式"组织结构，通过重塑服务链条，经过从分散受理到集中受理，从一门式受理再到一门式办理的两阶段发展，实现了政府组织结构功能的重新整合，以协作的运作模式承担办理行政审批业务和便民服务事项的职责。

（二）南海标准：设置规范，实现标准化政务服务

行政审批标准化包括服务规范、审批流程、审批材料的标准化等，是规范行政审批权力的手段，既能为市民提供详细和明确的审批材料和流程规范，也能为各行政职能部门依法履职提供保证。2007年1月，国家标准委、国家发改委等6部门发布《关于推进服务标准化试点工作的意见》（国标委农联〔2007〕7号），公布了行政服务领域的地方标准，但从全国来看，当时大部分地区的行政服务中心并没有明确地进行服务标准化建设。

由于缺少标准化的服务流程和质量规范，行政审批在内容、程序两个方面都不够科学、合理，导致办理一些证照时"'蛋生鸡、鸡生蛋'，搞得群众团团转"；基层承接能力不足，影响了审批权限下放的成效；审批部门在操作过程中拥有较大的自由裁量权，内部监督效果不明显，外部监督缺位或不到位。①"十三五"规划纲要中，国家再次将"行政审批标准化"明确为"优化政府服务"的重要一环。作为规范审批权力，提供无差别、高品质审批服务的途径，行政审批标准化建设既是对持续3年多的行政体制改革的延续，也是在更大范围、更深层次上推进"简政放权、放管结合、优化服务"改革的有力保障。②

2013年9月，南海区成为广东省行政审批标准化建设试点区。作为全国的改革先锋，南海区高度重视行政审批制度改革，从三级行政服务体系建设、三网融合、三单管理、一窗通办到行政审批标准化，南海区始终坚

---

① 参见陈立峰《行政审批有必要实现标准化》，载《学习时报》2016年7月14日。
② 参见陈立峰《行政审批有必要实现标准化》，载《学习时报》2016年7月14日。

持以企业群众办事需求为导向的改革思路获得了政府及社会各界的充分肯定。目前，南海区已经有 30 多个部门 1300 个事项进行行政审批标准化的认证，占所有审批事项的 95% 左右。也就是说，市民经常办理的事项，都实现了审批标准化。①

南海区行政审批标准化建设最重要的是实现行政审批权力标准化。2013 年 12 月，南海区在全国首创"负面清单、准许清单、监管清单"的"三单管理"模式。2014 年，南海区在"三单"基础上，制定公布了行政职权清单，囊括区级 34 个行政机关（含市派出机构、垂直管理单位）11 个类别共 8877 项行政职权，基本实现"法无授权不可为，法定职责必须为"②。

二、"一网式"政务服务平台建设

1999 年 1 月 1 日，原国家经贸委经济信息中心和中国电信牵头、联合 40 多家部委信息主管部门，在北京召开了政府上网工程启动大会。同年年底，广东省人民政府公众网正式创建成功。2001 年 10 月，朱镕基到广东省视察并考察南海信息化建设，指出广东省信息化要加快发展，为其他省市树立榜样，特别是要强化政府管理体制改革，推行电子政务。同年，广东省信息化工作领导小组成立，省长黄华华担任组长，各个地市的政府最高领导也纷纷担任各地区的信息化工作领导小组组长，组织政府信息化建设。广东省政府部门电子政务发展浪潮就此掀开，与网站建设相配套的各种网络基础设施和宽带建设也如火如荼地展开。从 21 世纪初"政府上网"工程启动到"互联网+政务"的不断深化和拓展，广东用了 20 年左右的时间，基本实现了电子政务系统的统一化建设以及"一网式"政务服务平台建设。

---

① 参见王颖《行政审批"南海标准"在广东全省推广》，见中国质量新闻网（http://www.cqn.com.cn/zgzlwlx/content/2016-06-13/content_3519292.htm）。
② 王颖：《行政审批"南海标准"在广东全省推广》，中国质量新闻网（http://www.cqn.com.cn/zgzlwlx/content/2016-06-13/content_3519292.htm）。

(一) 建设网上办事大厅,实现无缝隙服务

"一网"即网上办事大厅,是政府在信息化时代为实现系统信息采集、整理、运用和共享而全力建设的信息平台,同时也是"以公民为本"的网上办事大厅系统。截至2015年7月1日,全国各省级政府都已建设了相关栏目或平台为社会公众提供网上政务服务,其中,广东省网上办事大厅是最早覆盖省、市、县三级政府,集行政审批、便民服务、政务公开、互动交流、效能监察等功能于一体,省市县统一架构、多级联动的网上政务服务平台。

广东省网上办事大厅的建设过程大致可分为三个阶段:

第一阶段:从20世纪末到21世纪初,广东为各级政府和部门提供互联网接入服务,建立政府公共信息网Web(万维网)站点,进行简单的静态的信息发布,以及对外实现电子邮件沟通。

第二阶段:从21世纪初到2012年左右,这一阶段主要是基于大型数据库的信息发布平台和信息发布机制建设,以2012年10月19日广东省网上办事大厅平台正式开通为标志。通过这一阶段的建设,广东实现了可通过网络平台发布更多实时动态信息,同时建立自动化的信息收集和反馈机制,更好地受理公众服务需求、处理反馈意见等。

第三阶段:从2012年至今,围绕"互联网+政务"建设,不断完善和拓展网上办事大厅建设。从2012年起,国务院发布了一系列旨在促进"互联网+政务"的政策文件(见表6-1),广东省政府每年都会同步印发拓展完善省网上办事大厅的建设工作方案,将网上办事大厅确定为政务服务体系的抓手和"龙头"。2016年,根据《国务院办公厅关于简化优化公共服务流程方便基层群众办事创业的通知》(国办发〔2015〕86号)和《国务院办公厅关于促进电子政务协调发展的指导意见》(国办发〔2014〕66号)的部署,以及广东省政府关于加快推行"一门式、一网式"政府服务模式的要求,广东省人民政府办公厅印发《关于在全省推广一门式一网式政府服务模式改革的实施方案》的通知(粤府办〔2016〕19号),全力加速推进"一网式"网上办事大厅建设,实行"一体化"信息建设集约模式,网上办事全面覆盖省、市、县、镇、村五级,通过网上办事大厅

的建设，广东省提升了政府工作的透明度与绩效水平，人民群众得到了快捷便利的服务，同时也促进了人民群众与政府部门之间的沟通与交流。

表6-1 2013—2016年"互联网+政务服务"相关政策文件

日期	内容
2013年3月	《国务院工作规则》提出增强基本公共服务能力，促进基本公共服务均等化
2013年8月	《国务院关于促进信息消费扩大内容的若干意见》
2014年1月	国家发改委等《关于加快实施信息惠民工程有关工作的通知》（发高技46号）
2014年6月	国家发改委《关于同意深圳市等80个城市建设信息惠民国家试点城市的通知》
2015年3月	《政府工作报告》中提出包括惠民消费增长的"互联网+"行动计划
2015年7月	《国务院关于积极推进"互联网+"行动的指导意见》
2015年8月	国务院《促进大数据发展行动纲要》
2015年11月	《关于简化优化公共服务流程方便基层群众办事创业的通知》（国办发86号）
2015年12月	国务院办公厅《"互联网+政务服务"技术体系建设指南》
2016年4月	《关于推进"互联网+政务服务"开展信息惠民试点实施方案》（国办〔2016〕23号）
2016年5月	《关于开展信息惠民国家试点城市2016年建设成效评价工作的通知》（发改办高技〔2016〕1339号）
2016年9月	国务院印发《政务信息资源共享管理暂行办法》（国发〔2016〕51号）
2016年9月	《国务院关于加快推进"互联网+政务服务"工作的指导意见》（国发〔2016〕55号）

1. 深圳模式：基于信息共享的电子政务建设

作为中国"最互联网城市"，深圳在"互联网+政务服务"建设上也走在全国前列。深圳市于2014年发布《电子政务总体框架》，确定集约化和基于信息共享的电子政务建设模式；2015年又制定并经市政府常务会议审议通过了《深圳市政务信息资源共享管理办法》（深府〔2015〕99号），明确提出"共享为原则、不共享为例外"的要求，实施信息共享"负面清单"管理机制，以绩效考核为抓手，推动各部门对现行管理制度和规范性文件中与信息共享不相适应的条款进行修订，消除信息共享应用的制度障碍，推动自然人、法人、证照、审批和执法结果等信息在深圳各区各部门行政审批和民生服务中的共享使用。

以上述工作为基础，深圳市统一的电子公共服务体系基本形成，社保、教育、卫生、民政、公安、商事登记等领域的信息惠民应用成效显著。特别是在公安领域，深圳市率先在国内实现户籍审批材料全过程、全内容电子报送，在全市范围内打破派出所管辖区划限制，实现了21项户政业务"全城通"办理；在商事登记改革方面，引入银行U盾等数字签名，实现商事登记"全流程、无纸化"网上办理，率先在全国推出营业执照、组织机构代码、税务登记、公章许可和社保登记"五证合一"，以及"一表办理、一门受理、一次审核、信息互认、五证同发、档案共享"的新模式。同时，深圳各区也在积极探索公共服务新机制、新模式。南山区在民政、教育、残联等量大面广的服务事项中逐步建设推广"E事通"服务模式，龙华新区利用居民身份证信息在敬老优待证、高龄老人津贴、居住证、房屋租赁合同登记、教育入学等事项试点推行"一证走龙华"服务。

2. 东莞模式：以多证联办为突破，实现"一站式""一条龙"服务

东莞市依托前期建设的网上办事大厅和电子政务信息共享平台，优化办事流程，创新服务模式，实现面向内外资企业的"多证联办"：一方面，联办证照包括营业执照、组织机构代码证、国税税务登记证等10余项，比其他省市"四证联办""五证联办"多了一倍，涵盖内外资新办企业所需的所有登记注册类证照和许可，真正实现了"一站式"和"一条龙"服务；另一方面，参与联办的部门既有工商、质监、财政、商务、社保等地方部门，也有国税、地税、海关、外汇、检验检疫等国家、省直属单位。同时，依托网上联办，部门受理时只需核对电子证照和共享平台的企业数据，大幅减少甚至完全不用企业提交纸质材料。①

深圳、东莞先行先试，紧抓"互联网＋政务"建设的关键点和症结点，积累了有益的实践经验：一是以信息共享为前提，编制政务信息资源共享目录，推进信息共享交换平台和基础数据库建设；二是以群众需求为导向，突出倒逼机制，主动梳理审批和服务事项，简化办事流程，优化服务水平；三是以"一把手"负责制为抓手，建立行之有效的工作保障机制，狠抓推进落实。

（二）电子政务系统统一化建设

建立统一电子政务平台，是电子政务发展的基础。2013年年初，广东省政府办公厅电子政务系统上线。该系统的开通运行，意味着广东领全国之先，继建成开通省网上办事大厅后，又推出了一项电子政务领域的重要举措。②（见图6-2）

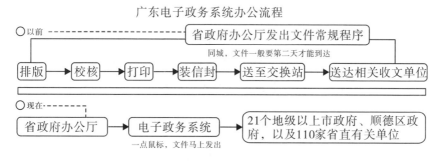

图6-2　广东电子政务系统办公流程

资料来源：《南方日报》2013年4月12日。

广东省政府办公厅承担着上传下达的中枢之责，是一个文件大量汇集的机构。按照常规程序，从广东省政府办公厅发出去的文件，需要经排

---

① 参见周民、贾一苇《推进"互联网＋政务服务"，创新政府服务与管理模式》，载《电子政务》2016年第6期。
② 参见王晓易《省政府办公厅电子政务系统上线》，载《南方日报》2013年4月12日。

版、校核、打印、装信封、送至交换站等多个程序,再经由机要交通送达相关收文单位。广东省电子政务系统自 2013 年 1 月 1 日正式开通运行以来,已经联通了 21 个地级以上的市政府及 110 家省级有关单位,而这些单位约 60% 的文件已实现网上办理。目前,广东省政府办公厅已经在处级及以下干部中实行无纸化办公。

电子政务系统不仅实现了对电子文件全生命周期实行规范化、标准化、对象化的管理和共享,还实现了跨地区、跨部门、跨应用系统的文件交换、信息交换和数据交换,从根本上解决了长期以来电子文件、身份认证信息、政务信息出不去、进不来的"三孤"现象(信息孤岛、信任孤岛、业务孤岛)。同时,在实现各地各部门通过电子政务系统互联互通的基础上,以省政府办公厅为中心,重点推进省直单位及 21 个地级以上市的"电子政务系统"建设,进一步提升信息共享、办公协同的水平。① 广东省政府办公厅相关负责人表示,如果将所有联通单位计算在内,每年将节省一大笔办公经费。②

广东省政府办公厅电子政务系统设有近期、中期、中长期"三步走"目标,将形成政府系统覆盖"省、地市、区县"三级办公室(厅)和政府部门之间的"全程全网"的互联互通、业务协同和资源共享,实现"以人为本"的全网信息融汇服务,形成高效协同的"电子化政府系统"。

三、"从群众跑路到信息跑路":共建统一政务服务大数据库

政务信息资源是政务部门在履行职责的过程中所产生出来或可以使用的信息,主要包括基础信息资源、主题信息资源和业务信息资源。③ 政务信息资源的共享水平,是衡量一个国家或地区电子政务发展程度的重要标志。④ 在我国,政府部门之间的信息数据壁垒主要体现在三个方面:一是条块管理体制带来的双重领导问题,导致信息资源共享会在上级业务主管

---

① 参见王晓易《省政府办公厅电子政务系统上线》,载《南方日报》2013 年 4 月 12 日。
② 参见杨慧玲《鼠标一点成本减》,载《中国财经》2017 年 8 月 4 日。
③ 参见肖璐《深圳市电子政务发展问题及对策研究》(学位论文),延安大学 2017 年。
④ 参见夏荣敏、梁山《政务信息资源共享与开发利用探析》,载《兰台世界》2010 年第 20 期。

第六章　改进绩效，创新服务：构筑效能型政府

部门与地方政府之间发生扯皮；二是与现行的政策法律制度有抵触，信息资源共享需求与中央部委现有的行政规章和业务规范相冲突；三是部门利益驱动，基于本部门资源的独占权而设置各种共享障碍。要解决部门各自为政、政务信息互不联通、资源利用率低下、应用效果不理想等问题，实现政务服务跨区域、跨层级、跨部门的"一号申请、一窗受理、一网通办"，关键是要打破部门间信息壁垒，实现政府数据共享互通。因此，广东以基础设施建设为支撑、共享机制建设为关键，不断推进部门间信息共享和业务协同，着力建立健全信息采集、归类、储存、维护机制，推动省、市、县（市、区）三级共享交换体系建设，为政务数据资源实现跨层级、跨区域、跨部门交换和共享提供有力支撑，夯实一门一网式政府服务模式信息化基础。①

（一）信息共享机制建设

建立和完善公共信息资源数据库，实现数据库功能从简单的存储转变为共享交换是重中之重，其中最关键的是建立信息共享机制。为解决信息共享缺乏协调管理机制和共享标准规范、信息共享责任不明等问题，2005年广东省出台《广东省信息化发展纲要》，提出将打破部门、地区之间的障碍，推进信息资源共享和业务协同作为重要工作来抓；从2007年年初起，广东省在梳理了40个省级部门98类信息共享需求的基础上，制定了《广东省政务信息资源共享管理试行办法》（粤府办〔2008〕64号），该《办法》划分了信息资源无条件共享、条件共享和不予共享的三种分类，建立信息共享机制，其中信息化主管部门统筹制定政务信息资源共享目录，建设信息资源共享交换基础设施；行政机关按照共享目录要求，以电子化方式实时提供共享；信息化主管部门每年开展共享工作检查，对共享信息的数量、更新时效和使用情况进行评估。在地方法规方面，2007年出台《广东省企业信用信息公开条例》，率先对企业信用信息进行采集和共享。随后，发布了《广东省政务信息资源共享目录》，将省级43个部门271类2336项

---

① 参见《广东推出一门一网式"互联网+政务"新模式》，载《领导决策信息》2016年第17期。

信息纳入共享目录，要求凡是纳入目录的信息，省级部门必须提供共享。①为解决信息共享的监督考核问题，广东省将信息资源共享工作纳入监察部门电子监察系统监察范围。目前，已建成信息资源共享电子纪检监察系统，实现省级部门信息共享情况实时监督和定期通报。为大力推进"互联网+政务"服务，运用云计算、大数据等新一代信息技术加快建设统一的政务服务大数据库，实现全省各部门、各层级、各领域数据共享，有效支撑全省行政审批和公共服务应用，2016年广东出台《广东省政务服务大数据库建设方案》（2016—2017年）（粤经信网办〔2016〕227号）。

经过近20年的发展，广东省电子政务信息共享建设在基础设施和应用开发方面已经具有一定的水平，为进一步推进信息资源共享、深化电子政务应用打下了较好的基础，特别是政府大力推行"互联网+政务服务"以来，实施效果尤为显著。2016年7月30日，中国电子政务论坛发布了《2016中国城市电子政务调查报告》。此次调查评估的对象一共有338个，主要有直辖市、计划单列市、省会城市、地级市。评估内容是公众最关注的10类服务，如婚育、社保、医疗等服务。同时，综合在线服务、电子参与、移动政务以及用户满意度等因素，对中国城市电子政务发展水平进行了科学全面的评估。据报告，排名前三的城市依次为广州、北京、深圳。② 以深圳为例，深圳市电子政务发展水平一直居全国领先地位，2006年7月，深圳成为全国首个"电子政务"试点城市，2010年6月，深圳市成为全国首批三网融合试点城市。③ 深圳市还是国家首批宽带示范城市，被评为中国"最互联网城市"。深圳信息化企业处于领先水平，信息经济基础雄厚，深圳市以腾讯、华为、中兴为首的大型信息化企业发展迅速，信息化专利申请量逐年增加。深圳市信息共享工作得到了国家部委和上级部门领导的赞赏，获批为全国上下唯一的"政务信息共享国家示范城市"

---

① 参见信息化推进司《广东省：构建电子政务畅通大平台，推进信息共享》，见工业和信息化部网站（http://www.miit.gov.cn/n1146285/n1146352/n3054355/n3057757/n3057765/c3540604/content.html）。

② 参见国家行政电子政务研究中心《2016中国城市电子政务发展水平调查报告》，见中国电子政务论坛（http://www.chinacio.org/art/2016/8/2/art_1035_4883.html）。

③ 参见刘金玉《区域信息化发展凸现"深圳模式"》，载《深圳商报》2010年9月7日。

和首批"信息惠民国家试点城市"。①

(二) 整合政务资源，实现数据共享

要实现全省统一政务数据库的建设，除了共享机制建设外，还需要统一技术标准、统一网络平台，制定信息交换目录，建设统一数据中心，加快整合多来源政务数据，实现数据共建共享。

第一，广东加快梳理政务信息资源目录体系，作为整合资源、实现信息共享的第一步和突破口。明确相关部门和地区信息共享的内容、方式和责任，依托统一的政务网络平台，在信息安全基础设施的保障下，建设政务信息资源目录体系和交换体系，以保证政务信息共享和业务协同。

第二，建立以政府信息资源库为核心的信息资源管理中心。目前，广东电子政务系统大多是彼此隔离的状态，多个资源库各自独立、没有统一标准的信息交换模式。广东在梳理信息资源目录体系建设基础上，以政府资源库为核心，加快建设标准统一的电子政务数据库，实现资源共享，提高了电子政务整体应用水平。

第三，加快政务资源共享基础设施建设。一是"网络通达"。随着"互联网+政务服务"的推进，广东加快以"网上办事大厅"为基础的一网建设，既能够实现与互联网有机融合，方便群众访问政府网站及时高效获取政务服务，又能够与各级政府部门的非涉密工作网安全互联，承载跨地区、跨部门的重要应用。二是"业务上云"。广东以"政务云"建设为基础，通过分级互联的政务云支撑体系来为业务应用整合和流程优化提供统一的基础运行环境，进而为数据交换共享奠定基础，促进各层级、各部门间的衔接配合和业务联动，推动平台资源整合和多方利用，避免分散建设、重复投资。三是"数据共享"。加快搭建全省统一的数据交换平台，与人口、法人、空间地理、电子证照、社会信用等基础信息库和社保、医疗、就业、教育、文化、住房等领域业务信息库联通，以及与各级共享交换平台对接，实现涉及政务服务事项的信息跨部门、跨区域、跨行业互通共享，支撑各级政府部门协同服务。四是"统一认证"。数据共建共享的

---

① 参见肖璐《深圳市电子政务发展问题及对策研究》（学位论文），延安大学2017年。

目标就是要实现统一认证、一号通办。广东加快建立统一的身份认证体系。在实现法人、人口国家基础信息库依托政务网络部署的基础上，实现电子证照库在政务网络的部署，以公民身份号码为唯一标识，结合个人实名制，形成基础证照的信息多元采集、互通共享、多方利用。运用网络身份识别等技术，联通整合各种渠道的用户认证，形成基于公民身份号码的线上线下互认的公众办事统一身份认证体系，实现公众办事多渠道的统一认证、无缝切换。

政务数据整合明显提高了公共管理和服务水平。例如，社会保障信息系统的建立使保险金的管理与人口信息保持一致，避免人死后还继续支领养老保险金的情况；社保金委托地税征收，信息化也大大减少了地税征收人员的工作量。据广州市越秀区反映，社保费征收原来需要100多人才能完成，而现在只需要十几个人就可以了。企业信用信息网建设整合了省工商、税务、海关、银行、质检等7个部门所掌握的全省190万个企业的信息，全面向社会公开。该系统刚开通时对数据的一致性检查，就发现省级工商和地税近10个企业的信息对不上。该系统的建设解决了数据一致性问题，避免了企业漏税情况，促进了管理部门业务的提高。①

第三节 监管落地，责任到位，强化效能政府责任担当

效能政府建设除了要依靠体制改革、制度建设和技术支撑，还需要强有力的效能评估和监督机制。② 作为改革开放的先行省份，广东省在省级政府绩效评价方面一向走在全国前列。在不同的执政时期，广东省政府根据当前经济社会发展形势不断调整发展重心，并充分发挥绩效评估指挥棒作用。40年来，广东政府绩效管理评价体系的发展趋势主要体现为评价主体的公众趋向、评价内容的民生趋向、评价程序的法理趋向以及评价方法的实证趋向。

---

① 参见邹生《广东省电子政务建设的实践与认识》，载《电子政务》2006年第6期。
② 参见陈宏彩《效能政府建设的框架体系与运行机制研究：基于浙江经验的实证分析》，人民出版社2009年版，第992页。

第六章 改进绩效,创新服务:构筑效能型政府

一、绩效评价的"广东试验"

所谓政府绩效评估是运用科学的标准、方法和程序,对政府绩效进行评定和划分等级。① 通过对绩效评价中指标体系所包含的评价信息进行解读,政府可以有效改进施政行为;同时,公众可以对政府施政的绩效形成强大的压力,引导政府部门对其不当行为进行更改,促使政府回归理性与科学。

(一)以发展重心为导向,发挥绩效评估"指挥棒"功能

改革开放以来,广东政府绩效评估发展大致可以分为以下三个阶段:

一是初步探索期。从改革开放到20世纪90年代初,为增加行政机关工作效率,广东省各级政府推行"目标责任制"和"效能监察"等形式的政府绩效管理。

二是发展拓展期。20世纪90年代初到90年代中后期,计划经济向市场经济过渡成为广东省各级政府行政体制改革的重要任务,迫切需要可供借鉴和操作的改革实践经验和方案。在此背景下,西方国家正在开展的政府绩效管理模式被介绍引入,并在广东各级政府广泛推广。

三是整合创新时期。进入21世纪,随着社会经济的发展和我国政府行政理念的变化,政府绩效管理走上发展快车道。广东各级政府从"碎片化"绩效管理实践和政策转向更具全局性、整体性的政府绩效管理,政府绩效管理形成多元评价模式,并且已经成为政府行政改革的重要工具和内容,地位和重要性愈发显著。

截至2013年4月,广东省省级考核评价项目以及省级评比表彰项目达459项,其中省级的考核检查项目共279项,省级的评比表彰项目共180项。② 考核检查项目对广东省政府日常行政工作的开展发挥了巨大作用,但也令相当部分政府机关的工作负担加重,甚至使正常行政工作流于

---

① 参见包国宪、周云飞《中国政府绩效评价:回顾与展望》,载《科学学与科学技术管理》2010年第7期。
② 参见陈曦《广东省省级重要考评指标体系比较研究》(学位论文),华南理工大学2014年。

形式。2013年4月3日，广东省委、省政府做出《撤并和规范省级考核检查评比表彰活动的意见》（粤办发〔2013〕11号），以对广东省级考核评价和评比表彰项目进行必要的清理，撤销了74项省级评价考核项目，合并了76项省级评价考核项目，最终保留了包括《创建平安广东暨社会管理综合治理工作考评》《广东省基本公共服务均等化考核评价》《建设幸福广东指标体系考核评价》《实施〈珠江三角洲地区改革发展规划纲要（2008—2020年）〉评价考核》《广东省市厅级党政领导班子和领导干部落实科学发展观指标体系考核评价》等为代表的33项省级考核评价项目，作为广东省委、省政府对基层政府及机关部门评价考核的相对稳定的标准，这些考核评价指标在广东社会经济发展的不同方面发挥了重要的激励导向作用。

1. 社会治安方面，创建平安广东暨社会管理综合治理工作考评指标体系

为扎实推进创建平安广东工作，广东省根据《中共广东省委、广东省人民政府关于全面创建平安广东的意见》（粤发〔2012〕19号），制定了《创建平安广东考评办法》。"创建平安广东暨社会管理综合治理工作考评的指标体系"构建与设计是创建平安广东工作开展的重要考核评价依据，具有非常重要的激励导向功能。在评价过程中，不仅做到由上级考评下级，还邀请专业测评机构进行第三方评价，切实突出群众满意度、安全感在评价体系中的重要地位。

创建平安广东指标体系包括十大工程53个具体项目。① 经过一段时间的扎实推进，广东逐渐成为全国社会管理创新的"排头兵"、社会和谐稳定的示范区、人民群众安居乐业的法治省，从以"管控打压"为主的刚性维稳走向以"服务管理"为主的韧性创稳，摆脱"头痛医头、脚痛医脚"的被动维稳局面，向"标本兼治、综合治理"的主动创稳转变，极大地提高了社会安全和服务管理的科学化水平。

2. 公共服务方面，出台广东省基本公共服务均等化考核评价

为加快转型升级、推动经济社会全面发展，广东省人民政府于2009

---

① 参见余锦婷《平安广东创建工作成效显著 1—5月全省各类犯罪案件均呈下降趋势》，南方网，2013年6月26日。

第六章 改进绩效，创新服务：构筑效能型政府

年制定并开始实施《广东省基本公共服务均等化规划纲要》（粤府〔2009〕153号）。2010年，广东省各级财政预算安排了基本公共服务均等化专用资金超过2000亿元并逐年增加。① 为顺利实施开展《广东省基本公共服务均等化规划纲要》及其相关评价工作，广东按照"科学发展、先行先试"的要求，敢于探索，勇于创新，加快推进基本公共服务均等化步伐，制定了《广东省基本公共服务均等化考核评价》作为其绩效评价的文件依据，并以此为指引，以"公平优先、兼顾效率"为原则，将基本公共服务供给重点向农村、欠发达地区和困难群体倾斜，在覆盖全体居民的基础上逐步提高供给水平，全面构建包括基础教育、劳动就业、社会保障、环境保护等在内的基本公共服务体系，保障每一位公民平等享有基本公共服务，实现"底线公平"。

3. 公民幸福感和获得感方面，制定幸福广东和全面建成小康社会指标体系

改革开放以来，广东以经济建设为中心的发展战略取得了巨大成就，但过分追求地区生产总值最大化也带来了贫富分化加剧、环境资源破坏、道德信仰缺失等一系列困境。进入21世纪以来，全面科学可持续发展成为国家基本政策导向，如何通过改革开放和经济建设给普通百姓带来幸福感和获得感得到了前所未有的重视。2011年，广东省委第十届第八次全会提出"加快转型升级、建设幸福广东"，同年广东省政府发布《印发幸福广东指标体系的通知》（粤府〔2011〕123号），对如何建设幸福广东做出具体指引。该指标体系分为客观指标和主观指标两大类，客观指标体系的名称是"建设幸福广东评价指标体系"，主要用于考核评价各地方政府是否有效地推动"建设幸福广东"改进有关工作，提高增强民众的物质生活水平；主观指标部分的名称是"广东群众幸福感测评指标体系"，反映的是群众对幸福广东建设实现程度的主观感受量化值。制定幸福广东指标体系有利于引导各级政府形成正确的工作导向，而且将有关指标考核纳入各级政府的考核指标，形成倒逼机制，引导各级政府更加关注群众的需

---

① 参见张乐《广东省基本公共服务均等化绩效评价指标体系实证研究》（学位论文），华南理工大学2011年。

求，从而从制度上督促各级政府把建设幸福广东的各项工作落到实处。

除了建设幸福广东提升普通百姓的幸福感，广东还一直致力于扶贫攻坚工作，缩小经济发展的地区差异，为全面建成小康社会而努力。改革开放以来，广东在大力发展珠江三角洲及沿海地区经济的同时，也下大力气扶持贫困山区的经济发展，帮助山区人口脱贫致富。据统计，1985年广东山区未解决温饱问题的农民（年人均纯收入低于250元）有420万人，占当年全省总人口的7.1%。[1] 为加快山区发展，从1985年至今，广东省委、省政府成立了贫困地区工作领导小组和省扶贫基金会，每年均召开不同主题的山区发展工作会议，对全省贫困山区实行有计划、有组织的以经济开发为中心的扶贫工作。一方面，根据山区实际情况，进行管理体制改革和生产结构调整，并在政策上给贫困地区以特殊照顾，促使山区挖掘内部潜力，加快资源开发；另一方面，省政府连年拨出专款，积极推行省直机关挂钩、市县对口和民间扶贫等办法，扶持31个山区县（区）；帮助山区县因地制宜建立支柱行业和骨干企业，集中力量解决绝对贫困人口的温饱问题。1997年，广东全省基本消除了绝对贫困，提前3年率先实现《国家"八七"扶贫攻坚计划》确定的目标。[2] 党的十六大之后，广东进入全面建设小康社会，率先实现社会主义现代化的新时期，尤其是2008年以来，广东采取措施强力推进"双转移"，缩小地区发展差距，夯实了广东长远发展的基础。2016年《广东省国民经济和社会发展第十三个五年规划纲要》（以下简称《十三五规划纲要》）正式向社会公布，根据规划要求，广东以交通基础设施建设、产业园区建设和中心城区扩容提质为三大抓手，强化珠三角地区对粤东西北地区的对口帮扶，努力将粤东西北地区培育成新增长极，为2018年全面实现小康社会打下坚实基础。

4. 区域发展方面，突出珠三角改革发展规划纲要实施评价考核

2008年，改革开放30周年之际，《珠江三角洲地区改革发展规划纲

---

[1] 参见杨汉卿、卢荻、中共广东省委党史研究室《广东建设小康社会的历史进程》，中共党史出版社2004年版，第9页。

[2] 参见高薇《"五子登科"成就扶贫"双到""清远模式"》，载《南方日报》2011年6月30日。

第六章 改进绩效，创新服务：构筑效能型政府

要（2008—2020年）》获中央国务院批准后实施推广。2011年，广东省政府公布《实施〈珠江三角洲地区改革发展规划纲要（2008—2020年）〉评估考核办法》（粤府办〔2011〕12号）。考核评价由珠江三角洲9个城市①和省有关部门单位实施该珠三角规划纲要的指标考核表和实施珠三角规划纲要工作测评表以及珠江三角洲9个城市的公众评价三部分构成。为增强考核的科学性和客观性，考核组人员由广东省相关单位人员和专家组成，并邀请省人大代表、省政协委员参与考核评价。该评估考核办法对实现《珠江三角洲地区改革发展规划纲要（2008—2020年）》具有重要意义，它对珠江三角洲地区率先探索经济发展方式转变、城乡区域协调发展、和谐社会建设的新举措做出了具体指引，为珠三角地区进一步增强了辐射带动能力，为形成以珠江三角洲为中心的资源互补、产业关联、梯度发展的多层次产业圈提供了路径参考，可以说是全面实现《珠江三角洲地区改革发展规划纲要（2008—2020年）》的"使用说明书"。

5. 领导干部激励方面，率先出台全省市厅级党政领导班子科学发展指标体系

从严管理领导班子和领导干部，是我们党的一贯要求和优良传统，在新形势下显得尤为重要和迫切，党政领导落实科学发展观指标考核评价体系是从严管理领导干部的重要举措。广东省委、省政府根据科学发展观要求，在吸收借鉴业已成熟的可持续发展研究成果的基础上，按照《关于建立促进科学发展的党政领导班子和领导干部考核评价机制的意见》（中办发〔2009〕30号）和《广东省市厅级党政领导班子和领导干部落实科学发展观评价指标体系及考核评价办法（试行）》（粤发〔2011〕24号）的内容，针对广东实际情况，2008年9月，由广东省政府在全国率先发布了全省级市厅级党政领导班子的科学发展指标体系，成为全国各省制定符合科学发展观要求考核评价指标体系的风向标杆。

（二）拓宽行政效能监督渠道

近10年来，广东政府效能评估工作有了较大进展，正在由探索、创

---

① 9个城市包括广州、深圳、珠海、佛山、江门、东莞、中山、惠州、肇庆。

新阶段逐步走向统一和规范化阶段，其中强调公民参与成为政府效能评估的主要着力点和亮点。政绩观对民意的重视，不仅成为意识层面的共识，而且正在成为政府绩效评估中的具体实践。① 决策者认为，政府服务水平如何，机关作风建设成效如何，企业和人民群众最有发言权。通过公民评价政府活动，促进各项工作措施的落实，推动机关作风的进一步好转。

1. 珠海首创万人评政府，发挥示范作用

1999年，广东珠海首创"万人评政府"活动受到市民好评，在全国范围内引起较大反响，并成为珠海市作风办每年定期开展的一项工作，形成了绩效评估"珠海模式"。珠海市开展机关作风建设的导火索是"黎锦淇办证难"和"吴裕卿种果难"这两个反面典型事例的曝光。② 由于这两个典型事例直接击中了珠海市投资软环境的软肋，面对的是群众非常关注的行政执法和市场监管部门，引起的震动非常强烈。③ 为了加强"高效率办事、高质量服务、让人民群众满意"（两高一满意）的机关作风建设，1999年10月，珠海市启动"万人评政府"活动，用无记名投票方式对被测评单位做出"满意"或"不满意"的评价，④ 被评为差单位的163名中层干部参加了学习班，100多名干部因为作风差被摘掉官帽。

珠海万人评政府是个创举，但最令人振奋和赞赏的还不是这个创举本身，而是令这项创举得以成为现实的珠海市委。因为这项创举是将对中层官员的评价和使用的部分权力交给了社会，这项改革改掉的正是他们自己握在手中的某些权力，从而使对干部的评价和使用更加合理化。⑤ 为进一

---

① 参见范柏乃、陈玉龙、赵晓华《基层政府效能建设的理论、方法与路径》，浙江大学出版社2015年版，第116页。

② 前者叙述的是个体医生黎锦淇因为搬迁要求更改行医地址，10年办证未果一事，这一典型直接切中了老百姓办事难的要害，暴露了在体制转变过程中文件打架、部门扯皮、相互推诿、官僚作风严重的问题，珠海传媒首次点名道姓直截了当地进行曝光，社会反响之大，犹如一石激起千层浪。后者是台商吴裕卿满怀信心到珠海投资建果园，树苗种下不久，即被有关部门拔了个精光，观光果园变成了"伤心果园"。

③ 参见付景涛、倪星《地方政府绩效评估的政治理性和技术理性——以珠海市万人评议政府为例》，载《甘肃行政学院学报》2008年第6期。

④ 参见张愈升《珠海万人评政府》，载《人民日报：海外版》2002年1月11日。

⑤ 参见《改革者要有直面改革的勇气——从珠海"万人评政府"谈起》，载《商讯商业经济文荟》2000年第4期。

第六章 改进绩效，创新服务：构筑效能型政府

步改进机关作风，提高行政效率，优化投资软环境，致力于建设服务型政府，更好地推动经济社会的持续、协调、健康、快速发展，从 1999 年开始，珠海市每年都开展机关作风建设专项活动。"万人评政府"这一评价形式引起了社会的强烈反响，各地纷纷效仿跟进，随后有南京万人评、扬州万人评、哈密万人评、乌鲁木齐万人评等。

2. 政府绩效评价的"第三方标准"

如果说评估主体重视市民对政府的评价，体现了绩效评估的民主转向，那么由专业第三方评估机构独立对政府绩效做出评估，则体现了绩效评估的科学性面向。评价政府的主体应独立于政府之外，与政府无隶属和利益关系，以区分于体制内组织管理的自上而下的目标考评。2017 年 10 月，由第三方评价机构中国华中科技大学国家治理研究院"绿色 GDP 绩效评估课题组"与中国社会科学出版社、《中国社会科学》杂志社 11 日在京联合发布《中国绿色 GDP 绩效评估报告（2017 年全国卷）》，该报告以 GDP（国内生产总值）、人均 GDP、绿色 GDP、人均绿色 GDP、绿色发展指数五个指标，综合呈现了中国内陆 31 个省市自治区的绿色发展情况，为中国各地实现绿色发展转型与推进提供了科学支撑。《中国绿色 GDP 绩效评估报告（2017 年全国卷）》是国内由高校智库公开发布的首个全国性绿色 GDP 绩效评估报告。报告显示，2015 年，中国省市自治区绿色地区生产总值排名中，广东位列榜首，在绿色发展绩效指数排名中，浙江、上海、广东位列前三位，[①] 这意味着广东已开始从根本上转变经济发展方式，以绿色发展作为经济发展的着力点，在发展经济的同时也较好地兼顾了绿色发展。

二、效能监察，责任落地

政府效能监察是国家行政监察机关以提高政府效能为目的，对行政机关及行政人员依法履行职责的能力及工作效果进行监督检察，属于行政监

---

① 参见白丽克孜·帕哈丁《中国绿色 GDP 绩效评估出炉》，见光明网（http://politics.gmw.cn/2017-10/11/content_26483444.htm）。

督中内部监督形式。① 20 世纪 90 年代初，行政效能监察受到了党和政府的关注。1989 年 12 月，中共中央纪委书记尉健行在第二次全国监察工作会议上第一次正式提出了"效能监察"这一概念。为落实中央监察工作要求以及以效能为抓手促进广东全面改革开放和经济发展，广东省从三方面入手确保效能监察措施到位：首先，严格落实行政问责机制，形成上下联动的工作网络，采取明察与暗访、专项督查与全面督查、定期督查与不定期督查相结合等方式，增强监察实效；其次，建立效能投诉受理机制，专人负责效能投诉受理工作，提高行政效能投诉的办理时效和质量；最后，将互联网技术应用于效能监察，提高效能监察技术水平。

（一）强化行政问责，深圳首开先河

行政问责制，一般而言是指一级政府对现任该级政府负责人、该级政府所属各工作部门和下级政府主要负责人在所管辖的部门和工作范围内由于故意或者过失，不履行或者未正确履行法定职责，以致影响行政秩序和行政效率，贻误行政工作，或者损害行政管理相对人的合法权益，给行政机关造成不良影响和后果的行为，进行内部监督和责任追究的制度。② 问责制度是国家政治制度和国家监督体系的重要组成部分，是否形成健全并有效的问责制度，是衡量成熟法治国家的重要标志。2001 年，深圳最早在全国开展行政问责工作。经过近 20 年的发展，广东行政问责经历了由主观问责到客观问责，从过错问责到制度问责的转变，行政问责观念得到普及，问责水平显著提高，问责力度不断增强。

广东省行政问责制度的贯彻落实以深圳最为典型和彻底。2001 年，深圳市出台《关于进一步深化人事制度改革的意见》，明确规定领导干部因决策失误导致重大损失的应引咎辞职。2005 年，行政问责制开始在深圳市系统、全面推行，深圳先后出台了《关于在全市掀起"责任风暴"实施"治庸计划"加强执行力建设的决定》（深发〔2005〕13 号）、《关

---

① 参见郭泽保《政府效能建设若干问题探析》，载《福建行政学院学报》2001 年第 4 期。
② 参见朱晓红、伊强《问责制存在的问题及其对策分析》，载《江西行政学院学报》2006 年第 S2 期。

第六章 改进绩效，创新服务：构筑效能型政府

于健全行政责任体系加强行政执行力建设的实施意见》（深府〔2005〕201号）等文件，明确提出要在全市健全责任体系，加强责任监督，严格执行有责必究的"买单制"，形成良性的责任导向，杜绝行政失职、渎职、不作为、乱作为等问题的发生，全面提升政府的管理水平和执行力。从2006年起，深圳开始推行政府部门责任白皮书制度以及《深圳市政府部门责任检讨及失职道歉暂行办法》（深府〔2007〕216号）。从2005年10月到2007年6月，深圳行政问责追究庸官294人。① 2009年11月，《深圳市行政过错责任追究办法》《深圳市行政决策责任追究办法》及《深圳市行政监督工作规定》正式实施，标志着深圳行政过错责任追究、行政决策责任追究、行政监督工作等方面更加完善，从更高的法律效力上对行政机关的工作进行规范并在政府规章范畴层面形成了体制框架。同年，深圳将行政问责机制引入新闻发布工作，对依法应当发布新闻而不发布，或者未在有效时间内发布，造成不良社会影响和后果等情况，追究行政责任。这个规定是对当时政府部门新闻发布不规范、不及时的有力回应。为解决国家行政问责较少涉及"过错"之外的"不完全、及时、有效履行职责的行为"，以及"因主观努力不够，导致工作效率低、工作质量差或任务无法完成"等相关内容，2012年深圳试行新规，扩展行政问责范围，明确规定除过错问责外，行政人员效率低将被问责。深圳龙华新区纪检监察局（审计局）牵头起草的《深圳市龙华新区行政无为问责办法（试行）》明确规定："不完全、及时、有效地履行规定职责，导致工作延误、效率低下的行为"和"因主观努力不够，导致工作效率低、工作质量差或任务无法完成的一种工作状况"，都属"行政无为"，应被问责。该办法将问责对象扩大为包括单位和工作人员，而非仅限于区管干部。同年，深圳宝安区也对不履行或不完全、及时、有效地履行导致工作延误、任务完成质量差或任务无法完成的"行政无为"情形进行问责，累计已问责28名不作

---

① 参见吴洁芬《深圳施有责必究"买单制" 去年行政问责追究庸官294人》，见腾讯网（https://news.qq.com/a/20070612/001066.htm）。

为官员。① 行政无为问责制的出台,既是深化行政管理体制改革的重要内容,也是建设服务型政府的必然要求。2015 年,深圳坪山新区建立健全问责与案件查办衔接机制,实行"一案双查",在查办违纪违法案件的同时,一并调查案发单位的主体责任是否落实到位,并实施责任追究,同时将责任追究情况作为领导干部奖励惩处和选拔任用的重要依据,与各单位年度考核挂钩,强化结果运用的执行落实,推动问责工作向纵深发展。行政问责制度的实施和不断完善,提高了政府行政效率和服务水平,使政府工作更廉洁务实,也提高了人民对政府工作的满意度水平。

(二) 构建线上线下全方位效能投诉与监控网络

在效能建设组织领导方面,2008 年,广东省编制办公室正式颁布《省编办关于省纪委监察厅效能监察室加挂广东省人民政府行政效能投诉中心牌子的批复》(粤机编办〔2008〕53 号)。根据批复意见,广东省效能投诉中心成立,广东各市县效能投诉中心也同步相继成立。广东省机关效能建设实施"一把手工程",目前已形成"党委统一领导,党政齐抓共管,部门各负其责,一把手亲自抓,纪检监察组织协调"的领导体制和工作机制,建立了以效能建设工作领导小组及其办公室、各级机关效能投诉中心为主轴的纵横交错的工作网络。这个网络的形成和不断巩固提高,成为开展机关效能建设工作的组织基础。

在行政效能电子监察系统建设方面,2006 年广东省政府办公厅发布《关于加快电子政务建设提高政府行政效能和公共服务能力的实施意见》(粤府办〔2006〕8 号),对广东省运用信息网络技术加强行政监管做出了具体部署和要求。同年 10 月,广东省监察厅开展省、市、区电子监察的联网互通工作,通过联网互通达到多级监察部门之间交换信息,实现数据上传下达,对监察结果能综合分析,为各级领导提供决策依据。2007 年,广东省省、市、区级的电子监察系统已在各地迅速地建设起来。2013 年 4 月,广东省行政效能投诉处理系统升级并开始试运行。升级后的广东省行

---

① 参见孙天明《宝安四大改革项目 可望复制和推广》,见南都网(http://paper.oeeee.com/nis/201407/18/244815.html)。

政效能投诉处理系统采用云数据采集技术,全省统一部署、统一建设,实现了省、市、县三级统一数据库、统一监察,实时联网运行。全省各级行政效能投诉机构系统使用情况良好,各市直行政效能投诉部门基本开通系统并试运行,各县直行政效能投诉部门的系统开通工作正在逐步推进。2017年,为加强"一网式"政务服务平台建设,行政效能方面的网络投诉,可通过广东省网上办事大厅"我要投诉"和省纪委省监察厅举报网址两个渠道进行反映、举报。

在行政审批电子监察系统建设方面,广东实现行政审批全程电子监察。行政审批电子监察系统是监察机关运用现代信息通信技术,通过建立软件系统和视频监控点,以互联网为平台,对公务员在行政审批中的行政行为开展全程同步实时监控。① 行政审批是政府效能监察的关键领域。以往制度规范偏重于行政审批事后监控,缺乏有效手段和方法开展事前和事中监督,监控和究责机制不完善使得行政审批造成了相当大的资源浪费,并成为滋生腐败的温床。行政审批电子监察系统运行之后,行政效能监察人员可以通过该系统掌握行政审批办理状态。同时,系统对公务员在行政审批中的违规行为进行自动预警,对系统内各政府部门行政审批工作进行绩效评估,执行行政问责。

深圳市监察局从2004年下半年开始,将信息技术引入行政监察工作,运用网络技术逐步实现对行政行为实施全程监控。2004年11月,深圳在全国率先建成行政审批电子监察系统,该系统具有实时监控、预警纠错、绩效评估、信息服务四大功能,实现了对深圳市第三轮行政审批制度改革保留下来的31个部门239项行政许可事项,从受理、承办、审核、批准到办结的全程电子监察。2006年1月,深圳进一步拓宽监控范围,实现了对全市28个部门197项非行政许可审批和登记事项的电子监察。2007年深圳市第四轮行政审批制度改革后,该系统的监察范围覆盖了全市所有297项行政许可。2013年,各地电子监察系统与省行政审批电子监察系统联网并试运行。从2014年1月1日起,广东省级529项行政许可事项

---

① 参见邬彬、袁柏顺《我国行政审批电子监察系统的发展趋势与影响》,载《求索》2009年第6期。

(除秘密级行政许可事项外)的办理情况,全部进入省行政审批电子监察系统进行在线监察。

小 结

风起南粤,领跑中国。1978年,一场决定中国命运的伟大实践在广东起步,广东一路探索前行,不仅实现了从一个贫穷落后的省份发展成全国第一大经济强省,创造了很多全国第一,而且在发展的过程中能够始终保持社会稳定,稳步推进中国特色社会主义现代化建设,这一切都极大地得益于广东40年来不断发展和构造一个有效政府所取得的成果。40年来,广东始终发扬敢闯敢试的精神,努力适应社会主义市场经济改革的发展趋势,坚持以权力格局调整和机构改革为基石,构建效能政府运行良性基础;以优化政府行政过程为手段,不断增强科学民主决策、依法高效行政、有效监督的力度;以结果控制为导向,根据国家和广东省经济社会发展的实际情况,不断优化调整绩效评估,提升公共管理和公共服务水平和能力。通过历届领导人的持续打造,广东省形成了由规范政府行为、优化政府运作、提升服务水平、加强效能监督四大支柱组成的一套完整的效能体系,效能政府基本建成,实现了政府运行精简高效、经济水平稳定增长、公共服务有效供给。

(一)广东效能政府建设的历程

如何看待40年来广东效能政府建设的历程?具体来说,广东效能政府建设可以分为几个阶段?每个阶段效能建设的背景及成效又是什么?广东与国家整体发展同呼吸、共命运,梳理广东效能政府建设离不开国家改革开放的历史进程。国家每一次重大转变都对广东政府自身改革以及行政效能建设提出了更高的要求,也提供了广东行政效能建设的历史机遇和发展动力。大体而言,党的十一届三中全会以来,国内改革开放经历了四次历史性飞跃,广东效能政府建设也相应经历了四个重要发展阶段。在经济社会发展的四个不同阶段,广东效能政府建设拥有不同的主题、呈现出了

第六章 改进绩效，创新服务：构筑效能型政府

不同的特色。

第一次历史性转变是从"以阶级斗争为纲"到"以经济建设为中心"的历史跨越，这是党和国家工作重心的一次大转移，也是政府效能建设的突破与重建期。这一时期效能政府建设刚刚起步，从形式上和实质上告别了代替行使党政、财经、文教等一切权力的革委会政权①，建立和完善了各级政权机构，实现了政权建设正常化。中央集权的"松绑"为广东省效能政府建设提供了可以施展的空间，高度集中的计划经济体制开始松动，并初步解决了领导干部兼职副职过多以及领导班子年轻化问题。

第二次历史性转变是从计划经济体制向社会主义市场经济体制的转变，这一阶段既是我国社会主义市场经济飞速发展的时期，也是效能政府建设的调整与适应期。从建设效能政府的角度看，这一阶段广东效能政府建设的主要任务是紧紧抓住适应市场经济这个"牛鼻子"，一方面，推动以产权为核心的简政放权改革，大力调整政企关系，为市场经济主体创造更大发展空间，同时启动了以转变政府职能为导向的机构改革；另一方面，在政府运行方面，不断推进科学民主决策机制，创新综合行政执法机制，降低执行成本、提高执行效率，并以信息公开等制度作为监督保障。

第三次历史性飞跃是从以片面的经济政绩观到以经济社会协调发展的科学发展观为统领、"以构建和谐社会、促进人的全面发展为目标"的战略性转变，这又是一次影响党和国家工作全局的战略调整。广东省自此开始进入经济社会全面发展时期，政府效能建设也经历了从主要对经济效益的追求到将政府效能的衡量指标逐步扩大到社会、政治领域，不再是单纯的成本－产出逻辑，而是更加体现效能政府建设的民生本位、服务本位。

第四次历史性飞跃是从科学发展观到国家治理体系现代化的大转型，这次大转型仍然在持续深刻的进行中。在全面开启社会主义现代化新征程的关键时期，广东主动对标中央提出的"四个走在全国前列"的重要要求，更加清醒地认识到广东在全国发展大局中的责任担当，以整体化治理理念为指导，充分利用数字化、网络化、智能化等核心技术，以"互联

---

① 1968年2月21日，广东省革命委员会成立，下设政工组、办事组、生产组、保卫组，负责日常工作。

网+政务"为手段,不断推动经济社会全面发展和政府治理的现代转型,奋力把广东建设成为向世界展示践行习近平新时代中国特色社会主义思想的重要"窗口"和"示范区"。

(二)广东效能政府建设的经验与启示

"明镜所以照形,古事所以知今。"这是习近平总书记在 2016 年 7 月 1 日庆祝中国共产党成立 95 周年大会上引用的《资治通鉴》中的一句话。改革开放 40 年来,广东效能政府建设经历了渐进发展的历程,有着清晰的历史演进轨迹,同时也积累了丰富的效能政府建设经验。40 年来,广东在吸收借鉴国内外效能政府建设先进成果的基础上,通过大刀阔斧的自我革命,逐步锻造起一个持续推动经济社会发展的效能政府。

行政管理目标具有双重性:一是对外保证为社会公众提供公共产品和公共服务的最优化,二是对内保证行政主体系统自身运行过程尽量优化。[①] 相应地,效能政府建设也涉及两大维度,即行政主体维度和行政对象维度。对于政府外部的行政相对人来说,政府效能建设依托于政府信息传递的及时准确、政府回应社会公众需求的迅速有效、政府提供公共服务的高质高效等;对于政府内部而言,行政效能依托于政府内部管理的优化,不仅要优化组织内部的结构设置、权责分配等方面,而且要改善政府内部的各项具体管理制度,以实现政府自身运行的有序高效。其中,政府自身运行的有序高效是实现政府外部效能的前提和基础。政府自身运行优化可以提高"人财物"的使用效能,明确"权责利"的划分和关系,对于规范政府行为,增强政府工作人员的责任感和勤政意识都能起到积极的推动作用,从而进一步提高政府公共管理和公共服务水平。我们可以围绕行政管理的双重目标,从行政主体和行政相对人互动的视角,即政府内部和政府外部两个方面对广东政府效能建设经验进行总结与分析。所谓内部视角,就是从行政管理体制理性化建设的成就与经验去梳理;所谓外部视角,即从提供的公共服务及公众满意度去评价政府效能。这两种视角很好地兼顾

[①] 参见毛昭晖《中国行政效能监察:理论、模式与方法》,中国人民大学出版社 2007 年版,第 96 页。

第六章 改进绩效,创新服务:构筑效能型政府

了政府效能建设的质与量两个方面,既体现了效能建设的工具性维度,也体现了效能建设的价值性追求。

从内部视角来看,政府效能不佳在很大程度上是一个管理主义问题。管理主义本质上是一种商业原则,倡导标准化建设、组织优化、绩效管理等原则,以此来降低组织成本、提高效率。40年来,广东通过持续的行政管理体制改革,从改革开放初期集权主义和全能主义政府,实现政府权力结构与运行模式朝着理性化、规范化的方向不断发展,基本建构起政府、市场与社会合理分权的现代国家治理结构。具体来说,既包括从横向上向社会和企业还权,不断推进政区体制改革,也包括从纵向上不断调整政府部门组织架构;既包括不断推进高素质的专业化行政管理队伍建设,也包括不断推进规范化、科学化的行政运行机制的建设,从而为现代化、理性化的行政体系提供良好的组织保障、人才保障与制度保障。

从外部视角来看,政府效能在很大程度上体现为政府运作的价值取向问题。随着问责制的实行与民主的发展,政府还需具备责任理念和服务理念,做到权责统一,清楚地意识到政府职能的服务本质。改革开放前20年左右的时间,广东以经济建设为中心的发展战略带来了巨大成功,广东成为全国经济发展最具活力和最具投资吸引力的地区,为广东以经济社会全面发展的战略转向奠定了坚实的物质基础。改革开放的近20年,广东转向以服务型政府建构为重心的发展战略,通过建立公共财政制度,加大民生投入,提高政府对民众需求的有效及时回应,强调人民共享改革开放成果,提升人民的幸福感和获得感的方面得到了前所未有的重视,效能革命的目标从经济最大化发展到综合治理效果最优。

改革开放是广东的"根"与"魂",是40年广东效能政府建设成就的根源和背景,也是广东开创未来工作新局面的依靠和保障。站在改革开放40周年这一关键节点,广东要牢记习近平总书记要求广东"四个走在全国前列"的嘱托,继续弘扬习仲勋老书记等广东改革开放开创者们敢为人先的精神,遵循中央顶层设计,坚定不移地全面深化改革,继续扩大改革开放,努力在新时代全面深化改革开放的新征程上实现"四个走在全国前列",将广东建设成为展示我国改革开放成就的"重要窗口"和国际社会观察我国改革开放的"重要窗口"。

后 记

为庆祝中国改革开放40周年，总结广东改革开放的成就和经验，为进一步全面深化改革和扩大开放提供理论和实践指导，中共广东省委宣传部策划和组织出版了"广东改革开放40年研究丛书"，本书是其中的一本。

本书的组织和撰写分工如下：

陈天祥（中山大学中国公共管理研究中心/政治与公共事务管理学院）负责全书框架和内容结构的设计，提出各章的写作要求，对初稿提出修改意见，负责最后的统稿工作。应优优协助陈天祥负责具体联络工作。

各章初稿撰写分工是：第一章，黄宝强（中山大学政治与公共事务管理学院）、陈天祥；第二章，应优优（中山大学政治与公共事务管理学院）、陈天祥；第三章，王佳利、李缌缌（中山大学政治与公共事务管理学院）；第四章，王莹（中山大学政治与公共事务管理学院）、陈天祥；第五章，华磊（中山大学政治与公共事务管理学院）；第六章，王群（中山大学政治与公共事务管理学院）。

感谢中共广东省委宣传部给予的大力支持、帮助，感谢中山大学出版社周玢、王延红等编辑的辛勤劳动！

编 者

2018年11月23日